普通高等院校经济管理类专业"十四五"规划系列精品教材

ERP沙盘模拟企业经营实训教程（第三版）

杨天中 主编

华中科技大学出版社
http://www.hustp.com
中国·武汉

内 容 简 介

本教材以金蝶ERP工业沙盘为运行平台,根据该实训的设计性特点,详细介绍了沙盘运行流程、规则及ERP系统的各主要管理模块,具体包括团队建设和企业运营战略模块、营销管理模块、生产管理模块和财务管理模块。

通过对当前出版的ERP实训教材的参考借鉴,各种教材有其独到之处,但对ERP实训涉及的理论知识与决策工具模型的应用阐述较少且不够系统。基于此,本教材在编写的内容中特别强调理论决策工具在实训中的具体应用。将ERP系统的各管理模块内容分为理论部分和应用部分,这是本教材的重要特点。理论部分可以帮助对课程不熟悉的学生自学;应用部分可以指导学生在实训中应用理论决策工具模型,使学生认识、掌握管理决策工具模型。

本教材适用于各类院校经管类专业的本、专科生及有创业意愿的学生,也适合企业管理者进行实战演练培训。

图书在版编目(CIP)数据

ERP沙盘模拟企业经营实训教程/杨天中主编. —3版. —武汉:华中科技大学出版社,2021.3 (2025.1重印)
  ISBN 978-7-5680-7001-0

Ⅰ.①E… Ⅱ.①杨… Ⅲ.①企业管理-计算机管理系统-教材 Ⅳ.①F272.7-39

中国版本图书馆CIP数据核字(2021)第038498号

ERP沙盘模拟企业经营实训教程(第三版)　　　　　　　　　　　　杨天中　主编
ERP Shapan Moni Qiye Jingying Shixun Jiaocheng(Di-san Ban)

策划编辑:陈培斌
责任编辑:陈培斌　张汇娟
封面设计:刘　婷
责任监印:周治超
出版发行:华中科技大学出版社(中国·武汉)　　电话:(027)81321913
　　　　　武汉市东湖新技术开发区华工科技园　　邮编:430223
录　　排:华中科技大学惠友文印中心
印　　刷:武汉科源印刷设计有限公司
开　　本:787mm×1092mm　1/16
印　　张:16　插页:1
字　　数:381千字
印　　次:2011年11月第1版　2025年1月第3版第5次印刷
定　　价:48.00元

本书若有印装质量问题,请向出版社营销中心调换
全国免费服务热线:400-6679-118　竭诚为您服务
版权所有　侵权必究

第三版前言

《ERP沙盘模拟企业经营实训教程》于2011年首次出版，2015年第二版，目前已是第三版。该教材在近十年的使用中，得到了学生好评，学生普遍反映通过教材的学习和实训课程的训练能有很大的收获，特别是在提高自身的能力和各学科的理论知识全面掌握方面。该实训课程是一门独立的实训课程，属于综合型、创新型实训，能很好促进培养学生的应用能力和创业能力。对企业管理、财务、会计、市场、金融、国际贸易等经济管理类专业学生的理论知识应用和能力提高起到积极的促进作用。

根据近十年的实践应用情况，为能更好地符合创新创业教育需要，本次修订进一步强调了理论的应用，特别是量化数据分析和应用方面，同时方便实训操作。修订方案由杨天中、易三军、胡英帆等讨论确定。杨天中负责教材结构调整，第二章、第五章和第七章的修订。教材结构调整为上、中、下三篇：第一、二章合并为上篇，主要阐述课程内容、目标与规则；第三、四、五、六章合并为中篇，主要阐述相关理论与运用；第七章独立为下篇，主要内容为模拟实训操作流程。第二章规则中增加了原材料赊购、生产线折旧、生产线安装、产品研发投资、ISO认证等实操过程，注重培养学生资源外用的意识和能力，同时也对其他运行规则进行了完善，通过结合沙盘盘面图详细阐述了其他规则的应用操作过程；根据多年的实训课程教学经验和学生反映的问题，对第五章的MPS形成、产能预估和原材料采购计划（MRP）等决策表格进行简化，更易于实训操作。易三军负责第六章财务模块修订，主要结合实训沙盘的盘面进一步优化了报表编制和会计科目的编码运用。胡英帆负责教材勘误。

本书在编写和修订过程中，参阅了大量的参考书目和文献资料，在此向参考文献的原作者表示衷心感谢。尽管编者们始终怀着敬畏的心情，保持严谨的态度，也付出了辛勤的劳动，但限于水平，书中难免存在一些不足之处，敬请各位读者批评指正！

杨天中
2021年1月于文华学院笃志楼

第二版前言

本书自 2011 年出版至今已三年有余,受到广大师生的喜爱。为了适应管理类各学科的发展,更新教材中所涉及的管理知识,以更符合当前经管类学生实训要求,本书拟出版第二版。

这次修订版本着"结构体系不变,内容调整"的原则,根据在教学实践中发现的不足,参考了许多师生的意见,对教材每章内容进行了必要的补充和完善,使之更加适合经管类本科实践教学的需要。本次修订内容重点在两个方面:一是对实训运营规则增加了生产线的购买安装、改造和搬迁的详细操作过程,以便学生对实训运营规则的掌握。同时,对课程考核权重进行一定的调整。二是对第六章财务管理模块和第七章实训手册中所涉及的财务报表进行调整,以便于应用 EXCEL 电子表格分析,提升 ERP 实训课程目标,促进课程教学由感性认识阶段上升到理性认识阶段。

在本书第二版的编写过程中,作者参考了国内外有关资料,并尽可能详细地在参考文献中注明出处。在此,对撰写这些文献的专家、学者表示深深的谢意。可能存在有些资料被引用了,因各种原因而没有注明出处,对此深表歉意。

由于作者水平有限,书中谬误在所难免,敬请读者批评指正。

杨天中

2015 年 6 月于文华学院

第一版前言

随着我国经济的快速发展,生产技术水平的不断提高,对高水平的应用型人才需求也越来越大。因而,在我国"十二五"教育规划中,强调应用型人才的培养。对经管类的学生而言,如何提高在实践中对理论知识的应用能力,是当前许多高校实践教学亟待解决的问题。

沙盘作为模拟企业的工具,将真实企业的主要职能部门集中在沙盘盘面上,把企业搬进课堂。沙盘模拟企业经营是通过仿真模拟手段,把企业经营所处的内外部环境抽象为一系列的规则,由学生组成多个相互竞争的模拟企业,通过若干年的经营,使学生在分析市场、制定战略、营销策划、组织生产、财务管理等一系列活动中感受真实的市场环境,把所学的专业知识和经验与实际存在的问题紧密联系起来,从而达到激发学生学习兴趣和创新思维的一种情景式、互动式教学。ERP沙盘模拟企业经营是基于ERP思想下的企业经营过程的可视化模型展示。

21世纪初,ERP沙盘模拟实训课程的开设在我国兴起,从部分高校开设的情况看,实施效果良好,受到了学生的喜爱。通过该课程的培训学习可培养学生团队协作精神,提高学生对知识的应用能力,有利于培养创新性应用型人才,且在一定程度上解决了传统教学体系与实践相脱节的问题。目前而言,该实训课程已成为许多高校经管类专业的重要实践平台课。该课程学习要求学生具有一定的经管类各专业的基本知识,其先行课程包括管理学、战略管理、人力资源管理、营销管理、生产管理和财务管理等,涉及知识面较广。

目前,我国部分高校开设ERP实训课程存在一个较普遍的现象,即实训目的通常是让学生认识企业经营流程和企业中各种角色的作用与意义,未能反映出该课程的设计性特点,这对应用型人才的培养是不够的。在ERP沙盘模拟实训中要求学生能应用各种决策工具模型,设计制定企业经营战略和方案,这是设计性实训要求。将当前的综合性实训提升为设计性实训,配套的实训教材是应该具备的,为此我们编写了这本教材。

本教材由文华学院经管学部教师编写,编写团队都是有多年教学和实际工作经验的优秀教师。在教材的撰写中,针对ERP实训涉及的各专业内容,对各专业的优质师资进行了整合,合理分工,对ERP系统的管理理念如何应用在沙盘模拟中进行了系统的介绍,特别强调决策工具在ERP系统中各管理模块的应用,这是本教材最大的特点。为了更加符合我国企业管理的实际运营情况,教材对运营规则和财务报表等进行了部分调整。

教材共分七章,包括ERP沙盘模拟课程概述、ERP沙盘模拟演练运营流程与规则、团队建设和企业运营战略、营销管理模块、生产管理模块、财务管理模块、实训手册。ERP系统的各模块内容分为理论与应用两个部分。ERP沙盘模拟课程概述主要讲述ERP的发展、ERP沙盘模拟企业经营的主要内容；ERP沙盘模拟演练运营流程与规则主要讲述模拟实践运营流程，财务报表填写规则，融资规则，投资规则，生产规则，营销规则，罚款、扣分及破产规则等；团队建设和企业运营战略主要讲述了企业运营战略制定的理论与应用、团队管理方法；营销管理模块理论部分主要讲述市场需求预测、营销4P及竞争战略，应用部分主要讲述市场需求预测、广告投入分析和市场占有率分析及在实训中市场信息的获取；生产管理模块理论部分主要讲述年度生产计划、MPS运行、MRP运行、产能设计与调整，应用部分主要讲述理论工具在实训中的应用；财务管理模块理论部分主要讲述预算表、现金流量表、财务报表的填写，及财务报表分析，应用部分讲述该理论部分在实训中的具体应用。通过对教材所对应课程的学习，读者可深深体会到管理的科学性与艺术性。

  本教材由杨天中负责全书的大纲与统稿工作。具体编写分工为：第一章和第二章由杨天中、易三军、符超编写；第三章由梅琳编写；第四章和第五章由杨天中编写；第六章由易三军编写；第七章由杨天中、易三军编写。由华中科技大学管理学院戚昌文教授审阅。

  在教材编写过程中得到了金蝶武汉公司的大力支持，在此表示衷心感谢。同时，还参考了其他有关教材，在此向这些教材的原作者表示谢意。由于编者水平有限，书中难免有不足之处，欢迎广大读者批评与指正。

杨天中
2011年9月26日

目录

上篇　课程概述与规则

第一章　ERP沙盘模拟课程概述 ……………………………………………（3）
- 第一节　ERP概述 ……………………………………………………（3）
- 第二节　ERP沙盘模拟课程简介 ……………………………………（4）
- 第三节　教师与学生在课程中的角色和任务 ………………………（11）
- 第四节　ERP沙盘模拟企业的现状 …………………………………（14）
- 第五节　ERP沙盘模拟之团队协作 …………………………………（22）

第二章　ERP沙盘模拟演练运营流程与规则 …………………………（24）
- 第一节　模拟实战运营流程 …………………………………………（24）
- 第二节　任务清单 ……………………………………………………（26）
- 第三节　财务表格填写规则 …………………………………………（28）
- 第四节　筹资规则 ……………………………………………………（31）
- 第五节　投资规则 ……………………………………………………（32）
- 第六节　生产规则 ……………………………………………………（41）
- 第七节　营销规则 ……………………………………………………（44）
- 第八节　期间费用和税金规则 ………………………………………（48）
- 第九节　罚款、扣分及破产规则 ……………………………………（50）
- 第十节　实训总成绩计算规则 ………………………………………（51）

中篇　理论与应用

第三章　团队建设和企业战略理论与应用 ……………………………（59）
- 第一节　团队建设理论 ………………………………………………（59）
- 第二节　团队建设理论应用 …………………………………………（66）
- 第三节　企业战略管理理论 …………………………………………（70）
- 第四节　企业战略管理应用 …………………………………………（75）

第四章　营销管理理论与应用 ……………………………………………（79）
第一节　营销管理理论 …………………………………………（79）
第二节　营销管理应用 …………………………………………（91）

第五章　生产管理理论与应用 ……………………………………………（99）
第一节　生产管理理论 …………………………………………（99）
第二节　生产管理应用 …………………………………………（114）

第六章　财务管理理论与应用 ……………………………………………（132）
第一节　财务管理理论 …………………………………………（132）
第二节　财务管理应用 …………………………………………（156）

下篇　模拟实训

第七章　模拟企业经营实训手册 …………………………………………（185）

附录 …………………………………………………………………………（242）
- 附录A　ERP实训报告格式 ……………………………………（242）
- 附录B　间谍表 …………………………………………………（243）
- 附录C　生产计划表 ……………………………………………（245）
- 附录D　现金预算汇总表 ………………………………………（246）

主要参考文献 ………………………………………………………………（247）

上篇
课程概述与规则

第一章 ERP沙盘模拟课程概述

第一节 ERP概述

一、ERP概念及意义

ERP,是企业资源计划(enterprise resource planning)的英文简称,由 MRP、MRP Ⅱ发展而来的。ERP 的概念最先是由美国著名的加特纳咨询公司(Gartner Group Inc.)于 20 世纪 90 年代初提出的。ERP 是建立在信息技术基础上,利用现代企业的先进管理思想,全面集成了企业的所有资源信息,并为企业提供决策、计划、控制与经营业绩评估的全方位和系统化的管理平台。ERP 系统集信息技术与先进的管理思想于一身,成为现代企业的运行模式,反映时代对企业合理调配资源、最大化地创造社会财富的要求,成为企业在信息时代生存、发展的基石。

厂房、生产线、加工设备、检测设备、运输工具、仓库等都是企业的硬件资源;人力、管理、信誉、融资能力、组织结构、员工的劳动热情等就是企业的软件资源。企业运行发展中,这些资源相互作用,形成企业进行生产活动、完成客户订单、创造社会财富、实现企业价值的基础,反映企业在竞争与发展中的地位。ERP 系统的管理对象便是上述各种资源及生产要素。通过 ERP 的使用,企业能及时、高质量地完成客户的订单,最大限度地发挥这些资源的作用,并根据客户订单及生产状况做出调整资源的决策。

二、ERP发展

ERP 的发展经历了四个阶段:MRP 阶段、闭环 MRP 阶段、MRPⅡ阶段和 ERP 阶段。MRP 是 ERP 的核心模块,它源于制造领域。

20 世纪 60 年代初发展起来的 MRP 仅是一种物料需求计算器,它根据对产品的需求、产品结构和物料库存数据来计算各种物料的需求,将产品出产计划变成零部件投入-出产计划和外购件、原材料的需求计划,从而解决了生产过程中需要什么、何时需要、需要多少的问题。

闭环 MRP 是一种计划与控制系统。它在初期 MRP 的基础上补充了编制能力需求计划功能、计划调整功能,建立了信息反馈机制,使计划部门能及时从供应商、车间作业现场、库房管理员、计划员那里了解计划的实际执行情况。

MRPⅡ在 20 世纪 80 年代初开始发展起来,是一种资源协调系统,代表了一种新的生产管理思想。它把生产活动与财务活动联系起来,将闭环 MRP 与企业经营计划联系起来,使企业各个部门有了一个统一可靠的计划控制工具。它是企业级的集成系统,包括整个生产经营活动,如销售、生产、生产作业计划与控制、库存、采购供应、财务会计、工程管理等。

进入90年代,MRPⅡ得到了蓬勃发展,其应用也从离散型制造业向流程式制造业扩展,不仅应用于汽车、电子等行业,也能用于化工、食品等行业。随着信息技术的发展,MRPⅡ系统的功能也在不断地增强、完善与扩大,向企业资源计划发展。

一般认为,ERP是在MRPⅡ基础上发展起来的,以供应链思想为基础,融现代管理思想于一身,以现代化的计算机及网络通信技术为运行平台,集企业的各项管理功能于一身,并能对供应链上所有资源进行有效控制的计算机管理系统。

第二节 ERP沙盘模拟课程简介

"沙盘"一词源于军事学,它通过采用各种沙盘模型来模拟战地的地形及武器装备的布置情况,结合军事战略与战术的变化进行推演。战争沙盘模拟推演跨越了时空限制,战争指挥者不必亲临现场,也能对所关注的对象一目了然,从而运筹帷幄,制定决策。沙盘模拟课程由瑞典皇家工学院的Klas Mellan于1978年开发,主要用于对非财会人员进行财会培训。沙盘模拟企业经营是通过仿真模拟手段,把企业经营所处的内外部环境抽象为一系列的规则,由学生组成多个相互竞争的模拟企业,通过若干年的经营,使学生在分析市场、制定战略、营销策划、组织生产、财务管理等一系列活动中感受真实的市场环境,把所学的专业知识和经验与实际存在的问题紧密联系起来,从而达到激发学生学习兴趣和创新思维的一种情景式、互动式教学。

ERP沙盘模拟企业经营,通过沙盘模拟企业经营,在模拟运营中运用ERP管理思想和理念,以企业业务流程为主线,对人、财、物等资源进行全面整合,实现物流、信息流和资金流的有机统一。ERP沙盘模拟是基于ERP思想下的企业经营过程的可视化模型展示。这就是课程名称——"ERP沙盘模拟企业经营实训"的由来。

通过ERP沙盘可以展示企业的主要物质资源,包括厂房、设备、仓库、库存材料、资金、职员、订单、合同等各种内部资源;还可以展示企业上下游的供应商、客户和其他合作组织,甚至为企业提供各种服务的政府管理部门和社会服务部门等外部资源。一般来说,ERP沙盘重点展示的是企业内部资源。

当前,ERP沙盘模拟课程被世界500强企业作为中高层管理者的必修培训课程之一,也被欧美的商学院作为EMBA的培训课程。20世纪80年代初期,该课程被引入我国,并被推广到高等院校的实验教学过程中。现在,越来越多的高校开设了ERP沙盘模拟课程,实践性教学效果好,受到师生的关注和认同。

一、课程内容及特色

通常,一套ERP模拟沙盘教具有六张沙盘盘面,代表六个相互竞争的模拟企业,把企业运营所处的内外环境抽象为一系列的规则,由学生组成六个相互竞争的模拟企业,模拟企业5~6年的经营。通过学生参与—沙盘载体—模拟经营—对抗演练—讲师评析—学生感悟等一系列的实验环节,融理论与实践为一体,集角色扮演与岗位体验于一身,使学生在分析市场、制定战略、营销策划、组织生产、财务管理等一系列活动中,培养团队精神,提升培训者的管理能力,对企业资源的管理过程有一个实际的体验。

(一)ERP沙盘模拟课程内容

ERP沙盘模拟通过对企业经营管理的全方位展现,综合应用了企业管理的各方面知识,如战略管理、市场营销、产品研发、生产管理、财务管理、人力资源管理等多个方面。

1. 战略管理

通过评估内部资源与外部环境,制定企业的长期和中短期策略。成功的企业一定有着明确的企业战略,包括产品战略、市场战略、竞争战略及资金运用战略等。从最初的战略制定到最后的战略目标达成分析,经过几年的模拟,经历迷茫、挫折、探索,学生将学会用战略的眼光看待企业的业务和经营,保证业务与战略的一致,在未来的工作中获取更多的战略性成功而非机会性成功。

2. 市场营销

市场营销就是企业用产品价值不断来满足客户需求的过程。企业所有的行为、所有资源,无非是要满足客户的需求。模拟企业在几年中的市场竞争对抗,学生将学会如何分析市场、关注竞争对手、把握消费者需求、制定营销战略、定位目标市场、制定并有效实施销售计划,最终达成企业战略目标。

3. 产品研发

在模拟中,根据企业的产品战略和产品结构图(BOM图),结合企业的资金流,制定产品研发决策,必要时修正产品研发计划,甚至中断项目决定等。

4. 生产管理

在模拟中,把企业的采购管理、生产管理、ISO质量管理统一纳入生产管理领域,产品研发、原料采购、产能设计、生产计划制订、库存管理等一系列决策问题就呈现在学生面前,学生将充分运用所学知识,积极思考。

5. 财务管理

在沙盘模拟过程中,团队成员将清晰掌握资产负债表、利润表的结构,掌握报表重点和数据含义;制定投资计划;理解现金流对企业经营的影响;洞悉资金短缺前兆,以最佳方式筹资;掌握资金来源与用途,控制融资成本;运用财务指标进行内部诊断,解读企业经营的全局;协助企业管理者进行管理决策,提高资金使用效率。

6. 人力资源管理

从岗位分工、职位定义、沟通协作、工作流程到绩效考评,沙盘模拟中每个团队经过初期组建、短暂磨合,逐渐形成团队默契,直至完全进入协作状态。在这个过程中,各自为政导致的效率低下、无效沟通引起的争论不休、职责不清导致的秩序混乱等情况,可以使学生深刻地理解局部最优不等于总体最优的道理,学会换位思考;明确只有在组织的全体成员有着共同愿景、朝着共同的绩效目标、遵守相应的工作规范、彼此信任和支持的氛围下,企业才能取得成功。

(二) ERP 沙盘模拟课程特色

1. 生动有趣,体验实战

在目前的学历教育中,大部分管理课程都是以"理论+案例"为主,理论比较枯燥,而案例虽以当前现实企业的管理问题为例,但学生很难有切身感受。因此学生无法迅速掌握有关的管理理论知识并运用到实际中。而 ERP 沙盘课程通过构建仿真企业环境,让学生扮演总经理、财务总监、市场总监、生产总监等重要角色,并置身于各个模拟企业中,自己去经营和管理,亲身体会和感受如何管理和经营企业。这种体验式教学增加了学习的趣味性,使枯燥的课程变得生动有趣。在同一个市场环境下的对抗演练,激起了学生的竞争热情和主观能动性,使学生学会收集、加工和利用信息,积累管理经验,为之后的学习增添了动力。

2. 培养团队合作精神

ERP 沙盘模拟课程将企业结构和管理的操作全部展示在模拟沙盘上,让学生以最直观的方式体验和学习复杂、抽象的经营管理理论,能使学生对所学内容理解更透、记忆更深。同时,每个学生在模拟企业担任不同的角色,其职责范围不同,在经营过程中会产生不同的观点,经常进行沟通和协商,可增强学生的沟通协调能力,使其学会如何以团队的方式进行工作,从而培养他们的情商。

3. 提高综合应用能力

ERP 沙盘模拟课程模拟企业全面的经营管理,要求学生将这些单科知识联系起来,用到企业经营的重大决策上,去解决实际问题,并通过产生的效果来检验学生的能力。学生在精通本专业知识的同时也对其他专业的知识有所了解,在不断的成功与失败中获取新知,知识储备更加牢固、丰富,提升了综合应用能力。

4. 拓展为企业仿真实训,为学生提供职业实践和社会实践的机会

ERP 实训课程可进一步拓展为跨学科、跨专业仿真实训平台。学生团队的组成,采用打破自然班、专业的界限,将学生按专业交叉匹配成知识结构相对完整的团队,搭建立体的仿真制造型企业、渠道商、外围辅助机构等组织形式进行实践学习。主要方法是通过市场调查发现商业机会,决策自己进入的行业,进行可行性论证,筹划企业设立、融资、上市、资本市场操作、并购、清算、纳税等一系列方案,可培养学生的创新精神和自主创业的能力。企业在仿真的市场环境中运作,学生面对市场环境的变化进行处理,使学生在不断决策和调适的过程中得到全面的锻炼。由于仿真模拟的真实性和完整性,可在一定程度上解决学生的职业实践和社会实践教学问题。

二、ERP 沙盘模拟课程教具及角色

(一) 沙盘教具介绍

ERP 沙盘模拟教学以一套沙盘教具为载体。通常有六张沙盘,代表六个相互竞争的模拟企业。不同企业生产的沙盘盘面布局略有差异,本教材以金蝶公司开发的沙盘

为例,图1-1给出了沙盘盘面全图。

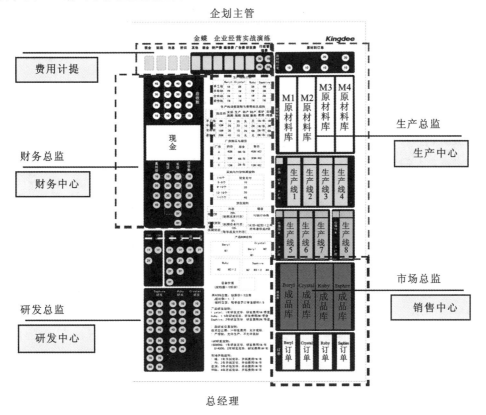

图 1-1 金蝶公司 ERP 沙盘图

图 1-1 中按照生产企业的职能部门划分了四个职能中心,分别是财务中心、研发中心、销售中心和生产中心,一个费用计提区域。各职能中心覆盖了企业运营的所有关键环节——战略规划、市场营销、生产组织、采购管理、库存管理、财务管理等,是一家生产企业的缩影。

盘面上,摆放四种颜色的模拟币和塑料桶。

(1)灰色,代表现金。一个灰色币代表 1M(M 为虚拟的货币单位,表示"百万元")现金。

(2)红色,代表厂房资产或负债类,包括厂房价值、应收账款、应付账款、长期贷款、短期贷款和高利贷等,有 1M 和 10M 两种面额。

(3)黄色,代表原材料采购订单,标有 M1、M2、M3、M4 字样,要注意区分。一个 M1 黄色币代表 1 个原材料为 M1 的采购订单,依此类推。采购不同的原材料需要使用不同的原材料订单。

(4)蓝色,代表原材料,与原材料订单黄色币相对应,标有 M1、M2、M3、M4 字样。每种原材料单价一样,均为 1M。所以,一个蓝色币代表 1M 的相应原材料。

(5)塑料桶,为方便沙盘盘面清理核算而使用塑料桶,每桶可装 20 个币。

(二)沙盘盘面上四个职能中心介绍

1. 财务中心

财务中心主要包括现金、应收账款、应付账款和银行贷款(短期贷款、长期贷款和高利贷)等。

(1)现金库:用来存放现金,放在图中现金位置,用于企业日常经营。

(2)应收账款:一般直接用装有现金币的桶表示。企业销售出去的产品很多时候不能立刻得到现金,而是有一定的账期。当企业按照销售订单交货时,要根据订单上面的账期将销售订单放在相应账期的位置上。企业每季度更新应收账款,账期为零时就放入现金库。

(3)应付账款:用装有红色币的桶表示。企业一次性采购原材料达到规定数量时,可延期付款。根据采购数量,将相应金额的红色币放置在对应账期。企业每季度更新应付账款,账期为零时,需要支付现金。

(4)银行贷款:用装有红色币的桶表示。长期贷款每年年末进行,短期贷款每季度初都可以进行,高利贷随时可以进行。长期贷款每年向前移动一次,短期贷款和高利贷每季度向前移动一次。

除了财务中心,财务部门还要对"费用计提区域"的各项费用进行核算,如维修费、转产费、厂房租金、利息(含贴现利息和贷款利息)、管理费用、广告费、生产线折旧及其他费用,必须在费用计提区域放入相应数额的灰色币。此外,企业在弥补以前年度亏损后,还有赢利的,需要缴纳税金。

2. 研发中心

研发中心的工作主要包括产品研发、市场开拓和ISO质量认证等内容。

(1)产品研发:确定企业需要研发哪些产品以及何时开始研发,可供选择的产品有Crystal、Ruby、Sapphire三种。产品研发需要一定的研发周期和研发费用。研发完成后,企业就可以开始生产这种产品。

(2)市场开拓:确定企业需要开发哪些市场,可供选择的有区域市场、国内市场、亚洲市场和国际市场。市场开拓需要一定的开拓时间和开拓费用,开拓完成后,企业就可以在该市场争夺产品(已完成研发的所有产品)的订单。

(3)ISO质量认证:确定企业需要获得哪些认证,有ISO 9000质量认证和ISO 14000环境认证。认证需要一定的认证周期和认证费用,认证完成后,企业可以争取需要相应ISO资格认证的产品订单。

3. 销售中心

销售中心的工作包括分析市场信息,制定策略获得差异化竞争优势,详细分析各个市场销量预测图和单价预测图,以此为起点,共同确定企业的竞争战略、市场战略和产品战略,并制定战略规划和行动策略。

(1)产成品库:分别用来存放Beryl、Crystal、Ruby和Sapphire四种产成品。

(2)订单存放处:每年初会召开一次订货会,企业当年的销售额取决于销售订单获取数量的多少。销售订单的多少,不仅与市场容量有关,还取决于企业广告费投放的多少、上一年的市场地位以及与竞争对手之间的博弈。获得的销售订单按照产品不同放在订单存放处。

4. 生产中心

盘面上的生产中心包括采购中心和加工中心两个部分。

1）采购中心

原材料订购提前期：M1、M2 的订货提前期为 1 个季度；M3、M4 的订货提前期为 2 个季度；原材料仓库有 4 个，分别存放 M1、M2、M3 和 M4。

2）加工中心

盘面上分别有大厂房、中厂房和小厂房，分别可以容纳 4、3、1 条生产线。已购置的生产线由厂房左上角摆放的价值表示。

有手工、半自动、全自动以及柔性生产线，不同生产线生产效率及灵活性不同。手工和柔性生产线灵活性大，不需要转产可直接生产其他产品。企业可根据需要，任意选取并进行投资和安装。

产品共有 Beryl、Crystal、Ruby 和 Sapphire 四种。企业生产线上的产品标识，表示生产线上的在制品种类。

（三）沙盘盘面分类

如图 1-2 所示，沙盘可分为三大块区域，物流、信息流和资金流在沙盘上主要体现为：右边区域为物流，从原材料采购开始一直到产成品销售；中间区域为信息流，主要提供实训模拟环境和规则信息；左边区域为资金流，从筹资、投资、运营到回收。

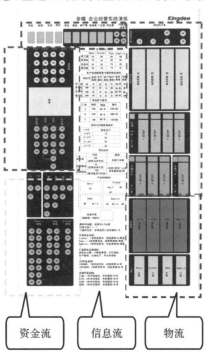

图 1-2　沙盘上三流示意图

三、ERP沙盘模拟课程的局限性与常见问题

（一）课程本身存在的局限性

从我国部分高校开设的ERP沙盘模拟实训课程情况看，课程实施效果好，受学生欢迎。但是该课程本身也存在一定局限性，主要表现为两个方面：一方面由于学生在模拟运营的过程中常常因各种原因难以控制时间进度，教师在实施教学时除了需要考虑教学进度，也要具有一定的监控能力和课堂驾驭能力；另一方面是对指导教师的要求，承担该课程教学的教师要具有宽泛的经济管理专业知识，具备良好的组织协调能力和课堂综合控制能力、应变能力，才能保证ERP沙盘综合模拟教学的顺利实施。

（二）实训教学中常见的问题

亲身体验式的学习让学生对这门课程充满了兴趣，也投入了很多的精力，但由于这门课程涉及综合的经营管理知识，学生缺乏实际的经验，再加上部分专业学生在财务会计、财务管理和ERP原理等专业知识方面存在不足，导致在ERP沙盘演练过程中，各企业很容易出现一些问题，具体包括：

（1）不做现金预算或现金预算做得不好，不能够做到事先计划，经常出现现金断流或者到期不能偿还债务的情况，只能用高利贷解决，影响企业经营的业绩，严重时甚至引起企业破产；

（2）财务会计知识不扎实，对会计科目的含义理解不清，发生的业务和费用不知如何记账，致使财务报表尤其是资产负债表总是不平；

（3）财务管理知识欠缺，不能够合理安排资金，没有一个详细的规划，例如，何时应该长期贷款、何时应该短期贷款、何时应该进行应收款贴现以及抵押厂房等；

（4）生产管理知识的不足使得部分专业的学生不能够很好地制定生产计划与物料需求计划表、采购计划表和产能预估表，生产采购随意，没有进行合理安排；

（5）市场总监在拿订单的时候与生产总监配合不默契，要么生产能力过剩，要么不能按时交货，影响企业的经营发展。

除上述情况外，各模拟企业在操作过程中还会出现一些违规现象，可能会导致竞争的不公平性。

因此，作为实训课程的指导教师，还应积极地探索ERP沙盘模拟演练课程的教学方式，实现企业经营管理实验教学形式的多样化，以学生为中心，督促学生认真实训，使学生真正学会借助于ERP的管理思想和理念来整合资源，提升企业竞争力。

第三节　教师与学生在课程中的角色和任务

ERP 沙盘模拟融角色扮演、案例分析和专家诊断为一体,在课程的不同阶段,指导教师与学生分别扮演不同的角色,并承担不同的任务。

一、指导教师扮演的角色和承担的任务

在 ERP 沙盘模拟课程中,指导教师的角色随着模拟演练的进展程度而发生变化,具体扮演的角色及承担的任务如表 1-1 所示。

表 1-1　ERP 沙盘模拟课程中指导教师扮演的角色和承担的任务

课程阶段	课程内容	教师角色	具体任务	学生角色
1	金蝶 ERP 沙盘模拟课程简介	教师	1. 简单介绍企业经营管理理论与工具、ERP 沙盘 2. 介绍 ERP 沙盘的体验式教学及局限性 3. 介绍 ERP 沙盘教具代表的含义及其操作	学生
2	指导学生分组	引导者	1. 引导学生组建团队(模拟企业) 2. 做游戏,增强团队协作与配合	认领角色组建团队
3	企业基本情况介绍	教师 企业旧任管理层	1. 介绍企业基本情况 2. 摆放初始盘面 3. 介绍资产负债表和利润表中有关项目	新任管理层
4	企业运营规则分析	教师 企业旧任管理层	1. 介绍模拟企业运营流程 2. 详细介绍模拟企业的各项经营规则	新任管理层
5	起始年运营	引导者	1. 带领学生进行起始年运营 2. 讲解编写报表的注意事项 3. 分配任务	角色扮演

续表

课程阶段	课程内容	教师角色	具体任务	学生角色
6	各企业竞争模拟演练	教师、银行、媒体信息发布、客户、供应商、咨询顾问、监督员、政府部门等	1. 解答学生演练过程中的所有疑问 2. 为各个小组贷款 3. 发放销售订单 4. 接受销售订单交货并给予现金或应收账款 5. 接受原料订单下达并交付原材料 6. 为小组提供建议 7. 监督各个小组的规则执行情况 8. 收取税金	角色扮演
7	各年经营情况小结	评论者 分析者	1. 点评各企业的经营状况 2. 分析企业经营中存在的问题	角色扮演
8	综合成绩评定	教师	1. 评定各小组综合成绩 2. 排名	角色扮演

二、学生扮演的角色和承担的任务

企业在创建之初都要建立与企业类型相适应的组织结构。组织结构是保证企业正常运转的基本条件。在ERP沙盘模拟经营课程中,采用了简化的组织结构,即企业组织由几个主要角色代表组成,不同的人员肩负不同的职能。如总经理(CEO)主要负责整个企业的决策和整体规划,财务总监(CFO)负责报表编制及筹资等工作,市场总监(CMO)负责订单的争夺,生产总监(COO)负责生产运作,采购总监(CPO)负责原料的订购,信息总监(CIO)负责搜集商务情报等。各个角色在完成自身岗位工作的同时,还要做到沟通顺畅,团队协作,才能保证企业的各项工作顺利进行。

(一)总经理

在ERP沙盘模拟实训中,省略了股东会和董事会,企业所有的重大决策均由总经理带领团队成员共同决定。如果大家意见不同,总经理负责协调,并最终做出决定。总经理是企业的舵手,负责整体战略的制定,对企业的发展方向和团队的协调起重要作用。总经理是企业团队的建立者和激励者,要特别关注每个人是否能胜任其岗位,知人善任,建立起目标明确、相互信任、相互支持、技能互补的有默契和效率的团队。在企业经营一帆风顺的时候能带领团队冷静思考,而在企业遇到挫折的时候能鼓舞大家继续前进。

（二）财务总监

在企业中，财务与会计的职能常常是分离的，他们有着不同的目标和工作内容。会计主要负责日常现金收支管理，定期核查企业的经营状况，核算企业的经营成果，制定预算及对成本数据进行分类和分析。财务的职责主要是负责资金的筹集、管理；做好现金预算，管好、用好资金，妥善控制成本。如果说资金是企业的血液，财务部门就是企业的心脏。财务总监要参与企业重大决策方案的讨论，如设备投资、产品研发、市场开拓、ISO资格认证、购置厂房等。企业进出的任何一笔资金，都要经过财务部门。

在学生较少时，将上述两大职能归并到财务总监身上，统一负责对企业的资金进行预测、筹集、调度与监控。其主要任务是管好现金流，评估应收款金额与回收期，预估长、短期资金需求，按需求支付各项费用，核算成本，做好财务分析；进行现金预算，洞悉资金短缺前兆，采用经济有效的方式筹集资金，将资金成本控制在较低水平，管好、用好资金。在学生人数达到一定规模时，建议增设财务总监助理分担会计职能。记住：资金闲置是浪费，资金不足会破产，二者之间应寻求一个有效的平衡点。

（三）市场总监

市场总监主要负责进行需求分析和销售预测，寻求最优市场，确定销售部门目标体系；制定销售计划和销售预算；建设与管理销售团队；管理客户，确保货款及时回笼；分析与评估销售业绩；控制产品应收款账期，维护企业财务安全；分析市场信息，为确定企业产能和产品研发提供依据。

企业的利润是由销售收入带来的，销售实现是企业生存和发展的关键。为此，市场总监应结合市场预测及客户需求制定销售计划，有选择地进行广告投放，运用丰富的营销策略，控制营销成本，并取得与企业生产能力相匹配的客户订单，与生产部门做好沟通，保证按时交货给客户，监督货款的回收，进行客户关系管理。

市场总监还可以兼任信息总监（商业间谍）的角色并承担相应任务，因为他最方便监控竞争对手的情况，比如对手正在开拓哪些市场，未涉足哪些市场，他们在销售上取得了多大的成功，他们拥有哪类生产线，生产能力如何等。充分了解市场，明确竞争对手的动向可以有利于今后的竞争与合作。

（四）生产总监

生产总监是企业生产部门的核心人物，对企业的一切生产活动进行管理，并对企业的一切生产活动及产品负最终的责任。生产总监既是生产计划的制定者和决策者，又是生产过程的监控者，对企业目标的实现负有重大的责任。他的工作是通过计划、组织、指挥和控制等手段实现企业资源的优化配置，创造最大经济效益。

在ERP沙盘模拟实训中，生产总监参与制定企业经营战略，负责指挥生产运营过程的正常进行，以及生产设备的选购、安装、维护及变卖和管理成品库等工作，并权衡利弊，优化生产线组合，保证企业产能。生产能力往往是制约企业发展的重要因素，因此生产总监要有计划地扩大生产能力，以满足市场竞争的需要；同时提供季度产能数据，为企业决策和运营提供依据。

(五)采购总监

采购是企业生产的首要环节。采购总监负责各种原料的及时采购和安全管理,确保企业生产的正常进行;负责依据生产计划制定采购计划,与供应商签订供货合同,按期采购原材料并向供应商付款,管理原料库等,确保在合适的时间点,采购合适的品种及数量的原材料,保证正常生产。

(六)研发总监

研发总监是一个高技术含量的职业。研发总监是企业产品开发部门(技术部门)的核心人物,一般负责一个企业的技术管理体系的建设和维护工作;制定技术标准和相关流程,主持开发新技术、新产品;带领和激励自己的团队完成企业赋予的任务,实现企业的技术管理和支撑目标,为企业创造价值。一个好的研发总监不仅自身要具有很强的技术管理能力,同时,也要有很强的技术体系建设和团队管理的能力,要对企业所在行业有深入的理解,对行业技术发展趋势和管理现状有准确的判断。

研发总监的具体职责包括:组织研究行业最新产品的技术发展方向,主持制定技术发展战略规划;管理企业的整体核心技术,组织制定和实施重大技术决策和技术方案;及时了解和监督技术发展战略规划的执行情况;制定技术人员的培训计划,并组织安排企业其他相关人员的技术培训等。在本课程中,研发总监往往由生产总监或者市场总监兼任。

(七)信息总监

信息总监,也可称商业情报人员或商业间谍。在信息化社会里,知己知彼,方能百战百胜。商业情报工作在现代商业竞争中有着非常重要的作用。在学生人数较少时,此项工作可由市场总监兼任;在人数较多时,可设专人协助市场总监来负责此项工作。

(八)其他角色

除上述职务外,在学生人数较多时,可适当增加财务助理、总经理助理、市场助理、生产助理等辅助角色,特别是设置财务助理很有必要。为使这些辅助角色不被边缘化,应尽可能明确其所承担的职责和具体任务。学生之间也可以在小组内进行角色互换,体验职务转变后思考问题的出发点的相应变化,这样更有利于把握企业内部的关系。

第四节 ERP 沙盘模拟企业的现状

本课程模拟的是一家生产制造企业,生产制造 Beryl、Crystal、Ruby、Sapphire 四种产品,按字面理解这四种产品分别是绿玉、水晶石、红宝石和蓝宝石。但是学生也不必局限于此,完全可以将课程中的这四种产品看成是一个系列的虚拟产品,比如数码电子产品、设备、汽车和服装等。

一、模拟企业的经营现状

该企业是一家典型的本地企业,目前经营状况良好。其现有产品 Beryl 含有较新的技术,市场发展状况还不错。不过,由于旧任管理层在企业发展上比较保守(特别是在市场开发以及新产品的研发方面),所以企业一直处于小规模经营的状况。在未来的几年内,市场竞争将越来越激烈,如果继续目前的经营模式,很可能会被市场淘汰。因而,董事会决定引入新的管理层,对企业的经营模式进行变革,打造一家强势企业。他们希望新任管理层实现如下目标:

(1)投资新产品的开发,使企业的市场地位进一步得到提升;
(2)开发本地市场以外的其他新市场,进一步拓展市场领域;
(3)扩大生产规模,采用现代化生产手段,努力提高生产效率;
(4)研究在信息时代如何借助先进的管理工具提高企业管理水平;
(5)增强企业凝聚力,形成鲜明的企业文化;
(6)加强团队建设,提高组织效率。

二、模拟企业的产品发展趋势

目前,共有六家企业在市场上经营。在经营之前,每家企业的财务状况、经营现状都相同。每家企业都可以生产以下产品,各种产品的发展趋势如图 1-3 所示。

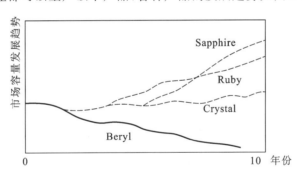

图 1-3　四种产品销售预测图

从图 1-3 中可以看出,Beryl 产品技术水平低,虽然近几年需求较旺,但未来会逐渐下降;Crystal 产品是 Beryl 产品的技术改进版,它继承了 Beryl 产品的很多优良特性,在一段时间内可以为企业的发展带来可观利润,但随着新技术的出现,需求量最终会下降;Ruby 产品是一个采用了最新技术的新产品,在技术创新及环保方面有了很大的飞跃,但目前很难评估客户对这种新技术的态度;Sapphire 产品被视为一个未来技术的产品,大家都对其存有期望,然而它的市场何时才能形成是完全未知的。

三、模拟企业的外部市场环境分析

一家权威的市场调研咨询公司对这四种产品在未来六年不同市场的销量和价格走势做出了预测,这些预测信息有着较高的可信度。

（一）本地市场

本地市场四种产品销量及单价预测如图1-4所示，左图中纵坐标表示销售量，横坐标表示年度；右图中纵坐标表示单价，横坐标表示年度。

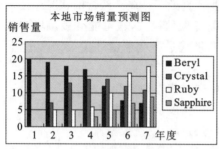 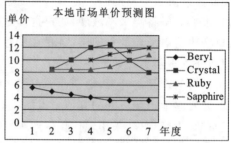

图1-4　本地市场销量预测图及单价预测图

从图1-4中可以看出，本地市场针对Beryl产品的需求开始减弱，而且利润空间也开始缩小。不过在未来几年中，Beryl仍有不小的需求。Crystal在本地市场的需求呈上升趋势。随后几年，随着高端产品的成熟，Ruby和Sapphire的需求量将会逐渐增大，价格也会逐步提高。同时随着时间的推移，客户的质量意识将不断提高，随后几年可能会对厂商是否通过ISO 9000和ISO 14000认证有更多的要求。

（二）区域市场

区域市场四种产品销量及单价预测如图1-5所示。

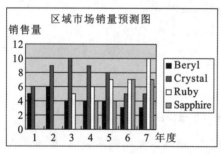 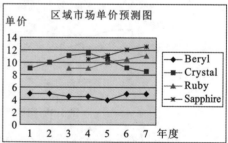

图1-5　区域市场销量预测图及单价预测图

从图1-5中可以看出，在未来几年中，区域市场的Beryl产品有一定销量，而Crystal产品销量较多。不过，相对本地市场和国内市场而言，区域市场的容量还是要低一些。而且在以后几年对供应商的资质要求相对较严格，厂商可能只有通过ISO 9000和ISO 14000资格认证才被允许接单。由于对厂商的资格要求较严，竞争的激烈性相对较低。

（三）国内市场

国内市场四种产品销量及单价预测如图1-6所示。

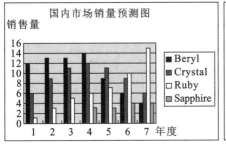 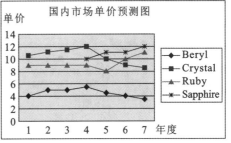

图1-6 国内市场销量预测图及单价预测图

从图1-6中可以看出，Beryl、Crystal的需求逐年上升，第4年达到顶峰，之后开始下滑。Ruby、Sapphire需求预计呈上升趋势。同时也可能要求厂商具备ISO 9000和ISO 14000认证资格。与销售量相类似，Beryl、Crystal的价格逐年上升，第4年达到顶峰，之后开始下滑。Ruby、Sapphire单价呈上升趋势。

（四）亚洲市场

亚洲市场四种产品销量及单价预测如图1-7所示。

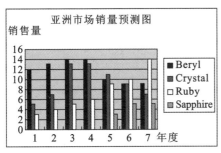 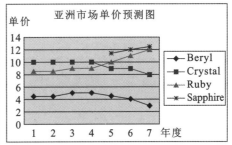

图1-7 亚洲市场销量预测图及单价预测图

从图1-7中可以看出，所有产品几乎都供不应求。Beryl在亚洲市场的价格相对于本地市场来说，没有竞争力。但是，这个市场对新产品很敏感，对Ruby和Sapphire产品的需求会发展很快，价格也不菲。另外，这个市场的消费者很看重产品的质量，所以在后几年里，如果厂商没有通过ISO 9000和ISO 14000的资格认证，其产品可能很难销售。

（五）国际市场

国际市场四种产品销量及单价预测如图1-8所示。

开发国际市场需要较长的时间。有迹象表明，目前这一市场上的客户对Beryl需求量非常大，Crystal则需要一段时间才能被市场所接受。对于新兴技术，这一市场的客户会以观望为主，因此Ruby和Sapphire的产品需求不甚明朗。因为产品需求主要集中在低端，所以客户对ISO的要求不像其他几个市场那么高。

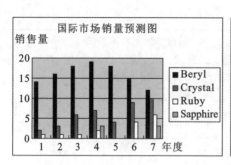
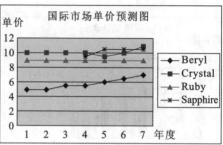

图 1-8 国际市场销量预测图及单价预测图

四、模拟企业的财务状况与经营成果

新任管理层接手经营的模拟企业现有总资产为104M,其中流动资产52M,固定资产52M。负债23M,所有者权益81M。其资产负债表、利润表和综合费用明细表如表1-2、表1-3、表1-4所示。

表 1-2 资产负债表 单位:M

资产	年初数	本期借方	本期贷方	期末数	负债及所有者权益		年初数	本期借方	本期贷方	期末数
流动资产					负债					
11 现金	24				21 短期借款		20			
12 应收账款	14				22 应付账款		0			
13 原材料	2				23 应交税金		3			
14 在制品	6				24 长期借款		0			
15 产成品	6									
流动资产合计	52				负债合计		23			
非流动资产					所有者权益					
16 土地建筑	40				41 股东资本		70			
17 机器设备	12				留存收益	以前年度利润	4			
18 在建工程	0					当年净利润	7			
19 产品研发	0									
非流动资产合计	52				所有者权益合计		81			
资产总计	104				负债及权益合计		104			

表 1-3 利润表　　　　　　　　　　　　　　　　　　　　　单位：M

项　目	年　初　数	期　末　数
一、营业收入	40	
减：营业成本	17	
二、毛利	23	
减：期间费用	9	
折旧	4	
加：投资收益	0	
三、营业利润	10	
加：营业外收入	0	
减：营业外支出	0	
四、利润总额	10	
减：所得税	3	
五、净利润	7	

表 1-4 期间费用明细表　　　　　　　　　　　　　　　　单位：M

费　用	明细项目	金　额
管理费用	行政管理费	
	设备维护费	
	设备改造费	
	租金	
	ISO 认证	
销售费用	广告费	
	市场开拓	
财务费用	利息支出	
	贴息	
其他		
合计		

在实训中,财务总监先填写期间费用明细表,然后填写利润表,最后填写资产负债表。

五、初始年盘面状况

(一)流动资产 52M

流动资产包括现金、应收账款、原材料、在制品和产成品等。

1. 现金 24M

财务总监领 24 个灰色币,放在盘面"现金"区。

2. 应收账款 14M

应收账款分账期,盘面上对应有 1Q、2Q、3Q、4Q 的账期,"Q"代表季度,每期向前推进,当推出应收区域时,就意味着收到现金,放入"现金"区。现有的 14M 分别是 2Q 和 3Q 的各 7M。财务总监领 2 个空桶,每桶中放入 7 个灰色币,分别放在盘面"应收账款" 2Q 和 3Q 的位置上。

3. 原材料 2M

在 M1 原材料库中有 2 个 M1 原材料,采购总监将 2 个蓝色 M1 币放在盘面"M1 原材料库"中。此外,企业还为下一期的生产向供应商发出了 2 个 M1 的原材料订单,下采购订单不需要支付现金,采购总监将 2 个黄色 M1 币放在盘面"原材料订单"中 M1 的位置上。

4. 在制品 6M

在制品是指处于加工过程中尚未完工入库的产品。目前企业的在制品全部为 Beryl,每个 Beryl 的在制品与产成品一样,由 1 个 M1 原材料和加工费 1M 组成,共 3 个。生产总监先在新华厂房摆放 3 条手工生产线和 1 条半自动生产线,然后将 1 个在制品放在第一条手工生产线的第一个生产期中,1 个放在第二条手工生产线的第三个生产期中,第三条手工生产线闲置,最后 1 个放在半自动生产线上的第一个生产期中。注意:手工生产线有 3 个生产周期,靠近原料库的为第一个生产期,以此类推,半自动生产线有两个生产周期。

5. 产成品 6M

Beryl 的产成品库中有 3 个产品,每个 Beryl 的成品由 1 个 M1 原材料(蓝色币)和加工费 1M(灰色币)组成(产品构成将在运营规则中介绍)。生产总监将 3 个 M1 原材料(蓝色币)和 3 个灰色币组成 3 个 Beryl 产成品,放在盘面"Beryl 成品库"中。

(二)固定资产 52M

固定资产主要包括土地建筑(土地、厂房)、机器设备和在建工程。

1. 土地建筑 40M

企业目前拥有大型厂房——新华厂房,土地建筑价值 40M。财务总监将 40 个面值为 1M 的灰色币用桶装好放在盘面"新华厂区"的左上角。

2. 机器设备 12M

企业目前拥有 3 条手工生产线和 1 条半自动生产线,扣除折旧后的残值分别为

2M、3M、3M、4M,生产总监分别将 2M、3M、3M、4M 的灰色币装入 4 个空桶,放在相应生产线下方"设备价值"处。

(三) 负债 23M

负债主要包括短期负债、应付账款、应交税金、长期负债和一年内到期的长期负债。

1. 短期借款 20M

企业目前向银行申请了账期为 4Q、金额为 20M 的短期贷款。财务总监将 2 个面值为 10M 的红色币放在盘面"短贷"的"4Q"处。

2. 应交税金 3M

企业赢利时,首先弥补以前年度亏损。若仍有赢利,按 25% 的所得税税率计算应交税金,当年计提,下年初缴纳。

从利润表中可以看出,当年净利润为 10M,四舍五入后的所得税为 3M。计算后放入资产负债表中的"应交税金"处即可,计提时盘面上不需要作任何处理,下年度初缴纳税金时,财务总监直接从盘面"现金"区拿出相应数量的灰色币放在费用区域的"税金"处。

初始年沙盘盘面如图 1-9 所示。

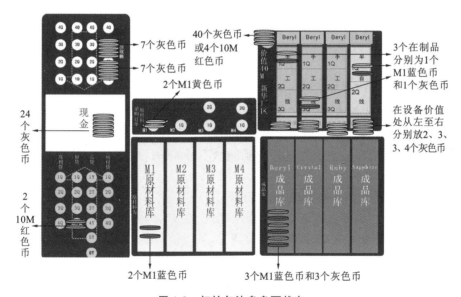

图 1-9 初始年沙盘盘面状态

为了熟悉流程,并使各小组经营业绩统一,在初始年运行时,所有实训小组都将获得一张相同的订单(见图 1-10),并在老师的指导下执行任务清单。

```
Beryl(Y0,本地)
6×6M=36M
账期:1Q    交货:Q3
```

图 1-10 客户订单

第五节　ERP沙盘模拟之团队协作

团队进步的基本条件是能持续地学习、反思、沟通,有自我批评的承受力和能力,团队中有不断找出自身不足的文化,这是团队成熟和信心的表现。能学习、反思的团队表现了对大目标的深刻理解和执着,也表现了对实现目标的坚韧,特别是有对过程中遇到困难和挫折的应对能力和奋斗精神。在这样的团队中,沟通的效率高,成本低;信任多,抱怨少;团队成员中想到的、说到的、听到的、做到的有高度的统一。

一、组建团队的意义

团队就是一个具有共同的价值观、为最终的使命而共同奋斗的一个联合体。我们一直讨论团队协作,可是我们组建团队的要求和意义是什么? 只有先思考这样的问题,才能更好地明白下一步的战略计划。

如果把组织看成一辆车的话,就要弄清车子将往哪里开,将要带领谁一起上车,上车后每个人要扮演什么样的角色,上车的人彼此要坚守什么样的承诺。在车子还没有启动前,大家就要达成共识。一个组织的倡导者,首先要做的事情是将自己的梦想分享给即将要与自己一起去实现的人,让大家认可自己的梦想,即达成共同的价值观和使命感。

二、创建一个优秀的团队

"因事择人,因才使用,动态平衡"是人员配备的重要原则,模拟团队成员的选择与配备应遵循该原则。在ERP沙盘模拟经营中,团队的成员一般有5~7人,虽然人数较少,但每个人担任的都是企业至关重要的角色,不可或缺。为此,在创建团队时,要充分考虑以下两点。

1. 团队成员的知识结构合理、优势互补

在一个团队中,成员的知识结构越合理,创业的成功性越大。纯粹的技术人员组成的公司容易形成技术为王、产品为导向的情况,从而使产品的研发与市场脱节;全部是市场和销售人员组成的创业团队缺乏对技术的领悟力和敏感性,也容易迷失方向。因此,在创业团队的成员选择上,必须充分注意人员的知识结构——技术、管理、市场、销售、财务等等,充分发挥个人的知识和经验优势。

一个完整的、具有高效运作能力的创业团队必须包括技术类人才、市场类人才和管理类人才。相对来说,一个优秀的创业团队应该包括:能提出建设性和可行性建议,不断发现问题,创新意识及沟通协调能力强的人——可担任总经理;能够全面周到分析整个企业面临的机遇与风险,综合考虑成本、投资、收益的来源及预期收益的人——可担任财务总监;对竞争者信息敏感、对市场有丰富经验与深刻认识的能干型人才——可担任营销总监;能够负责整个生产计划的制定和排产、生产线改造,具备过硬生产运营知识的人——可担任生产总监;能够根据生产计划合理安排企业采购计划的人——可担任采购总监。

2. 团队成员的理念一致、人品高尚

在组建团队时，除了要考虑到优势互补外，还应非常谨慎，多考虑到其他方面的因素。首先，团队的成员应该都是有梦想的人，是为了能做出一番事业而走到一起，而不是为了单纯的现实利益。而且，团队的成员都应该有团队合作的精神和理念，在事业的发展、人生的理念上也很接近。只有价值观念相近、个人素质较高的人在一起组成的团队，创业的成功性才会更大。

另外，组建优势互补的团队还要注意个人的人格素养和能力。人格素养无非是人品，是诚实，是宽容，是为对方设身处地着想的思维方式，是负责任的为人处世方法。只有具备了这样素质的团队才能形成一种新型的健康关系，团队的团结和协作才是可预期的。

三、新任管理层初始经营战略选择

企业要在竞争激烈的市场环境中生存和发展，目标一定要明确。具体来说就是要思考回答以下几个问题。

1. 想成为什么样的企业

企业规模，是大企业还是小企业？生产产品品种，是多品种还是少品种？市场开拓，是对企业进行远景规划，开拓许多市场还是仅开拓少量市场？市场地位，是努力成为市场领导者还是市场追随者？并分析背后的原因。

2. 倾向于何种产品和何种市场

企业目前仅在本地市场上经营 Beryl 这一种产品，还有区域、国内、亚洲和国际四个新市场和 Crystal、Ruby、Sapphire 三种新产品。在资源有限的前提下，面对很多情况时，也许放弃比不计代价地开发更明智。因此需要管理层选择自己的重点市场和重点产品进行投放，而不是全面铺开，面面俱到。

3. 计划怎样配备生产线提高生产能力

有手工、半自动、全自动和柔性四种生产线可供企业选择，不同生产线的购置价格、生产能力、灵活性等各不相同。企业目前生产线陈旧落后，为有效提高生产能力，必须考虑更新设备。管理层需要考虑购置生产线的时间、种类及数量。

4. 计划采用怎样的融资策略

资金是企业运营的基础。管理层应根据企业的发展规划做好融资规划，以保证企业的正常运转。企业融资方式有很多，如长期贷款、短期贷款、应收账款贴现、厂房抵押和出售、设备出售等，还有高利贷（但高利贷应尽量避免使用）。管理层要选择合理的融资方式，控制资金成本。

在开始实际经营前，新任管理层应对上述问题进行深入探讨，并在团队中达成共识。企业战略不是一成不变的，而应根据企业内外部环境的变化和竞争对手的发展情况不断动态调整。每一年经营下来，管理层都要检验企业战略的实战性，聆听指导教师的点评，反思自己的行为，并根据以后年度的市场趋势预测，结合企业自身优势和劣势，调整既定战略。

第二章 ERP沙盘模拟演练运营流程与规则

企业的运营涉及筹资、投资、生产、营销等各个方面,受到来自各方面条件的制约。在正式开始模拟运营前,必须熟悉企业运营流程与规则,做到合法正常经营,否则除影响经营进度外,还会被扣分、罚款,影响各模拟企业的最终成绩。

第一节 模拟实战运营流程

以金蝶工业沙盘为例,基于创业能力培养的 ERP 企业沙盘模拟经营流程如图 2-1 所示。

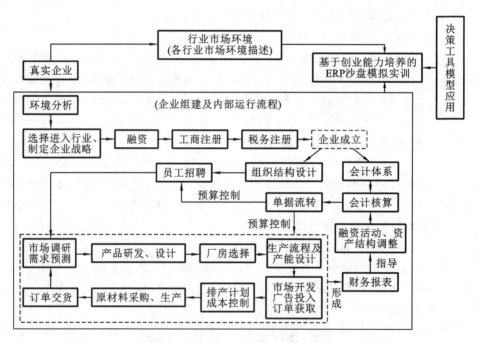

图 2-1 ERP 企业沙盘模拟经营流程

根据经营的先后顺序,把整个模拟经营课程分为 12 个阶段。

(一)企业基本情况描述

对企业经营者来说,接受一个企业时,需要对企业有一个基本的了解,包括股东期望、企业目前的财务状况、市场占有率、产品、生产设施、赢利能力等。基本情况描述以企业两份主要的财务报表——资产负债表和利润表逐项描述企业目前的财务状况和经营成果，并对其他相关方面进行补充说明。

（二）企业运营规则学习

企业在一个开放的市场环境中生存，企业之间的竞争需要遵循一定的规则。综合考虑企业运营所涉及的方方面面，简化为市场划分与准入，销售会议与订单争取，厂房购买，出售与租赁，生产设备购买、调整与维护、出售，产品生产，原材料采购，产品研发，质量认证，融资贷款，企业综合费用等约定。总经理组织团队成员认真学习规则，遇到不懂的问题，找指导教师答疑。

（三）初始状态设定

ERP沙盘模拟不是从创建企业开始的，学生面临的是一个已经经营了几年的企业。沙盘的初始状态在第一章中已讲解。

（四）确立经营目标

当学生对模拟企业所处的宏观经济环境和所在行业特性有了基本了解之后，各模拟企业就要依据自己对"市场"的理解，明确经营理念，设计组织结构，进行职能分工，并确立模拟经营的总体目标。

（五）进行市场调研

各小组根据自己对未来市场预测发展情况的需要，进行市场调研，分析竞争对手。

（六）制定、调整战略

各实训小组本着长期利润最大化的原则，制定、调整自己的企业战略，内容包括企业战略（大战略框架）、新产品开发战略、投资战略、新市场进入战略、竞争战略。

（七）订单争取和进行市场竞争

依据竞争规则和模拟企业制定的营销方案，进行公平的市场竞争。市场竞争以竞标的形式出现，各企业的市场竞争力由每个企业在不同的细分市场上的价格定位、广告投入、渠道规模、质量水平以及上年某市场的销售收入决定。指导教师根据各企业市场竞争力排名和广告投入等决定各企业选择订单的优先顺序，各企业依据本企业的经营策略选择自己认为理想的客户订单。

（八）拟订运作计划

各企业依据战略安排和订单情况，根据市场订单的交货要求，拟订各项运作经营计划，这些计划主要包括融资计划，生产计划，厂房设备投资计划，采购计划，产品、市场开发计划，市场营销方案等。

(九)根据经营计划配置内部资源

各企业依据生产经营计划安排固定资产投资、原材料采购、生产和销售等流程,为生产经营合理配置各项资源。

(十)业绩盘点

经营完成后,各企业将自己的经营成果如实反映在相应报表上,作为业绩考核的依据,填报期间费用表、利润表和资产负债表等。

(十一)召开期末总结会议

各企业在盘点经营业绩后,围绕经营结果召开期末总结会议,认真反思本期各个经营环节的管理工作和策略安排,以及团队协作和计划执行的情况。期末总结之后,各小组总经理进行工作述职,以达到相互学习、共同提高的培训目的。

(十二)指导教师点评

在汇总各企业期末经营业绩之后,实训指导教师对各企业经营中的成败因素进行深入剖析,提出指导性的改进意见,并针对本期存在的共性问题进行分析与讲解。

第二节 任务清单

在下篇的模拟实训中,每个实训学生应按照任务清单规定顺序实施运行任务。任务清单按时间分为三块,年初、年中和年末,共有 22 项任务(如图 2-2 所示),每年都要重复运行。任务清单中包括了各模拟企业进行日常运营时执行的工作任务及必须遵守的工作流程。值得注意的是,在实训中要严格从年初到年末有序进行,到了哪一项任务就执行该任务,不能跳过任务或回头执行已执行过的任务。当执行完规定的任务后,每个成员都要在任务清单方框中打"√"或记录与自己岗位相关的数据变化。

财务总监在任务项目对应的方格内填写现金收支情况;生产总监在任务项目对应的方格内填写在制品的上线、下线情况;采购总监在任务项目对应的方格内填写原材料的入库、出库情况;市场总监在任务项目对应的方格内填写产成品的入库、出库情况。当进行贷款、下采购订单、采购原材料、交货、贴现等业务时,必须携带实训手册和相关的登记表,到指导教师处进行业务处理。

更新是指在沙盘上沿着箭头方向或现金池、产成品库、原材料库方向移动一格或一期,直至到期或入库。

(一)原材料订单及付款计划表

下原材料订单和采购入库、付款时,采购总监必须填写每一年的"采购计划表",当按照任务清单的顺序运行到"更新原材料订单/原材料入库"时,采购总监携带现金(延期付款的拿相应数量的红色币作为应付账款)、"采购计划表"和本人的任务清单,到交

任务清单

年初：(根据提示，完成部分打钩)
(1) 支付应付税(根据上年度结果) ☐
(2) 支付广告费 ☐
(3) 参加订货会/登记销售订单 ☐

年中：

	一季度	二季度	三季度	四季度
(1) 更新短期贷款/短期贷款还本付息/申请短期贷款	☐	☐	☐	☐
(2) 更新应付款/归还应付款	☐	☐	☐	☐
(3) 更新原材料订单/原材料入库	☐	☐	☐	☐
(4) 下原材料订单	☐	☐	☐	☐
(5) 更新生产/完工入库	☐	☐	☐	☐
(6) 投资新生产线/生产线改造/变卖生产线(租厂房)	☐	☐	☐	☐
(7) 开始下一批生产	☐	☐	☐	☐
(8) 产品研发投资	☐	☐	☐	☐
(9) 更新应收款/应收款收现	☐	☐	☐	☐
(10) 按订单交货	☐	☐	☐	☐
(11) 出售/抵押厂房	☐	☐	☐	☐
(12) 支付行政管理费用	☐	☐	☐	☐
(13) 季末现金对账	☐	☐	☐	☐

年末：
(1) 更新长期贷款/支付利息/申请长期贷款 ☐
(2) 支付设备维护费 ☐
(3) 支付租金(或购买建筑) ☐
(4) 折旧 ☐
(5) 新市场开拓投资/ISO资格认证投资 ☐
(6) 关账 ☐

图 2-2 任务清单

易处购买原材料，交易员核对采购订单登记数量后进行交易。采购总监做到任务清单的"下原材料订单"时，也应在交易处进行登记。

（二）交货记录

当运行到"按订单交货"时，市场总监按照市场订单交货，需要携带销售订单、产品和任务清单到交易处交货，收到的应收账款应放在企业盘面上应收区的相应账期处。

（三）借、还款记录

由财务总监携带本人的任务清单、上年度的资产负债表和本年的现金流量表到交易处进行贷款或还款，审核无误后可领取或归还贷款。

（四）现金收支记录

财务总监必须填写"现金预算表"和"现金流量表"，"现金预算表"有助于财务总监提前对全年资金使用状况做出安排，确定筹资时点和筹资方式；"季末现金对账"任务要求财务总监将"现金流量表"中的收入和支出分别汇总,计算出现金余额,并盘点现金,进行核对。"现金流量表"如实反映企业在经营过程中每笔资金的收支情况,是经营过程中资金流转的全程记录,有助于财务总监顺利编制资产负债表和利润表。

(五)生产状态记录

年初,生产总监需要填写"原材料采购计划表"和"产能预估表"。在运行期间,再按照实际情况对"原材料采购计划表"和"产能预估表"进行修正,反映企业实际的生产情况。这两张表每年要接受检查。

(六)销售订单记录

每年订货会召开完毕后,市场总监要根据获得的销售订单如实登记"销售订单统计表"。由于不同的生产线生产不同产品的加工费不同,所以"成本"处可先不填,待实际交货时,再填上确定的金额。

(七)报表记录

每年运行结束后,各企业需要在规定的时间内上交规定的 4 张报表,分别是"现金流量表"、"期间费用明细表"、"利润表"和"资产负债表"。当然也可根据指导教师的要求,提交其他的记录表供检查核对。

第三节　财务表格填写规则

财务管理是企业管理中的一个重点,管好、用好资金是企业发展的第一步。企业经营各个环节费用的收付依照任务清单的顺序进行。图 2-3 是企业资本周转示意图。

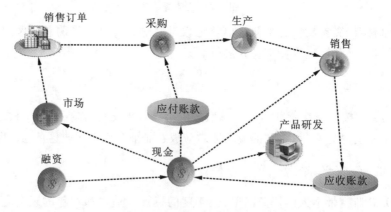

图 2-3　企业资本周转示意图

企业初始资本来自股东现金和银行贷款;在业务进行中需要为设备、原材料支付应付账款,并要支付员工薪水;业务结算时进行应付账款、应收账款、毛利、利息、折旧、利润、贴现、租金和行政管理费用等的结算;年末要填写资产负债表和利润表。

年末,当年的经营结束后,财务总监需要填制期间费用明细表、利润表和资产负债表,并交给指导教师核查记录。期间费用明细表主要用于记录除生产直接成本和折旧费的经营费用(见表2-1);利润表主要用于核算企业当年的经营成果(见表2-2);资产负债表主要反映企业的财务状况(见表2-3)。

为了方便使用 EXCEL 工具对账务进行处理,对表2-1、表2-2、表2-3所涉及的会计科目按规定进行了编码。其中资产类科目以"1"开头,负债类科目以"2"开头,所有者权益类科目以"4"开头,收入和费用类科目以"6"开头。

表 2-1 期间费用明细表　　单位:百万

费用	明细项目	金额
601 管理费用	行政管理费	每个季度固定支出1M
	设备维护费	根据生产线的自动化程序而支付现金
	设备改造费	
	租金	不同产品生产工艺的转化
	ISO 认证	
602 销售费用	广告费	根据年初的广告费投入单来填写
	市场开拓	
603 财务费用	利息支出	含短期、长期的借款
	贴息	
其他		
合计		

表 2-2 利润表　　单位:百万

	项目	去年	期末数	
一、	61 主营业务收入	转录上年数		本期已交货的订单实际实现的收入
减:	64 主营业务成本	转录上年数		已交货的订单实际产生的成本总计(按盘面的筹码计算)
二、	主营业务利润	转录上年数		
加:	65 其他业务收入	转录上年数		本期与其他小组的交易产生的收入(非订单)
减:	66 其他业务成本	转录上年数		
减:	期间费用	转录上年数		包括市场开拓、广告、行政管理、生产线转产、各种利息和贴现息等费用,以及设备维护、厂房租金、ISO认证、延期交货的罚金等费用
减:	67 折旧费	转录上年数		
加:	68 投资收益	转录上年数		
三、	营业利润	转录上年数		
加:	691 营业外收入	转录上年数		购买原材料、产成品(保持盘面对应)超过筹码的支出
减:	692 营业外支出	转录上年数		
四、	利润总额	转录上年数		如有盈利,弥补完前5年的累计亏损后,按剩余利润的25%计算所得税
减:	所得税	转录上年数		
五、	净利润	转录上年数		

表 2-3 资产负债表

资产	年初数	本期借方	本期贷方	期末数	负债及所有者权益		年初数	本期借方	本期贷方	期末数
流动资产：					负债：					
11 现金	上期数				21 短期负债		上期数				← 高利贷记入短期负债
12 应收账款	上期数				22 应付账款		上期数				← 等于利润表"所得税"
13 原材料	上期数				23 应交税金		上期数			
14 产成品	上期数				24 长期负债		上期数			
15 在制品	上期数									
流动资产合计	上期数				负债合计		上期数			
非流动资产：					所有者权益：					
16 土地建筑	上期数				41 股东资本		上期数				← 股东不增资则与上年相同，保持70M
17 机器设备	上期数				留存收益	以前年度利润	上期数				← "以前年度利润"上期数加上"当年净利润"上期数
18 在建工程	上期数					当年净利润	上期数				← 等于当年利润表中的"净利润"
19 产品研发	上期数									
非流动资产合计	上期数				所有者权益合计		上期数			
资产总计	上期数				负债及权益总计		上期数			

资产=负债+所有者权益　　产品研发期末数为累积值

由此可知，三张基本会计报表的关系为"期间费用明细表"的输出数据为"利润表"的输入数据，"利润表"的输出数据为"资产负债表"的输入数据，这也是报表的填报顺序。

第四节 筹 资 规 则

企业要进行生产、经营以及投资活动,必须筹集一定数量的资金。筹资是企业进行一系列经济活动的前提和基础。

筹资按目的可分为长期筹资和短期筹资。长期筹资指企业向银行和非银行金融机构以及其他单位借入的、期限在一年以上的各种借款,主要用于购建固定资产和满足长期资金占用的需要;短期筹资指为满足企业临时性流动资金需要而进行的筹资活动。企业流动资产一般是通过流动负债的方式取得。

在ERP沙盘模拟演练过程中,企业间不允许私自融资,在经营期间,只允许向银行贷款。具体的筹资方式如表2-4所示。

表2-4 筹资方式

筹资方式	办理时间	贷款额度	年 息	还款方式	备 注
长期贷款	每年年末	和为上一年度所有者权益的2倍	10%	每年年底付息,到期还本付息	10M起贷
短期贷款	每季度初		5%	到期一次还本付息	20M起贷
高利贷	随时	与指导教师协商	20%	到期一次还本付息	20M起贷

(一)规则说明

1. 长期贷款与短期贷款(以下简称"长贷"和"短贷")

长贷每年只有一次,即在每年年末(详见任务清单),一般以10M的倍数申请。短贷每年可贷四次,分别为每季度初(详见任务清单),一般以20M的倍数申请。

长贷与短贷的额度之和若大于或等于上一年所有者权益的2倍,则不允许贷款。例如,如果上年所有者权益为20M,2倍为40M,而企业已贷款50M,则将不能获得贷款;如果企业已有20M的贷款,则还可贷款20M。

长贷每年年末必须支付利息,到期还本。注意:当年新贷的长贷当年不支付利息,从下年年末开始支付利息,最后一年还本金时,要加上最后一期利息。

短贷借款周期为4Q,到期时还本并支付利息。

长贷最多可贷5年,长贷和短贷均不允许提前还款,结束年时,不要求归还未到期的长贷和短贷。

2. 高利贷

高利贷最长期限为4Q,年利息率为20%,20M起贷,到期还本付息。

图 2-4 贷款盘面示意图

高利贷可以随时申请,即在运行过程的任何时间都可以申请高利贷,但高利贷计息时间为运行当季的短贷申请时间,并随短贷的更新时间而更新。有高利贷的企业,计算总分时会按 15 分/次进行扣分。

各类贷款在沙盘的位置如图 2-4 所示。

3. 贴现

若提前使用应收账款,必须计算贴现费用。注意:只要有足够的应收账款,可以随时贴现(包括次年支付广告费时,使用应收贴现)。

不同账期应收账款的贴现费用不同,如表 2-5 所示。

表 2-5 贴现费用

应收账期	1Q	2Q	3Q	4Q
贴现比率	1/12	1/10	1/8	1/6

(二)操作说明

(1)获得长、短贷时,从指导教师处领取相应金额的红色币和灰色币,灰色币放入盘面"现金"区,红色币放在长贷或短贷对应的期限处。红色币在规定的时间往前推动,当推出贷款区域时,则表示需要偿还贷款,此时从"现金"区拿出相应金额的灰色币,与红色币一起还给指导教师,同时计提利息,从"现金"区拿出灰色币(计算出的利息数)放到费用区域的"利息"处。

(2)贴现时,从 1Q、2Q、3Q、4Q 账期的应收账款中分别取 $12n$、$10n$、$8n$、$6n$(其中,n 为整数)的应收账款,$11n$、$9n$、$7n$、$5n$ 为现金,放入"现金"区,其余未贴现费用,放在费用区域的"贴现"处,与"利息"一起作为财务费用反映在利润表中。

例如,将 12M 的 1Q 应收账款贴现,获得 11M 的现金,支付 1M 的贴现费用。

第五节 投 资 规 则

筹资的目的是为了投资,投资包括固定资产投资和无形资产投资,在 ERP 沙盘模拟实训中,固定资产投资包括购置厂房和生产线,无形资产投资主要记产品研发投资。市场开拓和 ISO 认证在实训中计入期间费用支出,不计入资产类。

一、厂房投资

企业目前拥有容纳四条生产线的新华厂房,价值 40M,另有容纳三条生产线的上中厂房和仅容纳一条生产线的法华厂房可供选择使用。实训中厂房不计提折旧。有关各厂房管理信息如表 2-6 所示。

表 2-6　厂房管理信息

厂房	购买价格	租金（每年）	售价（账期）	容量（生产线）
新华厂房	40M	6M	40M(2Q)	4
上中厂房	30M	4M	30M(1Q)	3
法华厂房	15M	2M	15M	1

（一）购置、租赁、出售的相关规则说明

1. 购买厂房

购买厂房只能在每年年末（详见任务清单）进行，购买时将等值的现金放置在"厂房价值"处。

2. 租赁厂房

已购买的厂房不需要支付租金。租期不足一年的按一年计算，于每年年末一次性支付。在任务清单中年中第(6)步即可开始租赁新厂房。

3. 出售厂房

厂房出售的款项计入对应账期的应收账款，随应收账款的更新时间更新 2Q 即可变现。厂房一经出售就变为租赁（不用改变厂房内生产线布置）。

4. 抵押厂房

厂房可抵押给银行。抵押后，厂房所有权仍归企业，银行按厂房的购置价格支付现金给企业，抵押期为 5 年。抵押到期，企业可赎回厂房，但如果资金不够，则厂房归银行所有。厂房抵押盘面操作如下：财务总监在"长贷"的"5Y"中放置相应金额的红色币作为抵押标志（但不计入长期贷款中），企业每年按长期贷款的利率支付利息。将代表厂房价值的灰色币放入"现金"区。

（二）相关财务处理

出售厂房业务，在资产负债表中，"土地建筑原价"减少，"现金"或"应收账款"增加；抵押厂房业务，在资产负债表中，"土地建筑原价"减少，"现金"增加。但放在沙盘中"长贷"处的抵押标志不计入资产负债表中的"长期贷款"。

二、生产线投资

生产线投资规则如表 2-7 所示。

表 2-7　生产线投资、改造、维护规则

生产线	购买价格	安装周期	搬迁周期	加工周期	改造周期	改造费用	维护费用
手工线	5M	1Q	无	3Q	无	无	1M/年
半自动	10M	2Q	无	2Q	1Q	2M	1M/年
全自动	15M	3Q	1Q	1Q	2Q	6M	2M/年
柔性线	25M	4Q	1Q	1Q	无	无	2M/年

每条生产线只能有一个在制品，产品上线时需要支付加工费，不同生产线的生产效率不同，图 2-5 所示的每条生产线中，一个格子代表一个加工周期。从图 2-5 中可以看出，手工生产线效率最低，产成品从上线到下线需要 3Q，全自动生产线和柔性生产线生产效率最高，需要 1Q 的加工周期。

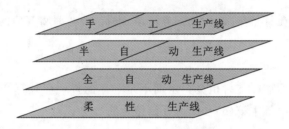

图 2-5　四种生产线的生产周期

另外，不同生产线生产不同产品需要支付的加工费用也不完全相同，如表 2-8 所示。

表 2-8　产品加工费用

产品	手工生产线	半自动生产线	全自动生产线	柔性生产线
Beryl	1M	1M	1M	1M
Crystal	2M	1M	1M	1M
Ruby	3M	2M	1M	1M
Sapphire	4M	3M	2M	1M

（一）购买生产线

投资新生产线，可采用两种方式进行。第一种是按安装周期平均支付投资，资金短缺时，可以随时中断投资；第二种是一次性全部投资到位，到安装周期结束时开始生产。

例如，A 企业在第一年的第二季度开始投资一条柔性生产线，需要分四个安装周期，前三期每期投入 6M，最后一期投入 7M，在第二年的第一季度投资完毕，在第二季度才能上线生产产品。具体安装过程如表 2-9 所示。

表 2-9　柔性生产线安装进程

运 行 期 间	投 资 额	进　　度
第一年第二季度	6M	启动一期安装
第一年第三季度	6M	完成1期安装,启动二期安装
第一年第四季度	6M	完成2期安装,启动三期安装
第二年第一季度	7M	完成3期安装,启动四期安装
第二年第一季度		完成4期安装,可以开始生产

生产线安装操作过程,以全自动生产线安装操作过程为例。

第一步:生产安装在任务清单年中第(6)步开始实施。

第二步:到实训器材处,领取"全自动线"牌和该线拟生产的产品标志牌(只有全自动生产线和半自动生产线才需要领取产品标志牌)。

第三步:将有"全自动线"的一面朝下反扣着,放在厂房生产线位置上。

第四步:财务总监从现金处拿出15M现金(或5M),放在生产线上。

第五步:随着"更新生产"任务项,将15M的现金向"设备价值"方向移动一格(或每次更新放5M),一格为1期(未完成安装的生产线,在财务中记"在建工程"15M),根据要求安装期为3期,即移动三格后,将生产线翻转过来"全自动线"的一面朝上,最后将15M放在"设备价值"处(此时,安装完成的生产线,在财务中记"设备价值"15M),生产线安装完成就可以开始生产产品。

实训操作举例:某小组在上中厂区安装了2条柔性线和1条生产Crystal的全自动线,柔性线安装已更新到第二期,全自动线安装期在第一期。生产线安装示意图如图2-6所示。

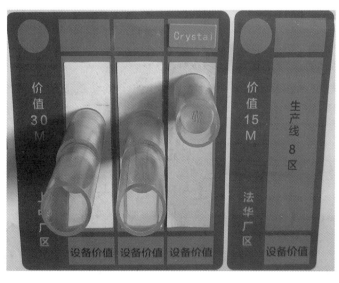

图2-6　生产线安装示意图

(二)改造生产线

改造生产线指生产线转而生产其他产品,改造时可能需要一定的改造周期,并支付一定的改造费用,最后一笔支付到期一个季度后方可更换产品标志。改造时,生产线上不能有在制品。需要说明的是,柔性生产线和手工生产线可以生产任意产品,无须改造,而半自动生产线和全自动生产线如要生产其他产品,必须进行改造。

例如,A 企业全自动生产线原来生产 Crystal,在第三年第二季度决定改造生产 Ruby,改造周期为 2Q,并支付 6M 的改造费用。全自动生产线转产进程如表 2-10 所示。

表 2-10　全自动生产线转产进程

运行期间	改造费用	进度
第三年第二季度	3M	停止生产 Crystal,启动一期转产
第三年第三季度	3M	完成1期转产,启动二期转产
第三年第四季度		完成转产,开始生产 Ruby

只有全自动线和半自动线才有改造,即将生产线从生产一种产品转换为生产另一种产品。生产线改造操作过程如下。

第一步:生产线改造在任务清单年中第(6)步开始实施。

第二步:从现金处拿出相应的改造费用,放在综合费用区"设备改造费"处。

第三步:将生产线上原有的产品标志牌交到实训器材处,并领取需要生产的产品标志牌。

第四步:生产线不动,将需要生产的产品标志牌放在生产线上,随着"更新生产"任务项进行更新移动,一格为 1 期,当达到了所要求的改造周期后将产品标志牌放在生产线所生产的产品名称位置上即可。

实训操作举例:某组第五年将生产 Crystal 的全自动线改造为生产 Ruby 的生产线,如图 2-7 所示。

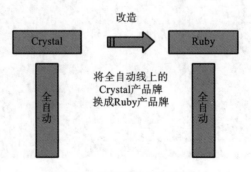

图 2-7　生产线改造示意图

(三)维护生产线

手工生产线和半自动生产线的维护费为 1M/年,全自动生产线和柔性生产线的维护费为 2M/年。

正在安装的生产线不用交维护费,生产线一旦建成,无论是否开工生产,都必须交纳维护费。已出售的生产线按实际使用季度支付维护费。

例如,A 企业在第二年的第一季度开始投资建设柔性生产线,这条柔性生产线于第四季度完成投资,但没有完成安装,则第二年年末不用交纳该生产线的维护费,但第三年年末必须交纳维护费。如果该条柔性生产线在第四年第三季度出售,则第四年年末按实际使用的 3 个季度计算交纳维护费(四舍五入)。

正在进行改造的生产线也必须交纳维护费。又如,A 企业的半自动生产线原来生产 Beryl 产品,在第三年第一季度决定改造生产 Crystal 产品,则第三年年末需支付维护费。

(四)生产线折旧

当年投资在建或建成的生产线计入在建工程,不计提折旧。生产线按购置价格分 5 年平均折旧。生产线变卖的当年,也要计提折旧。已计提完折旧的生产线只要按期支付维护费仍可继续使用,不再计提折旧。

实训规定所有生产线残值为 0,采用平均折旧法,四类生产线折旧如表 2-11 所示。

表 2-11　四类生产线折旧

生　产　线	购买价值	使用年限(年)	年　折　旧　额
手工线	5M	5	1M
半自动线	10M	5	2M
全自动线	15M	5	3M
柔性线	25M	5	5M

折旧不影响资金流,从"设备价值"处取出相应的折旧额,放在费用区域的"折旧"处,年末反映到利润表中。

生产线折旧属于非付现成本,应从"设备价值"处拿取,而不是现金支付,如图 2-8 盘面所示的设备价值。

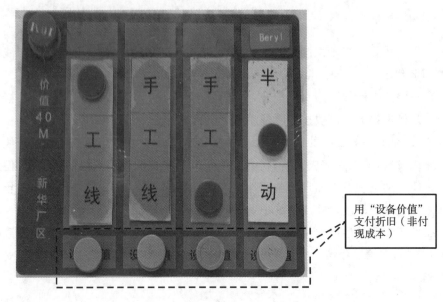

图 2-8　沙盘设备价值处支付折旧示意图

（五）搬迁生产线

生产线上无在制品才允许搬迁,不考虑费用,但有搬迁周期。

生产线搬迁操作过程如下。

第一步:生产线搬迁在任务清单年中第(6)步开始实施。

第二步:将生产线搬迁到新厂房,新厂房存在两种情况,一是购买了新厂房,二是租用新厂房。关于租用厂房,一旦生产线搬迁(或在新厂房安装新生产线)到新厂房,即意味着开始租用厂房。若是购买了新厂房就不存在租用。

第三步:手工生产线和半自动生产线没有搬迁周期,只有全自动生产线和柔性生产线才有搬迁周期,且都为1期。将产品标志牌放在生产线上,随着"更新生产"任务项更新1期后将产品标志牌放回生产线所生产的产品名称位置即完成搬迁,可开始生产。

（六）变卖生产线

生产线上无在制品才可以变卖,变卖当年照提折旧,变卖价格按照扣除当年折旧后的净值确认。即将计提折旧后的设备价值处的塑料桶中货币直接放入"现金"区。生产线不允许在企业间相互买卖,只能转让给市场。

例如,A企业在第一年的第四季度出售年初净值为2M的手工生产线,经计算,该手工生产线当年折旧额为1M,年末净值为1M。财务总监将"设备价值"处的2个灰色币1个放入"现金"区,作为变卖收入,1个放入费用区域的"折旧"处,作为当年计提的折旧,然后将生产线及产品标志交还即完成变卖。

三、国际认证体系投资

ISO 认证包括 ISO 9000 和 ISO 14000 认证。ISO 9000 认证标准是国际标准化组织颁布的在全世界范围内通用的关于质量管理方面的系列标准,目前已被80多个国家和区域的组织所采用,该系列标准在全球具有广泛深刻的影响。ISO 14000系列标准是指由国际标准化组织环境管理技术委员会起草的,在自愿和国际一致意见基础上制定的环境管理体系国际系列标准。

随着客户日益重视产品的质量管理和环境管理,ISO投资在市场营销中的地位日益重要。在实训中,ISO投资方式见表2-12。对ISO进行投资时的规则如下:

(1)两项认证独立存在,需要分别投入;
(2)每项ISO开发每年最多投1M,不允许超前或集中投资;
(3)两项认证可同时进行,也可择其一投资;
(4)资金短缺时,ISO认证可随时中断或停止,开发周期顺延;
(5)只有获得ISO认证后,才有资格获取具有ISO要求的销售订单(见图2-9);
(6)ISO认证投资计入当年综合费用,已投入资金不允许收回,完成的认证资格不允许转让。

表2-12 ISO投资方式

ISO类型	投资时间	总投资费用	年投资额
ISO 9000	1年	1M	1M
ISO 14000	2年	2M	1M

ISO投资是在年末进行的,时间单位为Y,第一年投入2M,第二年投1M即可,如图2-10所示。

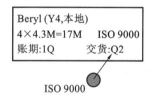

图2-9 具有ISO要求的销售订单　　图2-10 国际认证体系沙盘盘面示意图

四、产品研发投资

目前企业有待研发的产品是Crystal、Ruby和Sapphire,它们所需的研发周期和资金投入如表2-13所示。

表2-13 产品研发投资

产　品	研发资金投入	研　发　周　期	每季度研发资金投入
Crystal	4M	4Q	1M
Ruby	12M	6Q	2M
Sapphire	16M	8Q	2M

注意以下几点。

(1) 三种产品可同步研发。

(2) 每种产品研发必须按研发周期分别投入，不允许超前或集中投入。如研发 Ruby 产品需要 6 个季度，研发投资 12M；研发时只能每季度投入 2M，累计达到 12M 时，方可生产 Ruby。

(3) 因资金或其他原因，产品研发可以随时中断或终止，研发时间顺延。

(4) 产品研发投资累计入"非流动资产"，产品研发成功后，研发技术可以转让，转让金额不小于研发费用。转让金额计入"营业外净收益"。

(5) 若企业决定停止研发某一产品，该产品前期研发投资不能收回。

(6) 研发完成的产品可在已开拓的市场进行销售。

(7) 正在研发的产品可依据实际情况在本年初投放广告。

例如，A 企业在第一年的第二季度开始研发 Crystal 产品，在第二年初的订货会上，A 企业可以在 Crystal 产品上投入广告费，争取相应的订单。因为 Crystal 产品的研发需要 4Q，在第一年经过 3Q 的研发后，还需 1Q 就完成研发，在第二年第一季度如果继续投入研发费用，完成 4Q 的研发后，就可在第二季度开始生产 Crystal 产品。假设 A 企业用全自动生产线生产 Crystal，原材料准备充足，则可以在第三、四季度分别下线 1 个 Crystal 产品，共 2 个 Crystal 产品。

产品研发投资是在年中进行，每个季度都要研发投资，所以投资时间单位为季度 (Q)，沙盘标示的时间单位 (圆圈) 处每个地方放现金 1M，如图 2-11 可以看出第一季度至第四季度每个季度投 5M，第五季度至第六季度每个季度投 4M，第七季度至第八季度每个季度投 2M。产品研发投资沙盘盘面示意图，如图 2-11 所示。

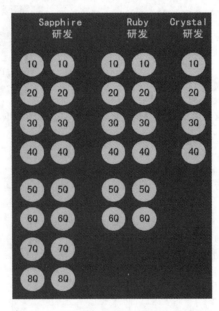

图 2-11　产品研发投资盘面示意图

第六节 生 产 规 则

一、产品生产

产品研发完成后即可开始生产。生产时,要严格按照产品结构要求将相应品种和数量的原料放在生产线上并支付相应的加工费。

(一)四种产品结构图

四种产品的 BOM 结构如图 2-12 所示。

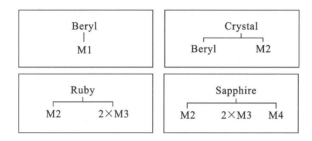

图 2-12　产品结构图

(二)四种产品的加工费用

四种产品的加工费用如表 2-14 所示。

表 2-14　产品加工费用

产　　品	手工生产线	半自动生产线	全自动生产线	柔性生产线
Beryl	1M	1M	1M	1M
Crystal	2M	1M	1M	1M
Ruby	3M	2M	1M	1M
Sapphire	4M	3M	2M	1M

对表 2-14 分析得出:同一种产品,如果用不同的生产线生产,其成本可能会不一样。单位产品成本核算如下。

例如,用手工生产线生产 Crystal 产品,必须把 1 个 Beryl 成品和 1 个 M2 原材料放在手工生产线上的第一个生产期上,然后支付 2M 的加工费用,下线的 Crystal 产品的成本为 5M。而用半自动生产线生产 Crystal 产品,由于只需要支付 1M 的加工费用,下线的 Crystal 产品的成本为 4M。

(三)生产线运行的相关规则

生产线生产时,应注意以下两条规则:

(1)每条生产线上只能有 1 个在制品,不能同时出现 2 个在制品,即当一个产品生

产完成下线后,才能再上线生产另一个产品;

(2)企业间可承接来料加工和完全外包加工,价格由企业自行商定。

(四)产成品入库

完工入库的产品放在沙盘对应的四种成品库位置,如图2-13所示。

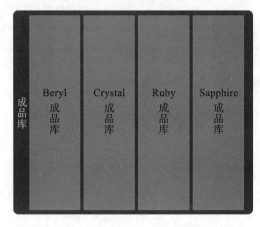

图 2-13 产成品库示意图

(五)组间交易财务处理

企业间允许互相买卖产品、原材料和订单等,价格由企业自行商定。在组间交易业务买方的利润表中"销售收入"记订单金额,"成本"中记交易价格;在组间交易业务卖方的利润表"销售收入"中记交易金额,"成本"中记成本。或交易双方赢利一方将利润记"营业外收入",亏损一方将亏损记"营业外支出"。

二、原材料采购

原材料采购需经下原料订单和采购入库两个步骤。下原料订单要注意订货提前期。各种原材料的订货提前期如表2-15所示。

表 2-15 原材料订货提前期

原 材 料	订货提前期
M1	1Q
M2	1Q
M3	2Q
M4	2Q

采购运行规则如下。

(1)采购订单是原材料购买入库的依据,如果企业没有下原材料订单,则不能购买对应的原材料。

(2)原材料订单不得违约反悔,所有下订单的原材料到期必须入库。

(3)下采购订单时不需要付款,原材料抵达入库时应按规定支付现金或计入应付账款。

(4)原材料 M_1、M_2、M_3、M_4 的价格均为1M/个。

(5)M1、M2 必须提前一个季度订购,M3、M4 必须提前两个季度订购。各原材料订单采购提前期的沙盘盘面如图2-14所示。

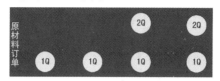

图 2-14　原材料订单的采购提前期示意图

(6)当一次性购买4个以上原材料时,可以延期付款。如表2-16所示。

表 2-16　原材料采购个数与账期

原材料采购(个)	账　　期
≤4	现金
5～8	1Q
9～12	2Q
13～16	3Q
≥17	4Q

注意:表2-16中原材料采购数是指到期的黄色采购订单个数,而不是一次性下采购订单(黄色币)的个数。

赊购原材料实训操作的理论依据"资产与负债同增同减"。

①操作过程:到期的原材料订单数量和种类,分别对应领取各种原材料放在对应的"原材料库",此时,资产增加,所以要增加负债,根据赊销原材料数量领取对应数量的红色筹码,放在"应付账"对应的账期处,资产与负责同增同减,财务报表左右平衡。到期归还应付账,不需要利息,通常称"无息短贷",体现资源外用。

②原材料赊销操作举例:某小组到期的原材料订单有7个M1、6个M2、5个M3和2个M4,生产总监或采购总监将到期的黄色原材料订单拿到实训台器材处,根据原材料订单类型和数量,换取对应的蓝色原材料,放到对应原材料库中,具体操作如图2-15所示;由于资产增加,则相应增加负债,所以在领取蓝色原材料时要领取相应的红色币,要保证增加的原材料蓝色币的数量和红色币的数量相等;由于赊销的原材料为7+6+5+2=20,20大于17,故可以赊销4个季度,领取20个原材料时对应领取2M和10M的红色币放在沙盘应付账4Q的地方,如图2-16所示,这样保证了资产与负债同增。应付到期时,只需归还应付20M,不需要支付利息,资产与负债同减(负债,应付账减少20M;流动资产,现金减少20M),报表两边同减。

(7)企业之间可相互转让原材料。

(8)原材料变卖给银行,按原值1/2处理。

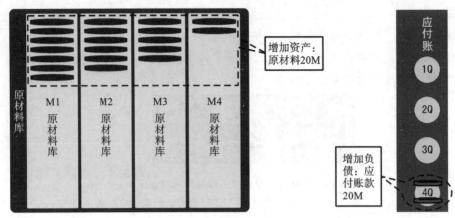

图 2-15 赊销的原材料入库示意图　　图 2-16 增加负债 20M 示意图

第七节　营 销 规 则

一、市场准入规则

市场准入规则如表 2-17 和图 2-17 所示。

表 2-17　市场准入规则

市　　场	投资费用	投资周期	年投资额
区域	1M	1 年	1M
国内	2M	2 年	1M
亚洲	3M	3 年	1M
国际	4M	4 年	1M

图 2-17　盘面图

市场开拓时,注意以下几点:

(1)开拓市场只能在每年年末(详见任务清单)进行;

(2)各个市场的投资可以同时进行;

(3)每个市场开发每年只能投入 1M,不允许超前或集中投入;

(4)资金短缺时市场投资可以随时中断,开拓时间顺延,亦可停止,已投入资金不能收回;

(5)在有需求的情况下,已开拓的市场可销售所有生产的产品。

二、销售订单争取规则

(一)广告投放规则

(1)订货会每年年初召开,一年只召开一次。

例如,如果 A 企业在该年年初的订货会上只拿到一张销售订单,那么在当年的经营过程中,再没有获得其他订单的机会。

(2)广告费分市场、分产品投放,订单按市场、按产品发放。广告投入单如表 2-18 所示。

表 2-18 广告投入单

年　度	市场类别	Beryl	Crystal	Ruby	Sapphire
第三年	本地				
	区域	1M	1M		
	国内		1M		
	亚洲				
	国际				

假设表 2-18 为 A 企业第三年的广告投放单。那么在年初国内市场的订货会上,A 企业就只能拿 Crystal 产品的订单,不能拿国内市场上 Beryl、Ruby、Sapphire 的订单。

订单发放时,会依照本地、区域、国内、亚洲和国际市场的顺序依次发放,如先发放本地市场的 Beryl、Crystal、Ruby、Sapphire 的订单,再发放区域市场的 Beryl、Crystal、Ruby、Sapphire 的订单。

(3)企业投入 1M 的广告费,可获得一次拿单的机会(如果不投产品广告,就没有选单机会),一次机会只允许拿一张订单;此后每多投入 2M,就增加一次获取订单的机会。订单获取的机会次数=$(n+1)/2$,n 表示投入的广告费用,如投入 3M 广告费表示有 2 次拿单的机会,最多可以拿 2 张订单。注意:无论企业投入多少广告费,每轮只能选择一张订单,当第一轮选单完成后,如果还有剩余的订单,还有选单机会的企业可以按选单顺序进入下一轮选单。因此,不是广告投放得越多企业拿的订单就越多,还要看市场的需求总量和竞争情况。

(4)投入广告费有两个作用,一是获得拿取订单的机会,二是判断选单顺序。选单顺序依据以下原则确定:

①新开放的市场或进入市场的新产品,第一年按照投入广告费用多少排定选单顺序。

②从第二年开始,由上年该市场该产品的销售排名第一的市场老大优先选单(市场老大要在该市场该产品有广告投入),其余企业按某市场、某一产品上投放的广告费的多少,排定该产品的选单顺序。

③如果本年在同一市场、同一种产品投入的广告费用相同,上一年有订单违约(如未按期交货)情况的企业后选单。

④如果本年在同一市场、同一种产品投入的广告费用相同,且都没有违约时,则根据上一年销售量决定先后顺序。

⑤如果本年在同一市场、同一种产品投入的广告费用相同,都没有违约,上年销量也相同时,则根据企业在该市场的广告总投入进行排名。

⑥如果本年在同一市场、同一种产品投入的广告费用相同,都没有违约,上年销量相同,且企业在该市场的广告总投入也相同时,则进行竞价。竞价各方各自提交一个订单总价,价低者得;或改变单价、交货期和账期,直至一方提出退出竞价,愿意接受者得。

(5)按选单顺序分轮次进行选单,有资格的企业在各轮中只能选择一张订单,选单机会用完的企业则退出选单。当第一轮选单完成后,如果还有剩余的订单,还有选单机会的企业可以按选单顺序进入下一轮选单。

注意:选择订单时,企业可以根据能力放弃选择订单的权利,当某一轮放弃了选单后,视为本轮退出该产品的选单,即在本轮中,不得再次选单,对于放弃的机会可以在本市场下一轮选单中使用。当一个企业某次选定了订单之后,在下一个选订单者选定了订单的情况下,不允许其更改已做的选择。

例如,六家企业在国内市场 Beryl 的广告投入及上年销量排名如表 2-19 所示。

表 2-19 Beryl 广告投放单(国内市场)

企　　业	Beryl 广告费	国内市场广告费总和	上年销量排名
A	3M	3M	2
B	1M	4M	3
C	1M	3M	5
D	2M	3M	4
E			1
F	1M	3M	6

在国内市场,Beryl 选单的顺序如下。

第一轮:

第一,由 A 企业选单。在国内市场上,上年市场老大 E 企业没有投入 Beryl 的广告费,而 A 企业 Beryl 的广告费最高,所以 A 企业第一个选单。

第二,由 D 企业选单。D 企业广告费投入排名第二,所以第二个选单。

第三,由 B 企业选单。虽然 B 企业投放在 Beryl 上的广告费与 C、F 企业相同,但投放在国内市场上的总广告费用为 4M,而 C、F 企业投放在国内市场上的总广告费用为 3M,所以,B 企业优于 C、F 企业选单。

第四,由 C 企业选单。C、F 企业投放在国内市场上的总广告费用为 3M,但上一年 C 企业在国内市场中 Beryl 产品订单总额排名第五,F 企业排名第六,所以,C 企业优于 F 企业选单。

第五,由 F 企业选单。

至此,B、C、D、F 企业选单机会已用完,退出选单。

如果第一轮选单完毕后还有剩余订单,则开始第二轮选单。

第二轮:

第一,由 A 企业再选单。A 企业投入的 Beryl 广告费为 3M(1M+2M),因此增加一次获取订单的机会。

(6)市场开拓与广告投入。

在未完成开拓的市场或已丧失市场准入资格的市场中,即使投入广告费用也不能获取订单。投入的广告费不能大于当时所持有的现金。因而,在未开拓的市场不要投入广告费用。

(二)订单运行规则

1. 订单种类

①普通订单:如图 2-18 所示,按规定的交货期交货,不提前交货。图 2-18 表明,在第四年第二季度交 4 个 Beryl,客户付给企业的是账期为 1Q、金额为 17M 的应收账款。

②加急订单:第一季度必须交货,收到的是现金。如果不按期交货,会受到处罚(如图 2-19 所示)。

③ISO 9000 或 ISO 14000:要求具有 ISO 9000 或 ISO 14000 资格(如图 2-20 所示)。

Beryl（Y4,本地）	Beryl（Y1,本地） 加急!!!	Beryl（Y4,本地）ISO 9000
4×4.3M=17M	4×4.3M=17M	4×4.3M=17M
账期:1Q　交货:Q2	账期:现金　交货:Q1	账期:1Q　交货:Q2
图 2-18　普通订单	图 2-19　加急订单	图 2-20　ISO 订单

④销售货款在沙盘位置:根据产品订单中的账期,将货款放在沙盘"应收账"对应的一行上即可,即 1Q、2Q、3Q、4Q 的每一行的四个地方均可放对应的某期货款(如图 2-21 所示)。

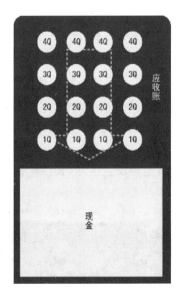

图 2-21　订单账期在沙盘应收账对应位置示意图

2. 交货规则

在任务清单中,当执行到"按订单交货"任务时,必须按照订单规定的数量、时间整单交货。

3. 违约处罚规则

如果订单没有完成,每过一个季度,按订单金额1/5罚款;且下一年市场地位下降一级,即如果是市场第一的,则该市场第一空缺,所有企业均没有优先选单的资格。

订单违约罚金支付是在违约订单交付时从现金处取现金支付,放在沙盘左上角黄色区域期间费用"其他"处,计入期间费用表"其他"一栏。违约的订单正常交付,不影响订单销售额、成本和账期。

缴纳违约金实操举例:某小组在某次订货会上获得一张4个Crystal、销售额为30M、账期为1期、交货期为第二季度的订单。如果第二季度不能按期交货,延期到第三季度交货,则需缴纳罚金6M。具体操作为:第三季度将订单交付,拿回货款30M放在沙盘应收账1Q的地方,然后从现金处取6M放在期间费用"其他"处。

4. 订单允许转让

订单允许转让,转让价格由双方协商,但不能修改订单条件。组间订单交易业务的财务处理为:在组间订单交易买方的利润表中"销售收入"记订单金额,"成本"记"交易价格+产品成本";在组间订单交易业务卖方的利润表中"营业外净收益"记订单的交易价格。

5. 放单规则

①按总需要量放单。如果对Beryl总需要量为6张订单,市场有7张订单,则只放6张。

②按供应量放单。如果订单总数小于需求量,拿出全部订单。

③如果某个市场某种产品只有独家需求,全部放单。

第八节 期间费用和税金规则

为方便使用,ERP沙盘模拟实训中采用的是简化报表格式。利润表中的期间费用范围较广,包括市场开拓、广告、行政管理、生产线改造、设备维护、厂房租金、ISO认证等费用。其中,行政管理费每季度末支付1M,直接从"现金"区拿出一个灰色币放到费用区域的"行政管理费"处。

实训中各费用支出在沙盘右上角黄色区域,其中包括非付现成本"折旧",如图2-22所示。

图2-22 计提费用支出沙盘示意图

利润表中计算得出的所得税,放入资产负债表中的"应交税金",在下年年初缴纳。

税法规定,企业纳税年度发生的亏损,准予向以后年度结转,用以后年度的所得弥补,但弥补年限最长不得超过 5 年。因此,当企业赢利时,首先弥补以前年度的亏损,最多可弥补以前 5 个年度的亏损,弥补后若仍有赢利,按 25% 的所得税税率计算应交税金。

在 ERP 实训中应交税金的计算通常采用如下方法。

(1)若企业一直处于赢利状态,则每年都全额计算所得税,应交税金如下计算:

$$应交税金 = 税前利润 \times 25\%$$

(2)若企业当年发生亏损,则当年不计提税金。在亏损年度以后的会计年度计提税金时要分如下情况处理:

①若在亏损年度以后的年度仍连续亏损,则亏损年不计提税金;

②若在亏损年度以后的年度出现赢利,则分以下两种情况处理。

a. 税前利润弥补亏损。用亏损年以后 5 年之内的每年税前利润(利润总额)弥补亏损。若在税前利润不能弥补完亏损的年度,则该年不用计提税金。直至 5 年之内某一年的税前利润能弥补完亏损且仍有赢利,则应交税金如下计算:

$$应交税金 = (当年税前利润 - 弥补以前年度亏损) \times 25\%$$

b. 当年净利润弥补亏损。若亏损年之后的 5 年之内税前利润仍不能弥补完亏损,则从亏损年起的第六年开始就要用利润总额计提税金,余下的净利润用来继续弥补亏损。应交税金如下计算:

$$应交税金 = 税前利润 \times 25\%$$

计算税金时若为小数,则需四舍五入取整。

例如:若某企业 2011 年年末累计净利润为 500 万元,而 2012 年亏损 100 万元,亏损的 100 万元可以在今后 5 个会计年度用税前利润进行弥补,超过 5 个会计年度 100 万元亏损还没有弥补完的,以后只能用税后利润进行弥补,不能用税前利润弥补。

(1) 2012 年企业应交所得税为零,即当年经营亏损的企业当年是不用交所得税的。并且亏损金额的弥补是用亏损年以后的税前利润弥补,而不是用亏损年度前的净利润进行弥补,即 2011 年年末累计的净利润 500 万元不用来补亏。以前年度净利润是税后的利润,用来弥补亏损显然是不合理的。

(2) 如果 2013 年企业赢利 60 万元,那么当年的应交所得税也为零,因为还有 40 万元没有弥补。

(3) 如果 2014 年企业赢利 80 万元,则当年应交所得税 = [80-(100-60)]×25% = 10 万元。至此 2012 年的亏损 100 万元全部弥补,以后年度要是赢利,就要全额计算所得税了。

(4) 如果 2013—2017 年,企业每年税前利润都是 12 万元,则此 5 年期间都不用交所得税。5 年间用税前利润累计弥补了 60 万元的亏损,还剩下 40 万元未弥补的亏损以后就不能用税前利润弥补,而只能用税后利润弥补了。若 2018 年税前利润为 30 万元,当年所得税 = 30×25% = 7.5 万元,剩下的净利润 30-7.5 = 22.5 万元用来继续弥补剩下的 40 万元亏损。

第九节 罚款、扣分及破产规则

（一）罚款规则

(1)必须按照规则运作，每发现一次违规，处以 3M 的罚款。

(2)必须按照任务清单操作顺序进行，不能私自修改顺序。私自修改顺序，处以 3M 的罚款。

(3)银行贷款必须和银行协商，不能私自贷款，或者延长贷款期限。每发现一次违规，处以 5M 的罚款。

(4)盘面信息真实，盘面摆放正确，每发现一次违规，处以 1M 的罚款。

（二）扣分规则

(1)高利贷借款，每次扣 15 分。

(2)迟交报表。未按规定时间提交报表的，迟交 1~10 分钟内扣 1 分/分钟，迟交 10~15 分钟，扣 2 分/分钟，15 分钟后，由裁判组强行平账，另外参照报表错误进行扣分。

(3)报表错误、报表不平或者账实不符的，扣 10 分/次。

(4)不如实填写管理报表的情况，一经核实，按情节严重扣 5~10 分/次。

罚款规则与扣分规则不同时执行。

（三）破产规则

企业经营不善可能导致破产，判定破产有两个标准：一是当所有者权益小于或等于零（资不抵债）；二是企业现金断流。破产后，其他企业可采用以下两种方式并购破产企业。

1. 注资入股

注资金额不小于亏损企业当年的所有者权益，注资后，亏损企业独立运营，注资企业取得部分股权，股权比例的计算公式为：

$$股权比例 = \frac{注资金额}{注资金额 + 总资产} \times 100\%$$

亏损企业扭亏为盈后注资企业可按股权比例分红。

2. 收购合并

收购企业时收购金额必须大于或等于亏损企业一年内到期的负债金额。合并后，两个企业实行集团运营。

如果没有其他企业愿意出资并购，破产企业应停止经营，实训小组成员被安排到其他小组中。

第十节 实训总成绩计算规则

ERP 沙盘模拟经营为考核课,实训成绩由三部分构成,如表 2-20 所示。

表 2-20　ERP 沙盘实训成绩的构成项目及分值比例

构成项目	考 核 内 容	项目总分/分	所占比例/(%)
平时成绩	课堂表现:参与实训积极性,实训中是否有违规。违规一次小组成员每人扣 5 分。(70 分) 考勤:是否迟到或旷课。迟到一次扣 5 分,旷课一次扣 20 分。(30 分)	100	20
模拟企业经营业绩	经营业绩综合测评分数 $=$ 所有者权益 $\times \left(1+\dfrac{\text{企业综合发展潜力得分}}{100}\right)$ 企业综合发展潜力计算过程如表 2-21 所示。 根据计算的经营业绩综合测评分数,把学生的成绩分为 7 个等级,如表 2-22 所示。 破产企业小组成员每人为 50 分。	100	40
实训报告	实训报告要结合所在企业实际经营情况写。总经理应对整个企业经营业绩进行总结,并对企业成员承担的角色表现进行点评。要求至少 5000 字。 实训报告应包括以下内容: (1)在模拟企业中承担的主要角色及主要职责; (2)所在企业经营的成功与不足,与竞争对手的比较分析; (3)对企业的贡献; (4)收获与感悟; (5)对课程的意见与建议。 实训报告的格式见附录 A。	100	40

企业综合发展潜力计算过程(见表 2-21)综合考虑了结束年年末企业拥有的资产状况(厂房和生产线)、市场开发和产品开发情况、市场地位排名等。

表 2-21　企业综合发展潜力计算表

序　号	项　　目	得　分/分
1	大厂房(至少生产出一件产品)	+20
2	中厂房(至少生产出一件产品)	+15
3	小厂房(至少生产出一件产品)	+10
4	手工生产线	+5 分/条
5	半自动生产线	+10 分/条
6	全自动生产线	+15 分/条
7	柔性生产线	+20 分/条
8	区域市场开发	+10
9	国内市场开发	+15
10	亚洲市场开发	+20
11	国际市场开发	+25
12	ISO 9000	+5
13	ISO 14000	+10
14	Crystal 产品研发	+10
15	Ruby 产品研发	+10
16	Sapphire 产品研发	+15
17	本地市场地位	+15(所有经营年度市场第一)
18	区域市场地位	+15(所有经营年度市场第一)
19	国内市场地位	+15(所有经营年度市场第一)
20	亚洲市场地位	+15(所有经营年度市场第一)
21	国际市场地位	+15(所有经营年度市场第一)
22	高利贷扣分	−15 分/次
23	其他扣分	
24	企业综合发展潜力得分	

注:市场地位按各个企业在该市场所有产品 6 年的累计销售额排名。

由表 2-21 计算出企业综合发展潜力得分后,再根据下列公式计算出企业的经营业绩。

经营业绩综合测评分数＝所有者权益×(1＋企业综合发展潜力/100)

根据经营业绩的测评分数,把学生成绩分成 7 个等级,如表 2-22 所示。

表 2-22 经营业绩综合测评分数等级

等　级	综合测评分数	学　生　得　分
Ⅰ级	300 分以上	95～100 分
Ⅱ级	150～300 分	90～94 分
Ⅲ级	80～150 分	80～89 分
Ⅳ级	50～80 分	70～79 分
Ⅴ级	20～50 分	65～69 分
Ⅵ级	0～20 分	60～64 分
Ⅶ级	0 分以下	50 分

例如,A、B、C、D、E、F 6 家企业经过 6 年的模拟经营后的经营成果如表 2-23 所示。该表统计出了第六年年末 6 家模拟企业的资产状况、市场地位、所有者权益以及最后综合得分信息。

表 2-23　6 家企业的综合能力评比

序号	项　目	系数	A企业 数量	A企业 得分	B企业 数量	B企业 得分	C企业 数量	C企业 得分	D企业 数量	D企业 得分	E企业 数量	E企业 得分	F企业 数量	F企业 得分
1	大厂房	20	1	20	1	20	1	20	1	20	1	20	1	20
2	中厂房	15			1	15								
3	小厂房	10			1	10	1	10			1	10		
4	手工生产线	5											3	15
5	半自动生产线	10			1	10	1	10	1	10	1	10	1	10
6	全自动生产线	15	2	30	5	75	3	45	5	75	3	45	2	30
7	柔性生产线	20	1	20	2	40	1	20	2	40	1	20	2	40
8	区域市场开发	10	1	10	1	10	1	10	1	10	1	10	1	10
9	国内市场开发	15	1	15	1	15	1	15	1	15	1	15	1	15
10	亚洲市场开发	20			1	20			1	20			1	20
11	国际市场开发	25			1	25			1	25			1	25
12	ISO 9000	5	1	5	1	5	1	5	1	5	1	5	1	5
13	ISO 14000	10	1	10	1	10	1	10			1	10	1	10
14	Crystal 产品研发	10	1	10	1	10	1	10	1	10	1	10	1	10

续表

序号	项目	系数	A企业 数量	A企业 得分	B企业 数量	B企业 得分	C企业 数量	C企业 得分	D企业 数量	D企业 得分	E企业 数量	E企业 得分	F企业 数量	F企业 得分
15	Ruby产品研发	10	1	10	1	10			1	10	1	10	1	10
16	Sapphire产品研发	15			1	15	1	15						
17	本地市场地位	15			1	15								
18	区域市场地位	15					1	15						
19	国内市场地位	15					1	15						
20	亚洲市场地位	15			1	15								
21	国际市场地位	15											1	15
22	高利贷扣分	−15							1	−15				
23	其他扣分			−10										
24	企业综合发展潜力得分			120		320		220		225		165		235
25	1+企业综合发展潜力得分/100			2.2		4.2		3.2		3.3		2.7		3.4
26	所有者权益			28		137		79		91		39		26
27	经营业绩综合测评分数			62		575		253		300		105		88
28	学生得分			75		100		90		95		85		80

(一)资产状况

第六年年末,A企业拥有1个大厂房,大厂房中有2条全自动生产线和1条柔性生产线,分值为70分。B企业拥有所有的厂房,厂房中有1条半自动生产线、5条全自动生产线和2条柔性生产线,分值为170分。C企业拥有1个大厂房和1个小厂房,厂房中有1条半自动生产线、3条全自动生产线和1条柔性生产线,分值为105分。D企业拥有1个大厂房,租用了1个中厂房和1个小厂房,厂房中有1条半自动生产线、5条全自动生产线和2条柔性生产线,分值为145分。E企业拥有1个大厂房和1个小厂房,厂房中有1条半自动生产线、3条全自动生产线和1条柔性生产线,分值为105分。F企业拥有1个大厂房,租用了1个中厂房和1个小厂房,厂房中有3条手工生产线、1条半自动生产线、2条全自动生产线和2条柔性生产线,分值为115分。

从资产状况可以看出,B企业以170分排名第一,资产最优。A企业分值为70分,排名最后。

(二)市场开发及产品研发状况

第六年年末,A、E企业开拓了区域和国内市场,研发了Crystal和Ruby产品,分值为 45 分。B 企业全面布局,开拓了所有市场,研发了所有产品,分值为 105 分。C 企业开拓了区域、国内和亚洲市场,研发了 Crystal 和 Sapphire 产品,分值为 70 分。D、F 企业开拓了所有市场,研发了 Crystal 和 Ruby 产品,分值为 90 分。

ISO 9000 和 ISO 14000 质量认证方面,D 企业放弃了 ISO 14000,只进行了 ISO 9000 认证,分值为 5 分,其他 5 家企业全部完成了 ISO 9000 和 ISO 14000 认证,分值均为 15 分。

汇总得分后,B 企业分值最高,为 120 分,A、E 企业分值最低,为 60 分。

(三)市场地位

统计 6 家企业 6 年经营期内每个市场所有产品的累计销售额,排名得出,B 企业在本地和亚洲市场分别排名第一,各得 15 分,共 30 分;C 企业在区域和国内市场分别排名第一,各得 15 分,共 30 分;F 企业在国际市场排名第一,得 15 分。

(四)扣分情况

D 企业借高利贷 1 次,扣 15 分。A 企业在第四年年末晚交报表 10 分钟,扣 10 分。

(五)企业综合发展潜力得分

将上述各项相加汇总,B 企业综合发展潜力得分 320 分,排名第一,A 企业得分 120 分,排名最后。

(六)所有者权益

第六年结束时,B 企业所有者权益数额最大,为 137M,F 企业所有者权益最小,为 26M。

(七)经营业绩综合测评分

由表 2-23 计算可知,B 企业综合测评分为 575 分,排名第一,A 企业排名最后,测评分为 62 分。

(八)学生得分

按照表 2-22 的经营业绩综合测评分数等级,评定学生得分,经营 B 企业的学生得分最高,为 100 分,经营 A 企业的学生得分最低,为 75 分。

将学生得分乘以 40%,计算到考核总成绩中。

中篇
理论与应用

第三章 团队建设和企业战略理论与应用

第一节 团队建设理论

团队(team)是由员工和管理层组成的一个共同体,它合理利用每一个成员的知识和技能协同工作,解决问题,达到共同的目标。团队和群体有着一些根本性的区别,群体可以向团队过渡。

一、团队的构成要素

团队有五个重要的构成要素,简称5P,即目标、人、定位、权限和计划。

(一)目标(purpose)

团队应该有一个既定的目标,为团队成员导航,让团队成员知道要向何处去。如果没有目标,这个团队就没有存在的价值。

自然界中有一种昆虫很喜欢吃三叶草(也叫鸡公叶),这种昆虫在吃食物的时候都是成群结队的,第一个趴在第二个的身上,第二个趴在第三个的身上,由一只昆虫带队去寻找食物,这些昆虫连接起来就像一节一节的火车车厢。管理学家做了一个实验,把这些昆虫连在一起,组成一个圆圈,然后在圆圈中放了它们喜欢吃的三叶草。结果它们爬得精疲力竭也吃不到这些草。这个例子说明,在团队失去目标后,团队成员就不知道往何处去,最后的结果可能是饿死,这个团队存在的价值可能就要打折扣。团队的目标必须与组织的目标一致。此外,还可以把大目标分成小目标,具体分到各个团队成员身上,大家合力实现这个共同的目标。同时,目标还应该有效地向大众传播,让团队内外的成员都知道这些目标,有时甚至可以把目标贴在团队成员的办公桌上、会议室里,以此激励所有的人为这个目标努力工作。

(二)人(people)

人是构成团队最核心的力量。2个(含2个)以上的人就可以构成团队。目标是通过人员具体实现的,所以人员的选择是团队中非常重要的一个部分。在一个团队中可能需要有人出主意,有人制订计划,有人实施,有人协调不同的人一起去工作,还有人去监督团队工作的进展,评价团队最终的贡献。不同的人通过分工来共同完成团队的目标,在人员选择方面要考虑人员的能力如何、技能是否互补、人员的经验如何。

(三)定位(place)

定位包含两层意思。

1. 团队的定位

团队在企业中处于什么位置？由谁选择和决定团队的成员？团队最终应对谁负责？团队采取什么方式激励下属？

2. 个体的定位

作为成员在团队中扮演什么角色？是制订计划还是具体实施或评估？

(四)权限(power)

团队当中领导人的权力大小跟团队的发展阶段相关，一般来说，团队越成熟，领导者所拥有的权力相应越小，在团队发展的初期阶段，领导权相对比较集中。团队权限关系包括两个方面。

第一，整个团队在组织中拥有什么样的决定权？比方说财务决定权、人事决定权、信息决定权。

第二，组织的基本特征。例如组织的规模有多大？团队的数量是否足够多？组织对于团队的授权有多大？它的业务是什么类型？

(五)计划(plan)

"预则立，不预则废"，人与动物最大的区别在于人会做计划。"ERP"中的"P"就是指计划。计划是 ERP 实训课程中重要的资源配置纲要。如果没有做计划，则实训过程中各职能角色就会各自为政，没有明确的方向，资源就不能有效整合。

1. 计划含义

计划是关于组织未来的蓝图，是对组织未来一段时间内的目标和实现目标途径的策划和安排，即指为实现组织既定的目标，对未来的行动规划和安排的活动。具体来说，计划就是确定未来的目标是什么，要采取什么样的行动来达到目标，要在什么时间和范围内实现这种目标，以及由谁来进行这种活动。

2. 计划与决策

计划与决策是两个既相互区别、又相互联系的概念。说它们是相互区别的，因为这两项工作需要解决的问题不同。决策是关于组织活动方向、内容以及方式的选择。决策是计划的前提，计划是决策的逻辑延续。决策为计划的任务安排提供了依据，计划则为决策所选择的目标活动的实施提供了组织保证。在实际工作中，决策与计划是相互渗透，有时甚至是不可分割地交织在一起的。

决策制定过程中，不论是对内部能力优势或劣势的分析，还是在方案选择时关于各方案执行效果或要求的评价，实际上都已经开始孕育着决策的实施计划。反过来，计划的编制过程，既是决策的组织落实过程，也是决策的更为详细的检查和修订的过程。

3. 计划的作用

1) 为组织稳定发展提供保证

计划工作使人们就组织的目标、当前的现状以及由现实过渡到目标状态的途径做出事先的安排,由此明确组织的发展方向,使各方面行动获得一种明确的指示和指导。同时,计划工作的开展迫使各级主管人员花时间和精力去思考未来的种种复杂情况,从而使环境中发生的变化有可能在多方面系统思考和预测中被事先估计到,这样组织就能事先做出应变的准备,由此提高组织的适应能力并降低经营中的可能风险。

2）明确组织成员行动的方向和方式

组织的活动通常是由数量众多的成员在不同的时间、空间里进行的。为了使不同成员在不同时空进行的活动能够相互支持、彼此协调,以便为组织总体目标的实现做出共同的、一致的贡献,他们所从事的活动就必须事先得到明确的安排和部署。

计划通过将组织活动在时间和空间上进行合理的分解,规定组织的不同部门在不同时间应从事的各种活动,从而使各方面的人员获得明确的工作指示和指导。另一方面,计划的编制也同时为组织成员的工作分工和协作配合提供了基本依据,从而使各方面的行动得到规范和约束,促进组织活动的落实和协调。

3）为有效筹集和合理配置资源提供依据

组织活动进行的目的是对一定的资源进行加工和转换。为了使组织的目标活动以尽可能低的成本顺利进行,必须在规定的时间提供组织活动开展所需要的规定数量的各种资源。资源的提供如果不及时或者数量不足、规格不符合要求,可能会导致组织活动发生中断;而数量过多,则会导致资源的积压、浪费和活动成本上升。计划可促使组织对所需要的资源做出全面的事先安排,从而使需要资源的有关方面明确何时需要何等数量的何种资源。这样,组织资源的筹措和供应也就有了计划性。

4）为检查、考核和控制组织活动奠定基础

不同组织成员由于素质和能力不同,对组织任务和要求的理解也可能不同;组织在不同环节的活动能力可能并不是平衡、衔接的;组织整体以及组织的各个部分在活动中所面对的环境特点与事先预计的也可能不完全吻合。这些原因使组织各部分在决策实施中的活动与目标的要求不完全相符,甚至可能出现较大的偏差。这种偏差如果不能及时发现并针对原因采取纠正措施,则会导致组织决策执行的局部或全部失败,从而危及组织的生存和发展。计划的编制为及时地对照标准检查实际活动情况提供了客观的依据,从而也为及时发现和纠正偏差奠定了可靠的基础。

4. 计划种类

1）战略计划与战术计划

战术计划的风险程度远比战略计划低。战略计划侧重于企业要做"什么"（what）以及"为什么"（why）要做这事。战术计划是规定需由"何人"（who）在"何时"（when）、"何地"（where）,通过"何种办法"（how）并使用"多少资源"（how much）来做这事。简而言之,战略计划的目的确保企业"做正确的事",而战术计划则旨在追求"正确地做事"。

2）长期计划、中期计划和短期计划

根据计划时间长短,可将计划分为长期计划、中期计划和短期计划。通常长期计划为3～5年,中期计划为1年左右,短期计划有月计划、周计划和日计划。

3）综合计划和专业计划

专业计划与综合计划是局部与整体的关系。综合计划是对业务经营过程各方面所做的全面规划和安排(如年度生产经营计划);专业计划是对某年一专业领域职能工作所做的计划,它通常是对综合性计划某一方面内容的分解和落实(如产品研发计划、生产计划、销售计划、人力资源计划、财务计划等)。

4)指向性计划和具体计划

某种计划形式的有效性不会是固定不变的,就像计划工作的过程和方法不可能一成不变一样,管理中的"权变"原则同样适用于计划工作。这一原则指出,管理工作包括计划工作在内,都必须随机应变、因地制宜,而不能够僵化、教条。决定不同类型计划有效性的因素有组织的规模和管理层次、经营业务的产品寿命周期和环境的不确定性。

5. 计划编制的步骤

通常计划的编制过程有八个步骤,如图 3-1 所示。

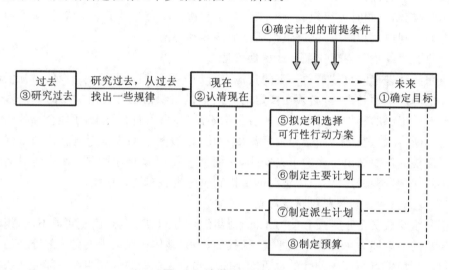

图 3-1　计划编制的步骤

按计划进行可以保证团队的进度顺利。只有在计划的指导下,团队才会一步一步地贴近目标,从而最终实现目标。

二、团队建设的基本步骤

团队建设的基本步骤分为四步,即评估团队现况,采取对策,观察结果,采取进一步对策。

首先应了解团队的现况,又称为"团队成熟度"。根据不同的成熟度,要运用不同的对策,成熟度可以分为四个阶段。

(一)形成期:从混乱中理顺头绪的阶段

1. 特征

团队成员由具有不同动机、需求与特性的人组成,此阶段缺乏共同的目标,彼此之间的关系也尚未建立起来,人与人的了解与信赖不足,尚在磨合之中,整个团队还没建立规范,或者对于规矩尚未形成共同看法,这时矛盾很多,内耗很多,一致性很少,可能花很多力气,却产生不了多大效果。

2. 目标

立即掌握团队,让成员快速进入状态,降低不稳定的风险,确保工作的进行。

3. 方法

此阶段的领导风格要采取控制型,不能放任,目标由领导者设立(但要合理),领导应清晰、直接地告知成员自己的想法与目的,不能让成员自己想象或猜测,否则容易失控。此时期人与人之间关系尚未稳定,因此要强调互相支持、互相帮忙。此时期也要快速建立必要的规范,不需要完美,但需要能尽快让团队进入轨道。这时规定不能太多太烦琐,否则不易理解,又会导致绊手绊脚。

(二)凝聚期:开始产生共识与积极参与的阶段

1. 特征

经过一段时间的努力,团队成员逐渐了解领导者的想法与组织的目标,互相之间也经由熟悉而产生默契,对于组织的规矩也渐渐了解,违规的事项逐渐减少。这时日常事务都能正常运作,领导者不必特别费心也能维持一定的生产力。但是组织对领导者的依赖性很大,主要的决策与问题需要领导者的指示才能进行与解决,领导者一般非常辛苦,如果其他事务繁忙,极有可能耽误决策的进度。

2. 目标

挑选核心成员,培养核心成员的能力,建立更广泛的授权与更清晰的权责划分。

3. 方法

此时期的领导重点是在可掌握的情况下,对于较为短期的目标与日常事务,授权部属直接进行,领导只需定期检查与维持必要的监督。在成员能接受的范围内,提出善意的建议,如果有新人员进入,必须尽快使其融入团队之中,成员可以参与决策部分规范。但在逐渐授权的过程,要同时维持控制,不能一下子放太多,否则回收权力时会导致士气受挫,配合培训是此时期很重要的事情。

(三)激化期:团队成员可以公开表达不同意见的阶段

1. 特征

建立开放的氛围,允许成员提出不同的意见与看法,甚至鼓励建设性的冲突,目标从由领导者制定转变为团队成员的共同愿景,团队关系从保持距离、客客气气变成互相信赖、坦诚相见,规范由外在限制变成内在承诺,此时期团队成员成为一体,愿意为团队奉献,智慧与创意源源不断。

2. 目标

建立愿景,形成自主化团队,调和差异,运用创造力。

3. 方法

这时领导者必须创造参与的环境,并以身作则,容许差异与不同的声音,初期也许会有一阵子的混乱,有些领导者害怕混乱,又重新加以控制,这样会导致不良的后果。此时期是否转型成功,是组织长远发展的关键。

(四)收割期:品尝甜美果实的阶段

1. 特征

借由过去的努力,组织形成强而有力的团队,所有人都有强烈的一体感,组织爆发前所未有的潜能,创造出非凡的成果,并且能以合理的成本,高度满足客户的需求。

2. 目标

保持成长的动力,避免老化。

3. 方法

系统思考,综观全局,并保持危机意识,持续学习,持续成长。

三、团队建设的误区

(一)把组织等同于团队

在实际生活和企业工作中,人们经常提到团队和团队精神,团队是把一群人集合到一个组织当中,但如果组织只是一个框架,成员之间相互没有关系,那么这个组织就不是团队。因此,团队不是组织,而是组织的一种表现。

(二)崇尚个人英雄主义

团队的绩效是由整体显示出来的,而这个整体是不等于各个个体之和的,所以在团队中,讲求的是怎样发挥个人所长,使团队的绩效最大化,而不是过于追求个人英雄主义,导致短期效益,形成急功近利的势利文化。

(三)狭隘的集体主义

团队精神与狭隘的集体主义不是一回事,有根本的区别(如表3-1所示)。

表3-1　团队精神和狭隘集体主义的对比

狭隘集体主义	团 队 精 神
强调的是组织目标	强调的是共同的目标
虽然强调不同的分工,而实际却是相同的角色	强调不同的分工、不同的角色
集体的利益大于个人的利益	注重团队与个人双赢的原则

团队精神强调的是成员中人与人不一样,这是现代团队精神重要的一个特点。狭隘集体主义中所有的人都是相同的角色,只是分工不同。

团队精神也要强调个人的利益,围绕团队的目标认同个人的目标和想法。狭隘集体主义中强调不能有自己的东西,都是组织的东西,个体的行为与思想都要统一起来。

四、高效团队的特征

团队形式并不能自动地提高生产率,它也可能会让管理者失望。近来一些研究揭示了与高效团队有关的主要特征。

（一）清晰的目标

高效的团队对所要达到的目标有清楚的了解，并坚信这一目标包含着重大的意义和价值。而且，这种目标的重要性还激励着团队成员把个人目标升华到群体目标中去。在高效的团队中，成员愿意为团队目标做出承诺，清楚地知道团队希望他们做什么工作，以及他们怎样共同工作以致最后完成任务。

（二）相关的技能

高效的团队是由一群有能力的成员组成的。他们具备实现理想目标所必需的技术和能力，而且相互之间有能够良好合作的个性品质，从而能出色完成任务。后者尤其重要，但却常常被人们忽视。有精湛技术和能力的人并不一定就有处理群体内关系的高超技巧，而高效团队的成员则往往兼而有之。

（三）相互的信任

成员间相互信任是高效团队的显著特征，也就是说，每个成员对其他人的品行和能力都确信不疑。我们在日常的人际关系中都能体会到，信任这种东西是相当脆弱的，它需要花大量的时间去培养而又很容易被破坏。而且，只有信任他人才能换来被他人信任，不信任只能导致不信任。所以，维持群体内的相互信任需要引起管理层足够的重视。

（四）一致的承诺

高效的团队成员对团队表现出高度的忠诚和承诺，为了能使群体获得成功，他们愿意去做任何事情。我们把这种忠诚和奉献称为一致的承诺。

对成功团队的研究发现，团队成员对他们的群体具有认同感，他们把自己属于该群体的身份看作自我的一个重要方面。因此，承诺一致的特征表现为对群体目标的奉献精神，愿意为实现这一目标而调动和发挥自己最大的潜能。

（五）良好的沟通

良好的沟通是高效团队一个必不可少的特点。群体成员通过畅通的渠道交流信息，包括各种言语和非言语信息。此外，管理层与团队成员之间健康的信息反馈也是良好沟通的重要特征，它有助于管理者指导团队成员的行动，消除误解。就像一对已经共同生活多年、感情深厚的夫妇那样，高效团队中的成员能迅速而准确地了解彼此的想法和情感。

（六）谈判技能

以个体为基础进行工作设计时，员工的角色由工作说明、工作纪律、工作程序及其他一些正式文件明确规定。但对于高效的团队来说，其成员角色具有灵活多变性，总在不断地进行调整。这就需要成员具备充分的谈判技能。由于团队中的问题和关系时常变换，成员必须能面对和应付这种情况。

(七)恰当的领导

优秀的领导者能够让团队跟随自己共同渡过最艰难的时期,因为他能为团队指明前途所在。他们向成员阐明变革的可能性,鼓舞团队成员的自信心,帮助他们更充分地了解自己的潜力。

优秀的领导者不一定非得指示或控制,高效团队的领导者往往担任的是教练和后盾的角色,他们对团队提供指导和支持,但并不试图去控制它。

这不仅适用于自我管理团队,当授权给小组成员时,它也适用于任务小组、交叉职能型的团队。对于那些习惯于传统方式的管理者来说,这种从上司到后盾的角色变换,即从发号施令到为团队服务——实在是一种困难的转变。当前很多管理者已开始发现这种新型的权力共享方式的好处,或通过领导培训逐渐意识到它的益处,但仍然有些脑筋死板、习惯于专制方式的管理者无法接受这种新概念,这些人应当尽快转换自己的老观念,否则就将被取而代之。

(八)内部支持和外部支持

成为高效团队的最后一个必需条件就是支持环境,从内部条件来看,团队应拥有一个合理的基础结构。这包括适当的培训,一套易于理解的用以评估员工总体绩效的测量系统,以及一个起支持作用的人力资源系统。恰当的基础结构应能支持并强化成员行为以取得高绩效水平。从外部条件来看,管理层应给团队提供完成工作所必需的各种资源。

第二节　团队建设理论应用

企业创建之初,任何一个企业都要建立与其企业类型和发展阶段相适应的组织结构。组织结构是保证企业正常运转的基本条件。ERP沙盘模拟的是一家生产型企业,我们采用了简化的生产型企业的组织结构方式,由几个主要角色代表来形成一个组织。每个团队由4~8个人组成,形成一个企业,并通过协商或者选举等方式,每个人分配一个或多个职位,来构建企业的组织结构。每个人履行好自己的职责,才能保证企业的各项工作顺利运行。

在企业中,有多种角色来负责不同领域的工作,如总经理、财务总监、市场总监、生产总监、信息总监、采购总监、财务助理、研发总监、商业间谍等各种角色。当然,有些角色可以让一个人兼任。

一、各个角色的分工及定位

在这里,选取几个重要的角色进行分工和定位的说明,如表3-2所示。

表 3-2 角色分工和定位

职位	总经理	财务总监	市场总监	生产总监	信息总监
主要职责	战略制定发展 竞争格局分析 经营指标确定 业务策略制定 全面预算管理 管理团队协同 企业绩效分析 业绩考评管理 管理集权授权 企业经营总结	日常财务记录 向税务部门报税 提供财务报表 日常现金管理 融资政策制定 成本费用控制 资金调度 财务制度制定 财务分析 协助决策	市场分析 市场进入策略制定 产品发展策略制定 广告宣传策略制定 销售计划制定 争取订单与谈判 签订合同 销售过程控制 按时发货 应收款管理 销售绩效分析	产品研发管理 固定资产投资 编制生产计划 编制采购计划 签订采购合同 监控采购过程 平衡生产能力 成品库存管理 采购支付决策 与其他部门协调	整合本企业信息 情报信息收集 对手战略分析 协助制定本企业战略 为其他成员提供信息 提供决策依据 监控业务流程 协调各部门工作

(一)总经理

在 ERP 沙盘模拟中,省略了股东大会和董事会,企业所有的重要决策均由总经理带领团队成员共同做出。如果团队成员意见相左,总经理还要从中协调,并做出最终决策。所以总经理是一个企业的舵手,对企业的发展方向等重要决策和团队的协调起着关键作用。在经营中有大局观,在逆境中能鼓励大家不放弃,在团队成员意见相左的时候能协调关系做出正确判断,这些都是一个优秀的总经理要具备的能力。总经理要带领团队制定出企业整体运营战略和中短期经营策略,协调各团队成员的工作,使企业运营顺利,并对企业绩效进行分析和总结。与此同时,在经营过程中,总经理还要关注每个成员是否能胜任自己的岗位,尤其是一些重要岗位,如财务总监、市场总监等,如不能胜任,要及时调整,以免影响整个企业的运营及成绩。

在企业中,有两种极端风格的总经理是不利于团队运营的,一种是老好人型总经理,没有魄力,无法领导团队成员,只是一味做老好人,谁都不想得罪,这样不利于团队协调;另一种是万能型总经理,这种总经理过于强势,什么事情都管,越俎代庖去做其他团队成员的工作,不利于成员发挥作用,还让总经理自己手忙脚乱。所以,作为总经理,首先要认清自己该做什么不该做什么,找准自己的定位。

(二)财务总监

在正式的企业中,财务和会计职能往往是分离的,这两个职能有着不同的目标和工作内容。会计主要是负责日常现金收支管理,定期核查企业的经营状况,核算企业的经营成果,制定预算及对成本数据进行分类和分析。而财务的职责主要是负责资金的筹集、管理,做好现金预算。如果说资金是企业的血液,财务部门就是企业的心脏。财务总监要参与企业的重大决策方案的讨论,如设备投资、产品研发、市场开拓、ISO 认证、购置厂房等,企业的任何一笔资金都要通过财务部门收支。所以说财务总监除了要掌握财务管理的技能和方法,还要对其他部门的工作有一定了解,具备成本意识,同时也要具备战略思维。

如果团队成员不足的时候,财务和会计职能可以归并到财务总监一个人身上,统一对企业的资金进行预测、筹集、调度与控制。其主要任务是管好现金流,进行现金预算和资金筹划,按需求支付各项费用、核算成本,做好财务分析工作;采用经济有效的方式筹集资金,能够在合理时间内进行长贷、短贷、高利贷、应收账款贴现或同行拆借资金,在保证现金不断流的情况下,将资金的成本控制在较低水平。

在 ERP 沙盘模拟经营中,财务总监的工作是最辛苦的,在运营过程中要记准每一笔收支,还要有计划地进行长短贷款的借贷和归还,年末当其他团队成员能稍微轻松一点的时候,财务总监又要进行复杂的"关账"工作。

所以财务总监要细心和有耐心,还要有全局观和长远观,既要控制成本,又不能只一味追求财务稳健而牺牲企业发展。

在团队成员足够的情况下,财务总监还可以配一个财务助理,协助财务总监完成日常现金收支、审核企业经营情况和制定预算、分析成本数据等工作。

(三)市场总监

产品销售是企业生存和发展的关键,因此,市场总监应结合市场预测及客户需求制定销售计划,有选择地进行广告投放,取得与企业生产能力相匹配的客户订单,并同时与生产部门做好沟通,保证按时交货给客户,监督货款的回收,进行客户关系管理。在经营过程中,随着各级市场的进一步开发,市场总监要确定本企业的产品到底在哪些市场销售,一方面要巩固现有市场,另一方面还要积极拓展新市场,争取合适的市场空间,实现销售的稳步增长,甚至是利润最大化。

市场总监的主要工作具体包括:
(1)对市场进行分析预测,在制定战略的时候提供自己的专业意见;
(2)根据战略制定每年的广告方案;
(3)选取订单,根据企业产能选取适合的订单;
(4)到期交货收款,款项放入盘面应收账款中;
(5)可以兼任研发总监的工作,年末进行市场开发和 ISO 认证。

(四)生产总监

生产总监是生产部门的核心人物,对企业的一切生产活动进行管理,并对企业的一切生产活动及产成品负责。生产总监既是生产计划的制定者和决策者,又是整个生产过程的监控者,对企业目标的实现负有重大责任。生产总监要通过计划、组织和控制等手段实现企业资源的优化配置,创造最大经济效益。

生产总监的主要工作包括如下四点:
(1)购买、更新、改造生产线;
(2)更新生产、完工入库和开始新的生产;
(3)产品研发投资;
(4)生产设备的维护与设备变更处理。

除此之外，如果人手不足，生产总监还可以兼任采购总监。采购是企业生产的首要环节，采购总监负责编制原材料的采购供应计划，确保在合适的时间点，采购合适的品种以及适当数量的原材料，使得所采购的原材料既不会因库存积压而占用过多资金，又不会发生因库存短缺而出现"停工待料"的现象，还要计划好用量，合理利用延期付款的规则来减少现金压力。在模拟经营的过程中，如果采购总监能依据正确的生产计划来制定采购计划并科学地执行，就能实现"JIT"(just in time,无库存生产方式)状态。

（五）信息总监

本企业和竞争对手的信息收集和分析是一件重要的工作，所谓"知己知彼，百战不殆"。信息总监主要负责企业战略信息管理和日常的信息管理工作，在附录中，附录B提供了一张间谍表。信息总监具体的工作包括：对模拟企业的经营时间流程进行实时监督，并提出相应的业务流程改进建议；整合自己的模拟企业和其他竞争对手企业的经营信息，为相应职能部门提供经营决策信息；信息总监还可以兼任商业间谍的角色，对竞争对手的市场、产品、生产线、ISO认证等情报进行收集整理，为企业经营者提供决策支持。

以上是各主要角色的分工及定位介绍，每个团队可根据自己的具体人数来分配职位。在分配职位的时候注意，对不同特长和性格的成员给予对应的职位，要让适合的人做适合的事情；同时也要督促每个人做好分内的事情，不要出现个别成员无所事事、感觉无法融入团队的情况。

更具体一点，每个角色在运营前、运营中和整个模拟经营结束后要做什么事情见表3-3。

表3-3　每个角色具体事务

总经理	运营前组织团队成员完成战略规划
	运营中协调和控制运营过程，并调整战略规划
	完成后对企业运营过程、绩效和团队成员情况进行总结
财务总监	运营前进行现金预算和融资预算
	运营中做现金流量表和财务报表，控制资金
	完成后利用财务指标对企业绩效进行分析
市场总监	运营前对市场预测图进行分析
	运营中决定广告投放和订单的选择
	完成后对企业销售情况进行总结
生产总监	运营前制作生产计划和物料需求计划
	运营中负责固定资产的购买、更换，以及原材料采购、产品生产
	完成后对生产情况进行总结
信息总监	运营前辅助总经理进行战略规划和人员协调
	运营中收集竞争对手企业的信息并进行分析，对各岗位决策提出建议
	完成后总结竞争格局及本企业竞争地位

二、团队建设中的重点问题

（一）创造并维护成员间的良好氛围

良好的氛围和统一的目标对于一个优秀的团队来说，是必不可少的；而成员关系紧张的团队要想取得好成绩，会困难重重。要创造并维持一个良好的氛围，可以用以下方法。

(1) 沟通和理解。队伍组建伊始，每个成员就应该迅速融入组织，积极与队友交流。充分的沟通可以消除隔阂、促进理解，有任何意见和建议都可以公开在团队中说明，不能针对个人在背后议论或者在团队中发展小团体。

(2) 待人真诚、正直，能虚心听取别人的意见。

(3) 队友之间要互相关心、互相帮助，在完成好自己工作的同时，也要注意跟他人工作的衔接和协调。

（二）团队成员间的协调

每个成员在做好自己本职工作的同时，还应具备其他岗位的基本技能。在 ERP 模拟经营中，每个岗位的工作特点都不同，在一个优秀的团队中，每个队员要能与其他岗位的队员协调工作，最好是能了解其他岗位的工作特点。所以在模拟经营中，如果有可能的话，可以互换职位，这样可以帮助大家更好地协调工作。

第三节 企业战略管理理论

企业战略是设立远景目标并对实现目标的轨迹进行总体性、指导性谋划，属宏观管理范畴，具有指导性、全局性、长远性、竞争性、系统性、风险性六大主要特征。

企业战略是对企业各种战略的统称，其中既包括竞争战略，也包括营销战略、发展战略、品牌战略、融资战略、技术开发战略、人才开发战略、资源开发战略等。企业战略是层出不穷的，例如信息化就是一个全新的战略。企业战略虽然有多种，但基本属性是相同的，都是对企业的谋略，都是对企业整体性、长期性、基本性问题的谋划。例如：企业竞争战略是对企业竞争的谋略，是对企业竞争整体性、长期性、基本性问题的谋划；企业营销战略是对企业营销的谋略，是对企业营销整体性、长期性、基本性问题的谋划；企业技术开发战略是对企业技术开发的谋略，是对企业技术开发整体性、长期性、基本性问题的谋划；企业人才战略是对企业人才开发的谋略，是对企业人才开发整体性、长期性、基本性问题的谋划。以此类推，都是一样的。各种企业战略有同也有异，相同的是基本属性，不同的是谋划问题的层次与角度。总之，无论哪个方面的谋划，只要涉及的是企业整体性、长期性、基本性问题，就属于企业战略的范畴。

一、企业战略的特征

（一）指导性

企业战略界定了企业的经营方向、远景目标，明确了企业的经营方针和行动指南，并筹划了实现目标的发展轨迹及指导性的措施、对策，在企业经营管理活动中起着导向的作用。

（二）全局性

企业战略立足于未来，通过对国际国内的政治、经济、文化及行业等经营环境的深入分析，结合自身资源，站在系统管理高度，对企业的远景发展轨迹进行全面的规划。

（三）长远性

"人无远虑，必有近忧"。因此，企业战略应兼顾短期利益。但企业战略更应着眼于长期生存和长远发展的思考，确立远景目标，并谋划实现远景目标的发展轨迹及宏观管理的措施、对策。其次，围绕远景目标，企业战略必须经历一个持续、长远的奋斗过程，除根据市场变化进行必要的调整外，制定的战略通常不能朝令夕改，应具有长效的稳定性。

（四）竞争性

竞争是市场经济不可回避的现实，也正是因为有了竞争，才确立了"战略"在经营管理中的主导地位。面对竞争，企业战略需要进行内外环境分析，明确自身的资源优势，通过设计适当的经营模式，形成特色经营，增强企业的对抗性和战斗力，推动企业长远、健康地发展。

（五）系统性

立足长远发展，企业战略确立了远景目标，并需围绕远景目标设立阶段目标及各阶段目标实现的经营策略，以构成一个环环相扣的战略目标体系。同时，根据组织关系，企业战略需由决策层战略、事业单位战略、职能部门战略三个层级构成一体。决策层战略是企业总体的指导性战略，决定企业经营方针、投资规模、经营方向和远景目标等战略要素，是战略的核心。本教材讲解的企业战略主要属于决策层战略。事业单位战略是企业独立核算经营单位或相对独立的经营单位，遵照决策层的战略指导思想，通过竞争环境分析，侧重市场与产品，对自身生存和发展轨迹进行的长远谋划。职能部门战略是企业各职能部门遵照决策层的战略指导思想，结合事业单位战略，侧重分工协作，对本部门的长远目标、资源调配等战略支持保障体系进行的总体性谋划，比如策划部战略、采购部战略等。

（六）风险性

企业做出任何一项决策都存在风险，战略决策也不例外。市场研究深入，行业发展趋势预测准确,设立的远景目标客观,各战略阶段人、财、物等资源调配得当,战略形态选择科学,制定的战略就能引导企业健康、快速地发展。反之,仅凭个人主观判断市场,设立目标过于理想或对行业的发展趋势预测有偏差,制定的战略就会产生管理误导,甚至给企业带来破产的风险。

二、企业战略的形态

战略形态是指企业采取的战略方式及战略对策,按表现形式,可以分为拓展型、稳健型、收缩型三种形态。

(一)拓展型战略

拓展型战略是指采用积极进攻态度的战略形态,主要适合行业龙头企业、有发展后劲的企业及新兴行业中的企业。具体的战略形式包括市场渗透战略、多元化经营战略、联合经营战略等。

1. 市场渗透战略

市场渗透战略是指实现市场逐步扩张的拓展战略,该战略可以通过扩大生产规模、提高生产能力、增加产品功能、改进产品用途、拓宽销售渠道、开发新市场、降低产品成本、集中资源优势等单一策略或组合策略来开展,其战略核心体现在两个方面:利用现有产品开辟新市场实现渗透,向现有市场提供新产品实现渗透。

市场渗透战略是比较典型的竞争战略,主要包括成本领先战略、差异化战略、集中化战略三种最有竞争力的战略形式。成本领先战略是通过加强成本控制,使企业总体经营成本处于行业最低水平的战略;差异化战略是企业采取的有别于竞争对手经营特色(从产品、品牌、服务方式、发展策略等方面)的战略;集中化战略是企业通过集中资源形成专业化优势(服务专业市场或立足某一区域市场等)的战略。在教科书上,成本领先战略、差异化战略、集中化战略被称为"经营战略"、"业务战略"、"直接竞争战略"。

2. 多元化经营战略

多元化经营战略是指一个企业同时经营两个或两个以上行业的拓展战略,又称"多行业经营",主要包括三种形式:同心多元化、水平多元化、综合多元化。同心多元化是利用原有技术及优势资源,面对新市场、新顾客增加新业务实现的多元化经营;水平多元化是针对现有市场和顾客,采用新技术增加新业务实现的多元化经营;综合多元化是直接利用新技术进入新市场实现的多元化经营。

多元化经营战略适合大中型企业,该战略能充分利用企业的经营资源,提高闲置资产的利用率,通过扩大经营范围,缓解竞争压力,降低经营成本,分散经营风险,增强综合竞争优势,加快集团化进程。但实施多元化战略应考虑选择行业的关联性、企业控制力及跨行业投资风险。

3. 联合经营战略

联合经营战略是指两个或两个以上独立的经营实体横向联合成立一个经营实体或企业集团的拓展战略,是社会经济发展到一定阶段的必然形式。实施该战略有利于实现企业资源的有效组合与合理调配,增加经营资本规模,实现优势互补,增强集合竞争力,加快拓展速度,促进规模化经济的发展。在工业发达的西方国家,联合经营主要是采取控股的形式成立企业集团,各集团的共同特点是:由控股公司(母公司)以资本为纽带建立对子公司的控制关系,集团成员之间采用环行持股(相互持股)和单向持股两种持股方式,且分为以大银行为核心对集团进行互控和以大生产企业为核心对子公司进行垂直控制两种控制方式。在我国,联合经营主要是采用兼并、合并、控股、参股等形式,通过横向联合组建企业联盟体,其联合经营战略主要可以分为一体化战略、企业集团战略、企业合并战略、企业兼并战略四种类型。

一体化战略是由若干关联单位组合在一起形成的经营联合体,主要包括垂直一体化(生产商同供应商、销售商串联)、前向一体化(生产商同销售商联合)、后向一体化(生产商同原料供应商联合)、横向一体化(同行业生产商之间的联合)。该战略的优点是通过关联企业的紧密联合,可实现资源共享,降低综合成本。其缺点是管理幅度加大,不利于资源调配与利益关系的协调。

企业集团战略是由若干个具有独立法人资格的企业以多种形式组成的经济联合组织。组织结构层次分为:集团核心企业(具母公司性质的集团公司)、紧密层(由集团公司控股的子公司组成)、半紧密层(由集团公司参股企业组成)、松散层(由承认集团章程并保持稳定协作关系的企业组成)。紧密层、半紧密层同集团公司的关系以资本为纽带,而松散层同集团公司的关系是以契约为纽带。集团公司同紧密层组合就可以构成企业集团,集团公司与企业集团的区别在于:集团公司是法人,企业集团是法人联合体,不具法人资格。集团公司内部各成分属紧密联合,企业集团各成分属多层次联合。

企业合并战略是指参与企业通过所有权与经营权同时有偿转移,实现资产、公共关系、经营活动的统一,共同建立一个新法人资格的联合形式。采取合并战略,能优化资源结构,实现优势互补,扩大经营规模,但同时也容易吸纳不良资产,增加合并风险。

企业兼并战略是企业通过现金购买或股票调换等方式获得另一个企业全部资产或控制权的联合形式。其特点是:被兼并企业放弃法人资格并转让产权,但保留原企业名称成为存续企业。兼并企业获得产权,并承担被兼并企业债权、债务的责任和义务。通过兼并可以整合社会资源,扩大生产规模,快速提高企业产量,但也容易分散企业资源,导致管理失控。

(二)稳健型战略

稳健型战略是采取稳定发展态度的战略形态,主要适合中等及以下规模的企业或经营不景气的大型企业,可分为无增长战略(维持产量、品牌、形象、地位等水平不变)、微增长战略(竞争水平在原基础上略有增长)两种战略形式。该战略强调保存实力,能有效控制经营风险,但发展速度缓慢,竞争力量弱小。

(三)收缩型战略

收缩型战略是采取保守经营态度的战略形态,主要适合处于市场疲软、通货膨胀、产品进入衰退期、管理失控、经营亏损、资金不足、资源匮乏、发展方向模糊的危机企业。可分为转移战略、撤退战略、清算战略三种战略形式。转移战略是通过改变经营计划、调整经营部署、转移市场区域(主要是从大市场转移到小市场)或行业领域(从高技术含量向低技术含量的领域转移)的战略;撤退战略是通过削减支出、降低产量、退出或放弃部分地域或市场渠道的战略;清算战略是通过出售或转让企业部分或全部资产以偿还债务或停止经营活动的战略。收缩型战略的优点是通过整合有效资源,优化产业结构,保存有生力量,能减少企业亏损,延续企业生命,并能通过集中资源优势,加强内部改制,以图新的发展。其缺点是容易荒废企业部分有效资源,影响企业声誉,导致士气低落,造成人才流失,威胁企业生存。调整经营思路、推行系统管理、精简组织机构、优化产业结构、盘活积压资金、压缩不必要开支是该战略需要把握的重点。

三、战略管理的阶段

战略管理包括三个阶段:战略制定、战略实施和战术运用、战略评价。

(一)战略制定

战略制定包括确定企业任务,分析企业的外部机会与威胁和企业内部优势与弱点,建立长期目标,制定可供选择的战略,以及选择特定的实施战略。战略制定过程所要决定的主要问题有:企业进入何种新产业?放弃何种产业?如何配置资源?是否进入新的地域?是否扩大市场范围?是否扩大经营或进行多元经营?是否进行合并或建立合资公司?如何防止被敌意接管?由于没有任何企业拥有无限的资源,战略制定者必须确定在可选择的战略中,哪一种能够使企业获得最大收益。战略决策将使企业在相当长的时期内与特定的产品、市场、资源和技术相联系。

(二)战略实施和战术运用

在战略实施过程中,要求企业树立年度目标、制定政策、激励雇员和配置资源,各个职能部门制定具体的战术,以便使制定的战略得以贯彻执行。这一阶段就是战略实施阶段。战术运用活动包括培育支持战略实施的企业文化,建立有效的组织结构,制定预算,建立和使用信息系统,制定各种行动方案和具体计划措施。战术运用往往被称作是战略管理的行动阶段,实施意味着动员雇员和管理者将已制定的战略付诸行动。已经制定的战略无论多么好,但如果未能实施,便不会有任何实际作用。战术运用活动受企业中所有雇员及管理者的素质和行为的直接影响。战术运用阶段往往被看作是战略管理过程中难度最大的阶段,因此,在该阶段人力资源的开发和利用是关键环节。为激励整个企业的管理者和雇员充满自豪感并热情地为实现已明确的目标而努力工作,要求每个分公司或部门在战术运用阶段都必须回答诸如这样的问题:为实施企业战略中属于我们责任的部分,我们必须做什么?我们能将工作做得多好?

(三)战略评价

战略评价是战略管理的最后阶段。由于外部及内部因素处于不断变化之中,所有战略都将面临不断的调整与修改,所以管理者需要及时地了解哪一特定的战略管理阶段出了问题,而战略评价便是获得这一信息的主要方法。战略评价活动包括:重新审视外部与内部因素;度量业绩;采取纠正措施。战略评价是必要的,因为今天的成功并不能保证明天的成功,成功总是和新的、不同的问题并存,自满的企业必然失败。

第四节 企业战略管理应用

在 ERP 沙盘模拟经营中,也需要对模拟企业进行战略规划,与真实市场中的企业战略规划相比,这种规划考虑的因素要少一些,环境相对要简单一些,做出的战略规划也要更具体一些,但是,其内涵是一致的。

在 ERP 沙盘模拟经营中,企业可以有多种不同的战略,但无论什么战略,都要有全局性和长远性的考虑。企业想要发展、扩大生产,就要投资生产线和厂房;要投资就要有财务计划,现金不够还要及时融资,不能让现金链断裂;要尽可能做好产能预估,这样才能做采购计划和销售计划;要把人员分工、市场预测、设备更新、产品研发等和企业战略规划结合起来,以更好地实现组织的目标。

在实际的操作过程中,各"企业"进行战略规划讨论的时候,往往演变为到底投多少广告费或者到底做哪种产品的争论。其实,这些都只是片面的,战略规划应该是完整的,包括了市场预测分析、财务预算、生产计划、采购计划、融资计划、市场计划,以及在运营过程中根据对竞争对手的分析修正战略规划。只有这种全局性和长远性的战略规划,才能在运营过程中掌握主动,不至于在各个环节手忙脚乱。图 3-2 所示为企业战略规划的过程。

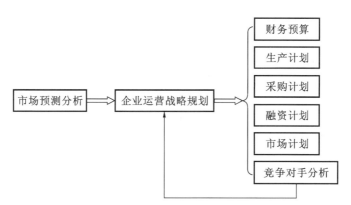

图 3-2 企业战略规划的过程

一、企业运营战略规划

成功的企业一定有明确的战略,从中可以看出经营者是否对战略有足够的认识,是否理解战略的含义,在企业运营之前要制定好战略。

(一)想成为什么样的企业?企业的经营目标和经营宗旨是什么?

你们的企业是想成为行业的领先者,努力扩大产能占领市场;或者想成为稳步前进的跟随型企业;抑或采用保守战略,不求领先,但求生存无风险。

(二)倾向于何种产品？何种市场？为什么？

有 Beryl、Crystal、Ruby 和 Sapphire 四种产品,本地、区域、国内、亚洲和国际五种市场,综合起来,一共有 20 个市场可以选择。是专心一种或两种产品,还是全部产品都生产？是占领某几个市场,还是所有市场全面开花？是选择多元化战略还是专业化战略抑或是集中化战略？

(三)计划怎样增加生产设施？为什么？

生产线有四种,手工生产线、半自动生产线、全自动生产线和柔性生产线,越高级的生产线生产效率越高,但是折旧和维护费用相应也越高；半自动生产线和全自动生产线只能固定生产某种产品,如果更换产品,需要付出改造费和改造时间。所以在经营运作之前,要计划好什么时候更换生产线,更换哪种生产线,每条线生产哪种产品。

(四)计划采用怎样的融资策略？为什么？

融资方式有多种,风险不同,成本也不同。短期贷款利息最低,但是要考虑一年后有没有现金还款；长期贷款比较稳定,但是利率较高,如果一开始就大量贷款,很可能导致企业费用过高,所有者权益快速下降；贴现比较灵活,可以作为企业临时现金紧张的调节；抵押厂房可以成为企业在贷款超出所有者权益 2 倍、无法再进行长贷和短贷时的资金来源；高利贷可以随时贷,但是利率太高。所以在运营前,要计算好每年每季度的现金需求,规划好融资方式。

(五)准备如何进行竞争对手分析？

ERP 沙盘模拟经营中不存在一种最优战略,因为战略是否可行,是否能取得好的成绩,还取决于对手的运营情况。再好的战略,如果跟竞争对手冲突,也不可能有太好的表现。所以在制定战略前,要充分分析竞争对手的数量、风格；在运营过程中,也要根据对手的表现来及时调整自己的战略。

制定战略的时候,由于每个人的职位不同,站的角度也不同,会有不同的意见；每个人的风险偏好不同,对战略的选择也会不同。最关键的是,要在执行战略之前,形成一个统一的战略,并且贯彻执行,在这个过程中,总经理要起到协调和组织的重要作用。

二、企业运营战略规划中的重难点

在制定战略时,很多细节要事先考虑,这些更接近于战术的运用。

(一)战略态势选择

1. 霸王战略

在运营初期,就开始贷款扩大产能,在保证产能的情况下,以高广告费夺取市场老大的地位,在竞争中始终保持销售量第一。用销售量第一来压制对手的销售量,使对手在销售额上无法赶超,最终拔得头筹。

采取霸王战略的企业要有相当的魄力,因为这种战略对于资金运作和广告环节要求很高,如果这两个环节出现一些小小的失误,都很有可能使企业陷入销量上不去、现金链断裂的艰难处境,甚至会导致破产。所以采取这种战略要对各个环节严格控制,同时还与竞争对手的风格有关。如果企业的竞争对手也都是霸王风格的,那么势必形成恶性竞争,大家拼得"N"败俱伤。

2. 跟随战略

在运营过程中,不是快速扩大产能、争夺第一,而是按部就班,逐渐扩大产能,也不耗费高额广告费去争夺市场老大的位置,而是用低广告费来降低成本、规避风险。这种战略相对来说比较稳定,虽然不容易得第一,但是可以保证财务稳健。如果采用霸王战略的竞争对手失误,还可以取而代之成为佼佼者。

跟随战略最关键的在于一个"稳"字,即经营过程中一切按部就班,广告投入、产能扩大都是循序渐进,逐步实现,稳扎稳打。除此之外,要利用好时机,特别是竞争对手失误的时机,所以一定要仔细分析对手战略战术和运营过程。

3. 维持战略

这种战略在运营中基本不扩大产能,在广告中做到投入最少额度的广告费,一切的成本都尽量压到最低,目标只是为了维持现有的所有者权益,尽可能不要降低。

这种战略是一种消极战略,一般来说很少有企业会采用。但是如果在模拟经营中企业运营的总年限不超过三年的时候,可以考虑采用这种战略。

(二)产品组合战略选择

在模拟经营中,有 Beryl、Crystal、Ruby 和 Sapphire 四种产品,除了一开始 Beryl 已经确定之外,还可以在剩下的三种产品中选择 0~3 种来经营,所以一共有八种产品组合方式可以选。

1. 全产品战略

全产品战略就是 Beryl、Crystal、Ruby 和 Sapphire 四种产品全部生产。这种战略成本比较高,而且一共只有八条生产线,如果生产四种产品,那么任何一个产品都不可能处于行业领先。所以这种战略一般只在经营年限较长、竞争对手很多的情况下适用。

2. 产品组合战略

不同产品组合经营,如 B+C、B+R、B+S、B+C+R、B+C+S、B+R+S 等。其中 B+C 的战略,在前期营利性比较强,但是后期发展不如 Ruby 和 Sapphire,因为根据市场预测的价格计算四种产品利润率,Ruby 是最高的,Sapphire 次之,而 Crystal 由于要用 Beryl 作为原材料,所以平均利润较低。Ruby 历来是市场竞争的重点,甚至在模拟企业比较少、竞争不是很激烈的时候,有得 Ruby 者得天下的情况出现,但是否能在 Ruby 市场上占一席之地,除了自身的战略,还取决于竞争对手的战略。Sapphire 的原材料构成比较复杂,市场需求量比较小,所以也有不少企业会选择放弃 Sapphire。

四种产品各有各的特点,不存在哪种产品组合一定是最优的,具体的战略还要根据经营年限、竞争对手人数以及竞争对手的战略来确定。

3. 单产品战略

单产品战略就是集中所有的生产线,只生产单一产品。这种专业化的生产可以减少企业研发成本和广告费用,还可以降低企业决策的难度。如果操作得好,能够独占市场,利润会很高。但是,这种战略的风险性很大,如果有多名竞争对手都选择同一产品进行专业化生产,那么这个市场将成为恶性竞争的红海。

综上所述,在制定产品组合战略之前,要充分分析每种产品的市场需求和价格、产品成本和利润率,再根据具体情况来确定产品组合。

(三)各年的短期决策侧重点

基于以上的整体运营战略规划,在模拟经营的过程中,针对不同时期,每一年还应该有短期决策的侧重点。

第一年:侧重企业资产的投资,包括厂房、生产线、市场开拓、产品研发、ISO认证等,以及长短期贷款的融资。

第二年:企业扩张阶段追加的各项投资,与第一年相似,但在上一年年末,已经可以看出其他企业的投资策略,所以可以根据竞争对手的战略选择,适当调整自己的战略。

第三年:这是企业最关键的一年,这一年是资金链最容易断裂的一年,所以一定要做好预算,控制权益。

第四年:第四年一般销售额会上升,资金压力也会减小,此时重点放在生产线扩张和销售上,但也要注意控制成本和费用。

第五年:这时的生产规模基本已经定型,重点放在市场的选择上。

第六年:产品零库存以及各种规则的巧妙运用。

第四章 营销管理理论与应用

第一节 营销管理理论

营销、生产、财务是企业的三大基本职能。企业的经营活动都是以市场需求为主导的,市场需求是企业所有运作的驱动源,而营销管理的实质是需求管理。实训已为学生提供了相关的市场信息及预测数据。为在内容逻辑上达到完整性,也为方便学生学习,该理论部分的主要内容包括市场营销认识、市场预测方法、营销四要素(4P)和营销战略等。

一、市场营销概述

(一)市场

对市场的认识,在我国古代,《易经·系辞下》中对市场的描述为:"日中为市,致天下之民,聚天下之货,交易而退,各得其所。"近代对市场的狭义定义为商品交易的场所,广义定义为商品交换关系的总和。到当代,菲利普·科特勒(Philip Kotler)认为,市场是由一切具有特定欲望和需求,并且愿意和能够以交换来满足这些需求的潜在顾客所组成的。到现代,对市场的定义为:市场是由人口、购买力和购买欲望构成的。

(二)市场营销与营销管理

市场营销是指通过交换满足需要和欲望的综合性的经营活动过程。市场营销研究对象是以满足消费者需求为中心的企业营销活动过程及其规律。图 4-1 所示为一个简单的营销系统。

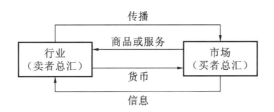

图 4-1 简单的营销系统

营销管理是指为实现其目标,创造、建立并保持与目标市场之间的互利交换关系而进行的分析、计划、执行与控制的过程。营销管理的任务是通过营销调研、计划、执行与控制，管理目标市场的需求水平、时机和构成。营销管理哲学是企业对营销活动及管理的基本指导思想，包括经营观念、经营态度和企业思维方式。营销管理哲学的核心是正确处理企业、顾客和社会三者之间的利益关系。

（三）营销组合

营销组合是指综合运用企业可控制的营销要素，对其实行最优组合，以取得最佳营销效果。目前提出的营销要素包括六个（6P），分别为产品、价格、渠道、促销、公共关系和权力，即在原有的四要素（4P）中加入了公共关系和权力。营销组合的特点为可控性、动态性、复合性和整体性。

（四）营销环境

营销环境是指影响企业生存与发展的各种外部环境。现代市场营销认为，企业成败的关键，就在于能否适应不断变化着的营销环境。市场营销实践也证明，许多企业的发展壮大，就是善于适应环境。

分析市场环境的目的，在于寻求营销机会和避免环境威胁。现实生活中，机会和威胁往往是同时并存的。营销者的任务就在于善于抓住机会，克服威胁，以有力的措施迎接市场上的挑战。

外部环境是指那些与企业营销活动有关联的因素之和，而不是整个外界事物。外部环境包括宏观环境与微观环境两部分，即直接营销环境与间接营销环境。

1. 宏观环境

企业宏观环境包括人口环境、经济环境、自然环境、技术环境、政治法律环境和文化环境等，指一般环境。

2. 微观环境

企业微观环境体现在企业具体业务对外往来过程中。企业的主要任务是在赢利的前提下，为目标市场服务，满足市场特定需求。直接环境包括企业（自身）、供应者、竞争者、营销中介、公众、消费者与用户等。

在此，我们主要讲解竞争者分析。"知己知彼，百战不殆"，要制定正确的竞争战略和策略，就应深入地了解竞争者。对竞争者的分析主要从两个方面着手：第一，要识别竞争者，企业要分析辨别自己的主要竞争对手；第二，要判定竞争者的目标，竞争者的最终目标当然是追逐利润，但是每个企业对长期利润和短期利润的重视程度不同，对利润满意水平的看法不同。有的企业追求利润"最大化"目标，不达最大，决不罢休；有的企业追求利润"满意"目标，达到预期水平就不会再付出更多努力。具体的目标多种多样，如获利能力、市场占有率、现金流量、成本降低、技术领先、服务领先等，每个企业有不同的侧重点和目标组合。

二、市场需求预测

（一）需求预测

预测是对未来事件发展的预计与推测。由于未来存在不确定性，因而预测也会存在不准确性,导致企业运行存在风险。能够准确预测需求就能大大降低企业经营风险。企业销售预测方法有定性预测与定量预测两种。定性预测依据经验及历史资料进行主观推断与预测,定量预测依据数据和数学方法模型来进行计算。

通常采用的预测方法有三类:经验判断法、时间序列分析法和因果分析法。经验判断法有类推预测法、集体意见法和德尔菲法(专家意见法);时间序列分析法是根据时间研究销售量的演变趋势(事物的发展具有逻辑延续性);因果分析法是探究影响销售量的因素及它们之间的函数关系,一事物的变化,总与其他事物存在相互间的因果关系。

(二)两种常用的预测方法

下面介绍两种简单实用的定量预测方法。

1. 简单移动平均(simple moving average)法

$$F_t = \frac{A_{t-1} + A_{t-2} + A_{t-3} + \cdots + A_{t-n}}{n}$$

式中:t 表示"age of the data",n 表示"number of period in moving average",A_t 表示"actual value in age t"。

【例】 根据表4-1给出的数据,计算3周和6周简单移动平均预测的大小。

解:计算3周和6周移动平均预测值如表4-1所示。

表4-1 需求与预测数据

周次	需求	3周	6周
1	650		
2	678		
3	720		
4	785	682.67	
5	859	727.67	
6	920	788.00	
7	850	854.67	768.67
8	758	876.33	802.00
9	892	842.67	815.33
10	920	833.33	844.00
11	789	856.67	866.50
12	844	867.00	854.83

$F_4 = (720+678+650)/3 = 682.67$

$F_7 = (920+859+785+720+678+650)/6 = 768.67$

对于简单移动平均预测方法,关键是选择移动时间区间的大小,即 n 的大小。n 的大小的选择与预测者要求的适应性有关。如果管理者追求稳定性,n 的值应该选择大一些;如果管理者的目标是体现响应性,则应选择小一点的 n。

2. 一次指数平滑法

一次指数平滑法计算公式如下:

$$F_t = F_{t-1} + \alpha(A_{t-1} - F_{t-1})$$

式中:F_t 表示第 t 期的预测值,F_{t-1} 表示第 $t-1$ 期的预测值,A_{t-1} 表示第 $t-1$ 期的实际值,α 表示平滑指数。

例如,上期预测值可卖出42个产品,实际卖出40个,取 $\alpha=0.10$,则下一期的预测值如下。

$$F_t = F_{t-1} + \alpha(A_{t-1} - F_{t-1}) = 42 + 0.10(40-42) = 41.8$$

【例】 根据表4-2中的需求数据,用一次指数平滑法,分别计算 $\alpha=0.10$ 和 $\alpha=0.60$ 时第2~10周的预测值。假设起始点 $F_1 = D_1$。

表4-2 1~9周需求数据

周次	1	2	3	4	5	6	7	8	9	10
需求	820	775	680	655	750	802	798	689	775	

解:计算结果如表4-3所示。

表4-3 $\alpha=0.10$ 和 $\alpha=0.60$ 时的预测值

周次	需求	$\alpha=0.10$	$\alpha=0.60$
1	820	820.00	820.00
2	775	820.00	820.00
3	680	815.50	820.00
4	655	801.95	817.30
5	750	787.26	808.09
6	802	783.53	795.59
7	798	785.38	788.35
8	689	786.64	786.57
9	775	776.88	786.61
10		776.69	780.77

预测的关键是选择 α 的大小。如果管理者追求稳定性,α 的值应该选择小一些;如果管理者的目标是体现响应性,则应选择大一点的 α。

三、竞争战略决策

(一)市场领导者战略

市场领导者指占有最大的市场份额,在价格变化、新产品开发、分销渠道建设和促销战略等方面对本行业其他企业起领导作用的企业。市场领导者一般采用的战略有扩大总市场、保护市场份额和扩大市场份额。

1. 扩大总市场

扩大总市场战略包括开发新用户、寻找新用途和增加使用量三种策略。开发新用户包括转变未使用者、进入新的细分市场和地理扩展;寻找新用途即通过发现和推广产品的新用途而扩大市场的份额;增加使用量包括提高使用频率、增加每次使用量和增加使用场所。

2. 保护市场份额

在努力扩大总市场规模的同时,还必须时刻保护自己的现行业务不受对手侵占。保护市场份额策略有阵地防御、侧翼防御、以攻为守、反击防御、机动防御和收缩防御。

阵地防御包括建立强大的品牌威力,使其坚不可摧。侧翼防御要求市场领导者建立一些前沿阵地,以保护一条薄弱的前线,在必要时作为可能进行反攻的出击基地。以攻为守是一个比较积极的防御策略,是在敌手向企业发动进攻前,先向敌手发动进攻。一个企业采用以攻为守的防御策略有多种方法。它可以在市场中开展游击活动——在这里打击一个竞争对手,在那里打击另一个竞争对手,使每一个对手惶惶不安,或者,它发出市场信号,劝告竞争对手们不要进攻。反击防御即当市场领导者受到攻击后,它必须向对方做出反击以示回应。一个有效的反击方法是侵入攻击者的主要地区,迫使其撤回以保卫自己的市场;另一个反击防御方法是用经济或政治手段打击进攻者。机动防御是指市场领导者把它的市场范围扩展到新的领域中去,而这些领域在将来可以成为防守和进攻的中心。把市场范围扩展到新领域的方法是市场拓宽和市场多样化。市场拓宽要求一个企业将其注意焦点从现行产品转移到主要的基本需要和对与该需求相关联的整套技术进行研究开发上。例如,"石油公司"将自己重组为"能源市场"。市场多样化就是进入不相关行业。收缩防御即当企业认识到它们已不再能防守所有的领域时,有计划地收缩(撤退)。有计划收缩不是放弃市场,而是放弃较弱的领域和将力量重新分配到较强的领域。有计划收缩是一种巩固企业在市场上竞争实力和集中兵力于中枢地位的行动。

3. 扩大市场份额

市场领导者可以通过进一步增加它们的市场份额而提高利润率。在扩大市场份额时应注意经营成本、营销组合和反垄断法。

(二)市场挑战者战略

在行业中占有第二、第三和以后位次的企业可称为居次者或追随者。这些居次者可以采用以下两种姿态中的一种:它们可以攻击市场领导者和其他竞争者,以夺取更多的市场份额,这是市场挑战者;或者,它们可以参与竞争但不扰乱市场局面,这是市场追随者。以下对适用于市场挑战者的竞争性攻击战略进行讨论。

1. 确定战略目标与竞争对手

一个市场挑战者首先必须确定它的战略目标。大多数市场挑战者的战略目标是增加它们的市场份额。这些进攻决策通常包括:攻击市场领导者;攻击规模相同但经营不佳、资金不足的企业;攻击规模较小、经营不善、资金缺乏的企业。

2. 选择一个总的进攻战略

进攻战略通常包括五种可能的进攻:正面攻击、侧翼攻击、包抄攻击、迂回攻击和游击进攻。

在一个纯粹的正面进攻中,攻击者针对对手的产品、广告、价格等发起进攻,常用的方法是进攻者用减价来同对手竞争。采用正面攻击应注重自身的实力。侧翼攻击的主要原则是以强胜弱。对手的弱点是进攻的当然目标。侧翼攻击的另一个名称是辨认细分市场转移,就是制造有发展潜力的缺口,冲入和填补这些缺口,以及把它们发展成大细分市场。侧翼进攻成功的概率高于正面进攻。包抄攻击,指试图通过多方面的"闪电"进攻,深入对手的领域中去。迂回攻击是最间接的进攻战略,它意味着绕过对方并攻击较易进入的市场,以扩大自己的资源基础。推行这种战略有三种方法:多样化地经营无关联产品、进入新的地区市场以求多样化发展和引入新技术以取代现有产品。游击进攻包括对对手的不同领域进行小的、断断续续的攻击,其目的就是骚扰对方和使其士气低落,并最终获得永久的据点。通常采用的方法包括有选择地减价、密集的促销爆炸和向对方采取相应的法律行动。

(三)市场跟随者与市场利基者战略

1. 市场跟随者战略

大多数企业喜欢追随而不是向市场领导者挑战。追随战略可以分为四类:仿制者、紧跟者、模仿者和改变者。

仿制者复制领导者的产品和包装,在黑市上销售或卖给名誉不好的经销商。紧跟者模仿领导者的产品、名字和包装,但稍有区别。模仿者在某些方面仿效领导者,但在包装、广告和价格等方面又有所不同。领导者并不注意模仿者,而模仿者也不进攻领导者。改变者接收领先的产品,并改变或改进它们。改变者可以选择销售给其他不同市场,许多改变者将成长为未来的挑战者。

2. 市场利基者战略

市场利基者又称市场补缺者,它们的目标是小市场或大企业不感兴趣的市场。市场利基者的特征包括:具有一定的规模和购买力,能够赢利;具备发展潜力;强大的企业对这一市场不感兴趣;本企业具备向这一市场提供优质产品和服务的资源和能力;本企业在顾客中建立了良好的声誉,能够抵御竞争者的入侵。

市场利基者发展的关键是专业化,主要途径有最终用户专业化、垂直专业化、顾客规模专业化、特殊顾客专业化、地理市场专业化、产品或产品线专业化、产品特色专业化、客户订单专业化、质量和价格专业化、服务专业化、销售渠道专业化等。

四、市场细分与定位

(一)市场细分

1. 市场细分的必然性

市场细分是指按照消费者的一定特性,把原来的市场分割为两个或两个以上的子市场,以用来确定目标市场的过程。

企业的主要任务是在赢利的前提下,为目标市场服务,满足市场特定需求。每个人都可以成为一个独立的子市场。对于企业来说,应针对每个子市场做一个营销方案,但实际上这是办不到的。把某一部分需求与爱好大致相同的消费者作为一个子市场来满足,这不失为上策。市场细分有利于发现新的市场机会,有利于企业制定最佳营销组合,有利于企业取得最大的经济效益,有利于企业开拓新的目标市场。

2. 市场细分的步骤

市场细分通常有七个步骤,如图4-2所示。

```
┌─────────────────────┐
│  为产品选定市场范围  │
└──────────┬──────────┘
           ↓
┌─────────────────────┐
│ 列举潜在顾客的不同需求│
└──────────┬──────────┘
           ↓
┌─────────────────────┐
│了解不同潜在顾客的不同需求│
└──────────┬──────────┘
           ↓
┌─────────────────────┐
│ 排除潜在顾客的共同需求│
└──────────┬──────────┘
           ↓
┌─────────────────────┐
│   为不同的子市场命名 │
└──────────┬──────────┘
           ↓
┌─────────────────────┐
│进一步认识各潜在顾客群体的特点│
└──────────┬──────────┘
           ↓
┌─────────────────────┐
│   测量各子市场的规模 │
└─────────────────────┘
```

图 4-2 市场细分步骤

3. 反市场细分策略

实施市场细分是必要的,但不是越细越好,应以挖掘市场机会、满足市场需求为目的。过度细分会导致商品分类增加、批量减少,从而引起成本和价格上升。实际上是得不偿失,会使投入大于产出。

实施反市场细分战略常用的方法有:缩减产品线来减少子市场,主动放弃较小或无利可图的子市场;将相近的子市场合并,提供价格较低、通用性较强的产品吸引顾客,形成较大的市场。图 4-3 所示为市场细分与反市场细分示意图。

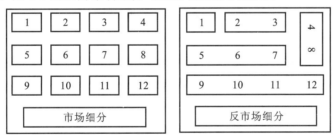

图 4-3 市场细分与反市场细分示意图

(二) 目标市场决策

目标市场是指企业在市场细分的基础上,从满足现实的或潜在的目标顾客的需求出发,并依据企业自身条件而选定的一个或为数不多的特定市场。目标市场是企业经比较、细分、选择并决定为之服务的市场,而不是全部的市场。

1. 目标市场评估

目标市场应具备的基本条件包括:有一定的规模及增长率,有足够的吸引力,符合企业的目标和能力。有规模和发展前景的市场不一定是理想市场。应从赢利水平、进入障碍、相关替代品、投入与产出效益、原材料的保证程度及费用等方面来考虑目标市场。

2. 目标市场选择

目标市场选择策略有五种：目标集中化，生产一种产品，供应一个顾客群；产品专门化，生产一种产品，为各类顾客服务；市场专门化，只选择某一市场作为重点；选择性专门化（多角化），选择几个市场作为重点对象；全面覆盖，将所有产品推向所有市场。

选择目标市场时应考虑的因素有以下几个：企业的资源和能力，产品的类似程度（同质性），市场需求类似程度，产品所处的生命周期阶段和竞争者的营销策略。

3. 目标市场策略

目标市场策略通常有三种，即无差异市场策略、差异市场策略和集中市场策略，三种策略的示意图分别如图4-4、图4-5、图4-6所示。

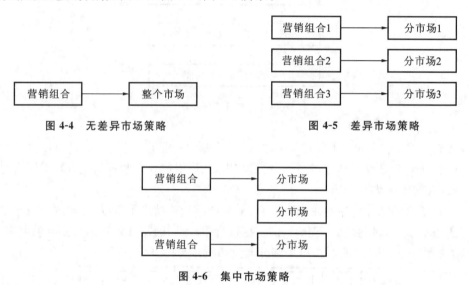

图 4-4　无差异市场策略　　　图 4-5　差异市场策略

图 4-6　集中市场策略

4. 市场定位

市场定位是根据市场竞争情况和本企业的条件确定本企业及产品在目标市场上的竞争地位。其实质就在于取得目标市场的竞争优势，确定产品在目标顾客心目中的适当位置并留下值得购买的好印象，以吸引更多的客户。

市场定位首先要明确潜在的竞争优势，包括竞争者做了什么、如何做，顾客确实需要什么，满足程度如何，本企业能为此做什么；然后选择相对竞争优势；最后显示独特的竞争优势，包括建立与市场定位一致的形象、巩固与市场定位相一致的形象和矫正与定位不一致的形象。

五、营销四要素（4P）

（一）产品

1. 产品概述

产品是市场上任何可供注意、购买、使用或消费以满足某种欲望和需要的东西。我们购买产品，实际上购买的是一种功能、一种解决方案，有形的产品是这些功能或解决方案的载体。近年，菲利普·科特勒等学者使用五个层次来表达产品整体概念，认为对这五个层次的研究与表述能够更深刻而准确地表述产品整体概念的含义。

(1)核心产品,消费者购买商品时所追求的实质利益,即真正需要的东西,获得某种需要的效用和利益。

(2)形式产品,核心产品借以实现的形式,即向市场提供的产品实体和服务对象,主要包括质量水平、外观特色、款式、品牌名称及包装等。

(3)期望产品,购买者在购买该产品时期望得到的与该产品密切相关的一整套属性和条件。

(4)延伸产品,伴随着实质和形式产品所提供的全部附加服务和利益,包括信贷、送货、安装、调试、售后服务、培训等。

(5)潜在产品,现有产品包括所有附加产品在内的、可能发展成为未来最终产品的潜在状态的产品,即指出了现有产品的可能演变趋势和前景。

产品和生物一样也有生命,从诞生到衰亡有一个周期,长短不同,多则数百年,少则几十天。产品寿命周期是指产品从投放市场到最后被淘汰的全过程。产品寿命周期包括导入期、成长期、成熟期和衰退期四个阶段,如图4-7所示。

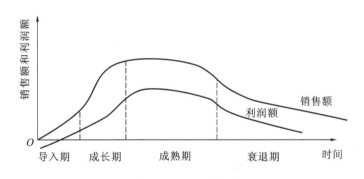

图 4-7 产品生命周期

产品生命周期各阶段的特点有:导入期成本高、销量小、促销费用大、利润很低,甚至亏损;成长期销量增长迅速、成本下降、利润增加、竞争者加入;成熟期销量趋向平稳(最大)、成本最低、竞争最激烈、利润最大;衰退期销量急剧下降、利润持续减少、库存猛增、促销无效果。

产品生命周期策略主要有三种:缩短导入期,延长成长期,推迟衰退期。具体各阶段的策略有:在导入期,采用高价高促销(快速掠取)、低价高促销(密集性渗透)、高价低促销(缓慢掠取)和低价低促销(缓慢渗透)等策略;在成长期,采用提高产品质量、突出产品特色进行广告促销、开辟新市场和选择适当时机降价促销等策略;在成熟期,采用市场改良、产品改良和营销组合改良等策略;在衰退期,采用持续营销策略、集中营销策略、收缩营销策略和放弃策略。

2.产品组合的概念

产品组合是指企业生产经营的全部产品的有机结合形式。所谓产品组合的广度是指生产经营的产品系列(产品线)的数目;产品组合的深度是指产品线上每一类产品的项目数(规格);产品组合的长度是指产品组合里产品项目的总数;产品组合的关联度是指不同产品(系列之间)在用途、生产制造、销售渠道等方面的相似(关)程度。

3. 新产品的概念

只要在功能和形态上发生改变,与原产品有差异,均为新产品。新产品包括全新产品、换代新产品、改进新产品以及仿制新产品。

开发新产品有利于避免原产品老化,适应需求变化;有利于采用新技术、新材料,降低成本,增强竞争力,提高企业声誉;有利于充分利用企业资源和能力,提高企业经济效益;有利于生产经营的稳定性,减轻因原产品滞销而引起的效益下降;有利于提高企业的竞争能力。

企业开发新产品的条件为:有充足的资源,有市场(需求),有效益。开发新产品的方式一般有三种:独立研制、技术引进和技术协作。独立研制包括全部自己进行、借用已有的研究成果、进行应用开发和仅进行产品开发。

(二) 分销渠道

1. 分销渠道及其作用与职能

分销渠道是指执行者把产品和劳务及所有权从生产者向消费者转移过程中所经过的一组机构或组织。

分销渠道的作用主要有:获得大规模销售的好处;减少交易次数,提高流通效率;沟通生产与需求,服务生产,便利消费。

分销渠道的职能主要包括市场调研、促销、接洽、配合、谈判、物流、融资和风险承担等。

2. 分销渠道的类型

商品经济高度发达的社会,大多数生产者都不能将产品直接出售给消费者或用户,必须经由中间环节来实现。中间商的存在是社会分工和商品经济发展的必然产物。

分销渠道通常可根据中间商的数量分为零级渠道、一级渠道、二级渠道和三级渠道四种。零级渠道,也叫直接营销渠道,是由生产者直接销售给最终顾客,没有中间商;一级渠道包括一个销售中间商;二级渠道包括两个中间商;三级渠道包括三个中间商。图4-8所示为消费者市场分销渠道。

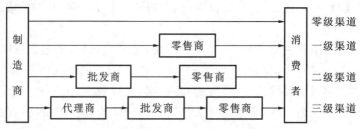

图 4-8 消费者市场分销渠道

3. 制定渠道选择方案

一个渠道选择方案由三方面的要素确定:中间商的类型、所需的中间商数目、每个渠道成员的条件及其相互责任。

1) 第一要素:确定中间商的类型

企业应该弄清楚能够承担其渠道工作的中间商的类型。包括通过批发商转售给零售商,直接售给零售商,通过代理商转售批发商和零售商。

2) 第二要素:中间商的数目

企业必须决定每个渠道层次使用多少中间商。有三种战略可供选择:专营性分销、选择性分销和密集性分销。

(1) 专营性分销,要求严格限制中间商的数目。它适用于生产商对零售商实行大量的服务水平和服务售点的控制。

(2) 选择性分销,是利用一家以上,但又不是所有的愿意经销的中间商经营某一种特定产品。企业不必在过多的销售点上耗费自己的精力。选择性分销能够使生产商获得足够的市场覆盖面,并有较大的控制权和相对于密集性分销而言的较低成本。

(3) 密集性分销的特点是制造商尽可能多地在商店销售商品或服务。当消费者要求能在当地大量、方便地购买时,实行密集性分销就至关重要。一般用于方便品项目。

3) 第三要素:规定渠道成员的权利和义务

企业必须确定渠道成员的权利和义务。必须真诚对待每个渠道成员,并让他们有赢利的机会。分销商需要知道生产商打算在哪些地区给予其他分销商以特许权。对于双方的服务和责任,必须十分谨慎地予以确定,尤其是在采用特许经营和独家代理等渠道形式时。

(三) 价格

市场竞争中一个重要方面是价格竞争,而价格又是市场营销活动中最重要的考虑因素之一,其意义不言而喻。价格直接影响企业目标的实现;价格是市场竞争的重要手段;营销环境千变万化,迫使企业重视价格决策。价格竞争不是万能的,但如果没有价格竞争则是万万不能的。

1. 影响价格决策的因素

影响价格决策的因素主要分为内在因素与外在因素两种。

1) 影响价格决策的内在因素

一般而言,影响价格决策的内在因素有四种:营销目标、营销组合策略、产品成本和组织因素。

(1) 营销目标。在定价前,企业已有营销目标,定价目标是营销目标的一部分。因此,目标越清楚,定价越容易。企业一般的定价目标如下。①生存目标。当企业面临生产过剩、竞争激烈、需求变化时,首先把生存作为首选目标,因为生存远比利润重要。②本期利润最大化目标。许多企业在定价目标中追求本期利润最大化,使投资报酬率最大,重视近期财务成果,而非长期营销目标。③市场占有率最大化目标。为争取高的市场占有率,下调价格,从而获得长期利润。④产品质量的领先目标。以产品质量领先为特色,定高价获得既得利益。⑤其他目标。如用低价排挤竞争对手进入市场、用高价来维护形象和地位等。

(2) 营销组合策略。当某种产品成为产品组合的一部分时,对这种产品定价的逻辑必须加以修订。在这种情况下,企业要寻找一组在整个产品组合方面能获得最大利润的共同价格。

(3)产品成本。企业都希望能收回所有的付出(包括风险)。通常成本为价格下限,是影响价格的关键因素。

(4)组织因素。企业管理人员负责定价,其水平和经验及考虑的因素是否合理,对价格也有重要的影响,尤其是财务或价格主管。

2)影响价格决策的外在因素

影响价格决策的外在因素包括市场需求、竞争者的价格及产品质量、其他外在因素。

(1)市场需求。成本为定价下限,而市场需求则为上限。因此,定价前应了解产品价格和需求间的关系。

(2)竞争者的价格及产品质量。企业采用高价位、高利润策略引来竞争,也可以采用低价位策略阻止或驱逐竞争者。企业应了解竞争者的价格、质量及服务策略。

(3)其他外在因素。其他外在因素包括经济状况、技术进步、政府及相关法规等。

2. 定价方法

定价方法主要有三种:成本导向定价法、需求导向定价法和竞争导向定价法。成本导向定价法包括单位成本定价法、变动成本定价法、边际成本定价法和损益平衡定价法;需求导向定价法包括理解价值定价法、需求差异定价法和逆向定价法;竞争导向定价法包括随行就市定价法、投标定价法和拍卖定价法。

(四)促销

现代企业不仅生产适销对路的商品,制定合理的价格,还应把与商品有关的信息传递给市场,以引起消费者的注意,激发他们的需求欲望,吸引他们采取购买行为,这就是促销与沟通活动。

1. 促销与促销策略组合

1)促销的定义

促销是指企业以各种有效的方式向目标市场传递有关商品信息,影响、启发和促进顾客对企业商品及劳务的需求,并引起顾客购买欲望与购买行为的综合性活动。促销的实质就是营销者与消费者之间的信息沟通。促销的功能包括告知功能、说服功能和影响功能。

2)促销策略组合

促销策略组合是企业对各种促销方式的灵活选择、巧妙组合和综合运用。促销组合的内容包括推、拉策略。推的策略是指运用人员推销、营业推广等手段把商品推进目标市场的策略,适于单位价值高的产品和性能复杂需示范表演的商品,推的策略有示范推销、服务推销、网点推销、访问推销等。拉的策略是指利用广告、公关及营业推广等手段激发顾客购买欲,吸引他们购买。

选择促销策略时应认真考虑的因素有产品类型、市场状况、产品市场生命周期、营销环境和促销费用等。

2. 促销预算

促销预算是企业最困难的营销决策之一,各行业间差别很大。化妆品行业中,促销费用占销售额的 30%～50%,大多数机械行业只占 10%～20%。促销预算常用的方法有量力支出法、边际平衡法、销售额比例法、竞争对抗法和目标任务法。

3. 广告

1) 广告的定义及特征

广告是指利用各种传播媒体向社会公众告知某件事情,传递商品和劳务信息的经济活动。广告利用各种传播媒体传递商品信息,具有传播面广、间接传播、媒体效应大和经济效益大的特征。

2) 广告目标的确定

通知性广告目标适于导入期,促使需求初步产生。劝说性广告目标主要用于成长期,消费者有需求,但没有形成偏好,在不同的品牌中选择。这一阶段的广告目标是传播企业形象、产品特点,吸引新顾客,保持老顾客。提示性广告目标即加强目标顾客或企业产品的印象,不断提示,主要用于成熟期。当然,广告的"定位"和"占位"也很重要。"定位"是指同消费者心理需求一致时,广告应宣传消费者感兴趣的或关心的内容,否则难以奏效。"占位"是指及时占位,即先入为主,使自己在消费者心目中有理想位置,自然会使其他后来者受排斥,使自己或产品在消费者心目中建立起期望的形象。做广告先要定位,然后占位要及时。

3) 广告预算

企业怎样知道广告支出的金额是否适当呢?虽然广告被当作当期开销来处理,但其中一部分实际上是对建立被称为品牌权益的无形价值的投资。在制定广告预算时要考虑以下五个特定的因素。

(1) 产品生命周期阶段。新产品一般需花费大量广告预算以便建立知晓度和提供给消费者试用。已建立的品牌所需广告预算在销售额中所占的比例通常较低。

(2) 市场份额和消费者基础。市场份额高的品牌,只求维持其市场份额,因此其广告预算在销售额中所占的百分比通常较低。而通过增加市场销售来提高市场份额则需要大量的广告费用。如果根据单位效应成本来计算,打动使用广泛品牌的消费者比打动使用低市场份额品牌的消费者花费较少。

(3) 竞争与干扰。在一个有很多竞争者和广告开支很大的市场上,一种品牌必须加大宣传力度,以便高于市场的干扰声而使人们听见。即使市场上一般的广告干扰声不是直接针对该品牌,也有必要大做广告。

(4) 广告频率。品牌信息传达到顾客所需的重复次数,对决定广告预算也有重要影响。

(5) 产品替代性。同一商品种类中的各种品牌需要做大量广告,以树立有差别的形象。如果品牌可提供独特的物质利益或特色,广告也有重要作用。

第二节 营销管理应用

新的管理层上任之后,对市场未来的发展趋势应当有所了解,因为这将影响他们制定企业未来的战略规划和进行运作管理。

以下是关于市场发展的一些预测。这些预测来自一家业内公认的市场调研咨询公司,它针对市场发展前景的预测有着较高的可信度。不过应当记住的是,这毕竟是预测,有可能不准确。

一、企业介绍

该企业是一家典型的本地企业,经营状况良好。它目前的主打产品 Beryl 含有较新的技术,在市场的发展还是不错的。不过,由于原来的管理层在企业发展上比较保守,特别是在市场开发以及新产品的研发方面,使得企业一直处于小规模经营的状况。在未来的几年内,市场的竞争将越来越激烈,如果继续沿用目前的经营模式,很可能会被市场逐渐淘汰。因而,董事会决定引入新的管理层,对企业的经营模式进行变革,使企业发展成为更有潜力的实体。企业产品发展潜力分析如下。

Beryl 产品目前在市场上的销路还不错,但是可以预见,在不久的将来,激烈的竞争即将开始,一方面是来自于国内同行的纷纷仿效,另一方面,由于中国加入 WTO(世界贸易组织),外国竞争者将对其构成重大威胁。这些外国竞争者拥有更先进的研发技术和生产技术,如果企业不在产品上进行创新,将很容易落伍。

Crystal 产品是 Beryl 产品的技术改进版,它继承了 Beryl 产品的很多优良特性,在一段时间内可以为企业的发展带来可观利润。

Ruby 产品是一个完全重新设计的产品,采用了最新技术,在技术创新及有利于环保方面有很大的飞跃。但目前很难评估客户针对这种新技术的态度。

Sapphire 产品被视为一个未来技术的产品,大家都对它存在着期望,然而它的市场何时才能形成是一个完全未知的因素。

二、市场分析与预测

(一)市场需求分析

本地市场针对 Beryl 产品的需求开始减弱,而且利润空间也开始下滑。不过在未来几年中,还是有不少 Beryl 的需求。而 Crystal 产品的需求也开始慢慢多起来。

在市场预测中可以看到,在未来几年,区域市场的 Beryl 产品有一定销量,而 Crystal 产品销量较多。不过,相比本地市场和国内市场而言,区域市场的容量还是要小一些。

亚洲市场的开拓需要 3 年时间。因此针对其需求量的预测不能确定。该市场可能会有较高的容量,对于高技术含量的产品有较多的倾向性。

国际市场的开拓需要 4 年时间。对于那些研发技术和设备相对落后的企业来说,该市场应该有一个比较理想的发展空间。该市场对 Beryl 产品的需求较多,而且利润空间较高。

参与竞争的企业在未来的发展中,将主要参考以下的市场预测。图 4-9 所示为未来几个产品的发展趋势。

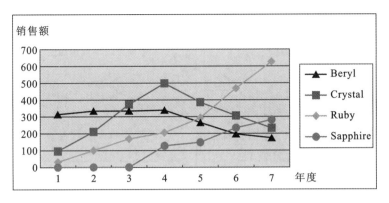

图 4-9　市场容量发展趋势

（二）市场预测

总体来看，根据企业的实际情况可以比较准确地预计 1~3 年的销售情况，但由于市场存在很大的不确定性，4~6 年的预计只能作为一个参考，可能蕴涵很大的变化，如表 4-4 所示。

表 4-4　各市场销量与单价预测

分类	销 量 预 测	单 价 预 测
本地	Beryl 是一个成熟的产品，在未来 3 年内本地市场上需求较大，但随着时间的推移，需求量可能迅速下降。 Crystal 在本地市场的需求量呈上升趋势。 Ruby 和 Sapphire 的需求量不明确。 不管哪种产品，未来可能会要求企业具有 ISO 认证资格。	Beryl 的单价逐年下滑，利润空间越来越小。Ruby 和 Sapphire 随着产品的完善，价格会逐步提高。
区域	相对本地市场来讲，区域市场的需求量不大，而且对客户的资质要求相对较严格，供应商可能只有具备 ISO 资格认证（包括 ISO 9000 和 ISO 14000）才允许接单。	由于对供应商的资格要求较严，竞争的激烈程度相对较低，价格普遍比本地市场高。
国内	Beryl、Crystal 的需求量逐年上升，第四年达到顶峰，之后开始下滑。Ruby、Sapphire 需求量预计呈上升趋势。 供应商也可能要求得到 ISO 9000 认证。	与销售量相类似，Beryl、Crystal 的价格逐年上升，第四年达到顶峰，之后开始下滑。Ruby、Sapphire 的单价逐年稳步上升。
亚洲	所有产品几乎都供不应求。	相对于本地市场来说，Beryl 在亚洲市场的价格没有竞争力。
国际	Beryl 的需求量非常大，其他产品需求量不甚明朗。	受各种因素影响，价格变动风险大。

各市场销售量和单价预测如图 4-10 所示。

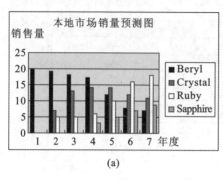
(a)

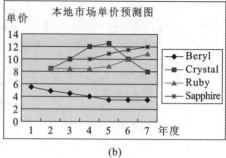
(b)

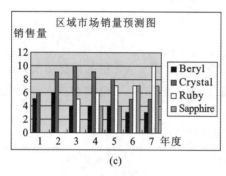
(c)

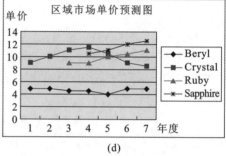
(d)

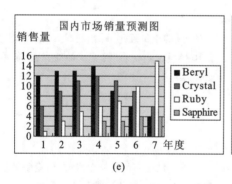
(e)

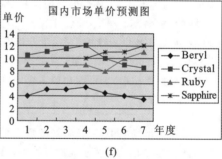
(f)

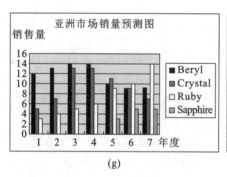
(g)

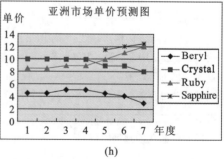
(h)

图 4-10　各市场销售量与单价预测

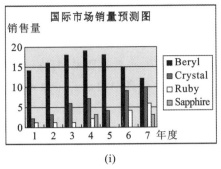
(i)

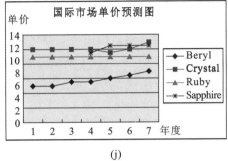
(j)

续图 4-10

通过上述预测的直方图,可以较直观地预测出产品在各市场的需求量和价格走势。就 6 年的各产品总需求量而言,可预测出相对需求数量,对企业的各种决策提供依据(如表 4-5 所示)。

表 4-5　6 年各产品需求预测值

年份 \ 预测值 \ 产品	Beryl	Crystal	Ruby	Sapphire
1	21			
2	27	16	5	
3	35	33	15	
4	54	55	25	10
5	61	48	33	15
6	43	44	47	23

在 ERP 沙盘模拟课程中,营销策划主要集中在广告费用的投放上。下面以一组实际的 ERP 沙盘模拟演练为例,从市场占有率以及广告投入产出比两个方面来评价模拟企业的市场营销水平。

三、产品与市场组合策略

产品的市场需求是指在特定的地理区域、时间、营销环境中,特定顾客愿意购买的产品总量。市场需求调查的主要内容是市场需求总量和销售预测。市场需求总量受六个因素的影响,包括产品、顾客、地理区域、时间环境、营销环境和营销费用投入。

要准确预测企业的销售量,首先要明确企业的目标市场,而市场细分是选择目标市场的基础。市场细分是指根据整体市场上顾客的需求的差异性,以影响顾客需求和欲望的某些因素为依据,将一个整体市场划分为两个或者两个以上的消费群体,每个需求特点类似的消费者群体就构成一个细分市场。

选取了目标市场,企业接下来要完成产品的市场定位,也就是要根据目标市场的需求和偏好,研发具有特色的产品,塑造产品在目标客户心目中的良好印象,赢取市场份额。

实训中有四种产品和五类市场,可采用不同的组合策略进行组合,与其他竞争对手产生差异,形成自己的竞争力。图4-11所示为五种产品与市场的组合策略。

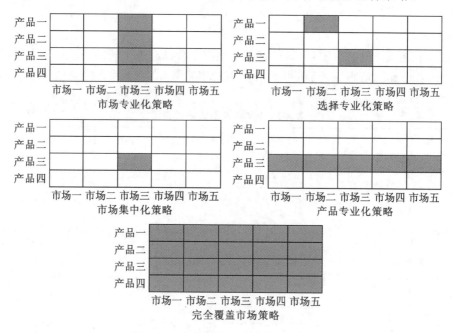

图4-11 产品与市场的五种组合策略

四、营销相关比率分析

(一)广告投入产出比分析

广告是非常重要的促销工具,我们有必要制定一份有效的广告策略,首先要确定广告目标,其次需要拟订广告预算,然后才是广告内容的设计,并在此基础上进行媒体决策与绩效衡量,最后对广告效益做出评价。

广告效益分析是评价广告投入产出效益的指标,其计算公式如下:

$$广告投入产出比 = \frac{订单销售总额}{广告投入}$$

如某企业广告投入产出比为10;即该企业每1M的广告投入为它带来10M的销售收入。广告效益分析用来比较各企业在广告投入上的差异,这个指标说明本企业与竞争对手之间在广告投入策略上的差距。市场总监从此处着手可深入地分析市场与竞争对手,寻求最优广告投放策略,力求降低广告成本。

根据市场和时间的不同,系统提供了两项统计指标,一是某一年的广告投入产出比,二是累计广告投入产出比。某企业某年的订单销售总额为20M,广告投入为2M,则该企业的年广告投入产出比为10;某企业三年的销售额累计为40M,广告投入为8M,则该企业累计广告投入产出比为5。

(二)产品销售趋势与市场占有率分析

在各企业排名的评选中,销售业绩及其增长率都是最为关键的指标,因为它们是企业整体实力的重要标志,可以反映一个企业的生命周期。

销售额的大小对企业成本有着重大的影响,而销售额的增长速度可以衡量企业抵御风险的能力,同时决定着企业的流动性。通常,销售增长率超过10%可被视为处于高速增长期。根据销售增长率可以确定企业的发展区间,这是选择相应发展战略的重要依据。

市场占有率可以按销售数量统计,也可以按销售收入统计。这两种指标体系综合评定了企业在市场中销售产品的能力和获利的能力。分析可以从两个方面展开:一是横向分析,即对同一时期各企业市场占有率的数据进行对比,以此确定企业当时的市场地位;二是纵向分析,即对同一企业在不同时期市场占有率的数据进行对比,由此看出企业历年市场占有率的变化,同时可以从侧面反映一个企业的成长。

1. 综合市场占有率

$$\text{某市场某企业的综合市场占有率} = \frac{\text{该企业在该市场上全部产品的销售数量(或销售收入)}}{\text{该市场所有企业全部的产品销售数量(或销售收入)}} \times 100\%$$

2. 产品市场占有率

除了了解企业在各个市场的综合占有率外,进一步分析各种产品在各个市场的占有率,对企业细分市场、调整销售策略都十分必要。产品市场占有率计算公式如下:

$$\text{某企业某产品某市场的占有率} = \frac{\text{该企业在该市场上该种产品的销售数量(或销售收入)}}{\text{该市场该种产品全部销售数量(或销售收入)}} \times 100\%$$

五、市场决策的信息来源

市场决策信息主要通过在每年年初的订货会时实训指导教师登记用的"市场排名"表获取,如某实训课中各小组第二年的市场排名如表4-6和图4-12所示。在订货会上,市场总监要时刻关注该表的输入数据。该表直接显示各企业的广告投入、上年各市场各产品的销售额、各产品各市场的市场份额。这些信息可帮助市场总监判断市场老大的地位,决定下年的各产品在各市场上的广告投入量以及产品与市场组合策略等营销策略的制定。

表 4-6 第二年市场排名

本地市场

小组	本年度市场投入				合计	排名				销售额				按时交货			
	Beryl	Crystal	Ruby	Sapphire		Beryl	Crystal	Ruby	Sapphire	Beryl	Crystal	Ruby	Sapphire	Beryl	Crystal	Ruby	Sapphire
1	3				3	1				28							
2	5	2			7	3	2			24							
3		5			5		1			15							
4					0					10							
5	4				4	4				5							
6	8				8	2				16							

区域市场

小组	本年度市场投入				合计	排名				销售额				按时交货			
	Beryl	Crystal	Ruby	Sapphire		Beryl	Crystal	Ruby	Sapphire	Beryl	Crystal	Ruby	Sapphire	Beryl	Crystal	Ruby	Sapphire
1	3				3	2											
2					0												
3					0												
4	8				8	1											
5	3				3	2											
6	4				4	1											

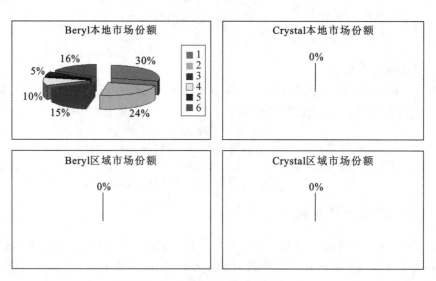

图 4-12 各产品在各市场的份额

第五章 生产管理理论与应用

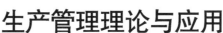

第一节 生产管理理论

生产管理是对生产活动进行计划、组织、协调和控制的总称。在20世纪80年代中期以前,企业管理是以一种独特的方式生产产品,企业竞争的空间有限;80年代后期,需求迅速变化,生产过程也进行了相应调整,竞争空间扩大。当前,市场环境可以概括为"竞争愈来愈激烈,环境变化愈来愈快,顾客愈来愈挑剔",而当前消费者消费的新特点表现为"个性化、及时化、便利化、平民化",为了适应这些消费的新特点,要求当前的企业制造系统具有柔性,能快速、低成本、高质量、准时地响应市场需求。

生产系统运行管理主要是对长期、中期、短期生产活动的计划、组织和控制。具体内容包括市场预测、需求管理、编制生产计划和能力计划、库存控制、成本控制、人员调配、作业调度、质量保证等方面。在很大程度上,生产管理人员的主要任务是进行生产系统运行中的日常管理。本章主要涉及与ERP实训有关的生产管理内容。

一、市场预测与年度生产计划

(一)市场预测

生产或运作管理的主要工作之一,就是要把来自市场(用户)的需求,转换成企业组织制造资源的最优(最起码应是满意)的生产计划。因此,市场的需求是最优利用企业制造资源的前提之一,是企业任何运作的"驱动源"。生产运行管理的计划与控制系统构成如图5-1所示。有关市场预测的相关应用工具详见市场营销模块内容。

(二)独立需求与相关需求

一个产品是由原材料、零部件构成的,产品的需求由市场决定,存在不确定性(外生需求),而构成产品的原材料和零部件的需求由企业决定(内生需求)。外生变量产生的需求称为独立需求,通常指市场对企业产品的需求。内生变量产生的需求称为相关需求,通常指企业对构成产品的零部件或原材料的需求。一般而言,年度计划与主生产计划处理的是独立需求,而物料需求计划处理的是相关需求。如对汽车制造商而言,市场对汽车的需求为独立需求,而生产汽车所需的各种零部件需求为相关需求。

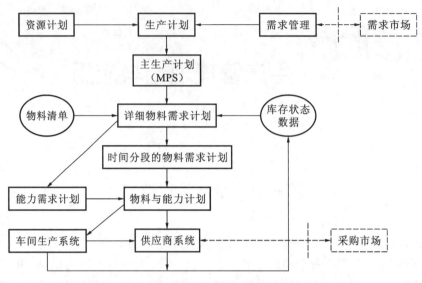

图 5-1 生产运行管理的计划与控制系统构成

(三)年度生产计划

1. 年度生产计划定义

年度生产计划一般是一个中期生产计划,是企业中层管理层制定的计划,处理的对象以产品级为主。以时间标准来分,年度生产计划可分为:长期生产计划,是企业最高层管理部门制定的计划,一般为 3~5 年;中期生产计划,是企业中层管理层制定的计划,一般为 1 年左右;短期生产计划,是执行部门编制的计划,一般以月、周和日为时间单位。企业生产计划体系如图 5-2 所示。

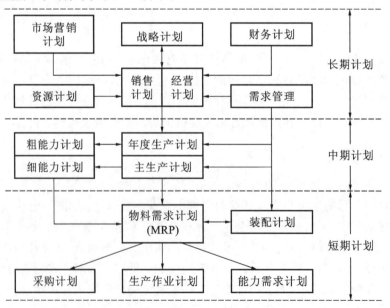

图 5-2 企业生产计划体系

2. 制定年度计划的目的

制定年度计划，就是要找出一个可行的生产计划，这个计划应该可以基本平衡需求与供应之间的矛盾，而且还应以最低的成本完成生产任务。

制定年度计划的目的之一，就是平衡需求与生产能力（demand and capacity）。如果需求量与企业所具有的生产能力相差悬殊，管理人员必须做出增加或减少生产能力的决策；即使供需基本平衡，管理人员仍然需要解决需求均匀的问题。

3. 生产能力

生产能力是指企业的设施在一定时期（年、季、月）内在先进合理的技术组织条件下所能生产的一定种类产品的最大数量。制定合理的生产计划不仅需要了解市场需求，而且需要掌握企业内部的生产能力。生产能力分为固定能力和可调能力两种，前者是指固定资产所表示的能力，是生产能力的上限；后者是指以劳动力数量和每天工作时间和班次所表示的能力，是可以在一定范围内调整的。

大部分情况下，生产能力都可以用企业生产的产品或服务所需设施来表示。对于流程式生产，生产能力是一个比较准确和清晰的概念，生产能力就用出产的产品数量表示。而对加工装配式生产，生产能力则是一个模糊的概念，通常有三种方法表示生产能力。大量生产，品种单一，可用具体产品数量表示生产能力；成批生产，品种较少，可用代表产品数量表示生产能力；多品种生产，则只能以假定产品数量表示生产能力。

计算生产能力的目的是衡量生产计划的可行性，因此要进行产能与生产任务平衡。如果生产能力满足不了计划任务的要求，应采取一定的措施来扩大生产能力；如果生产能力大于计划任务，则应设法控制生产能力，以免造成无端的浪费。生产能力与生产任务的平衡方式有产量平衡和时间平衡两种。

制定生产能力规划，企业应考虑扩大生产能力所需要的投资和机会成本之间的平衡。一般而言，扩大生产能力必须增加一定的投资，还会增加生产能力运行期间的维护费用，都会增加产品成本，这就是能力扩大成本。另一方面，如果不增加生产能力，则会失去一部分市场份额和销售收入，给企业带来一定的损失，这种损失就是机会成本。生产能力规划就是要综合考虑这些成本，寻求最佳方案。

4. 生产能力的柔性（capacity flexibility）

生产能力的柔性是指生产系统能快速增加或减少生产水平，或者快速从生产一种产品（服务）转为生产另一种产品（服务）。生产能力的柔性通过柔性工厂、柔性过程、柔性工人以及利用其他工厂能力的战略来获得。

柔性工厂（flexible plant）是指工厂所具有的柔性，其极限是实现零转换时间（zero-changeover-time）；柔性过程（flexible processes）是指生产（服务）过程所具有的柔性；柔性工人（flexible workers）是指操作者所具有的可以很快地从一种任务转向另一种任务的多技能水平。

5. 年度计划的制定程序

年度计划的制定程序为：确定每个时期的需求；确定每个时期的能力（正常工作时间，加班时间，转包合同）；确定企业的库存策略；确定正常工作时间、加班时间、转包合同、库存维持费用、缺货等的单位成本（unit cost）；制定计划方案并进行成本计算；在可行的计划中，选择最令人满意的，否则，重新计算成本，再进行比较分析。

6. 制定生产计划考虑的相关成本

1）基本生产成本

基本生产成本主要指生产某一产品的固定成本和变动成本,包括直接与间接劳动成本、正常加工成本等。

2）与生产能力相关的成本

主要是招聘、解聘工人的成本,加班费用和转包成本。这里的转包主要是指把一部分生产任务转给其他的企业去做,利用其他企业的生产能力加工本企业的产品,相当于扩大了本企业的生产能力。

3）库存成本

库存管理的目的在于防止超储和缺货。库存成本包括产品库存占用资金的成本、损坏成本、折旧等。所谓安全库存是为了应付不确定性,防止生产过程产生缺料现象,避免造成生产或供应中断而额外持有的库存。超储是指超过安全库存的库存量。

4）延期交货成本

延期交货成本通常难以估算,包括延期交货引起的赶工成本、机会损失等。交货延期意味着服务水平下降,可能导致客户流失,从而导致销量下降,失去市场,进而影响企业竞争力。

二、主生产计划制定

（一）主生产计划

主生产计划（master production scheduling,简称 MPS）是年度生产计划分解的结果,国内企业常称之为产品出产进度计划。MPS 的计划对象是企业向外界提供的东西,它们具有独立需求的特征,包括三个方面内容：最终产品项,即一个完整的产品；独立需求的备品、配件,可以是一个完整的部件,也可以是零件；MPS 中规定的出产数量一般为净需要量,即需要生产的数量。MPS 计划出产数量通常作为粗能力计划的依据。

一般而言,主生产计划以周为时间单位。可以把 MPS 从时间上分成两部分,近期为确定性计划,远期为尝试性计划。这是由于近期需要的产品项目都有确定的顾客订货,而远期需要的产品,只有部分是顾客订货,而另一部分是预测的。确定性计划以周或日为计划的时间单位,尝试性计划可以以月或季度为计划的时间单位。随着时间的推移,可以把预测的订货逐步落实到具体顾客身上。

所谓 MPS 批量是指在实际生产中,为节省订货费或设备调整准备费,在生产产品时需要确定一个生产成本最低的产品数量。

（二）MPS 的处理流程

MPS 并不是把年度计划简单平均分配到各个时间周期（周次）里去,而要根据具体情况进行再优化,重新编制主生产计划。MPS 的处理流程如图 5-3 所示。

由图 5-3 可以看出,MPS 的输入不完全就是年度计划,而是要考虑期初库存、来自市场需求的预测及用户的订单等。MPS 输出主要有现有库存、出产数量与进度、待分配库存等。

图 5-3 MPS 的处理流程

（三）MPS 的制定方法

【例】 根据 6、7 两个月的用户订货和需求预测的情况,已知期初库存为 64(如表 5-1 所示),MPS 的生产批量为 70 件,试制定主生产计划。

表 5-1 6、7 两个月的用户订货和需求预测情况

月　　份		6月				7月			
期初库存	64	第1周	第2周	第3周	第4周	第5周	第6周	第7周	第8周
需求预测		30	30	30	30	40	40	40	40
用户订货		33	20	10	4	2			
现有库存量									
MPS									
待分配库存量									

解:第一步,计算现有库存量(projected on-hand inventory)。

现有库存量是指每周的需求被满足之后仍有的、可利用的库存量。

现有库存量＝上期期末库存量－本期需求量,如表 5-2 所示。

表 5-2 现有库存量的计算

月　　份		6月				7月			
期初库存	64	第1周	第2周	第3周	第4周	第5周	第6周	第7周	第8周
需求预测		30	30	30	30	40	40	40	40
用户订货		33	20	10	4	2			
现有库存量		31	1	－29					
MPS									
待分配库存量									

第二步,计算 MPS 计划出产时间。

当现有库存量出现负值时,即为需要安排新的产品生产的信号。如表 5-2 所示,在第 3 周出现－29,意味着必须新投产产品才能满足需求,于是转入计算 MPS 的数量与产出时间,见表 5-3。

表 5-3　MPS 计划出产时间的计算

周次	期初库存	需求量	净库存	MPS	现有库存
1	64	33	31		31
2	31	30	1		1
3	1	30	−29	+70	41
4	41	30	11		11
5	11	40	−29	+70	41
6	41	40	1		1
7	1	40	−39	+70	31
8	31	40	−9	+70	61

第三步,形成 MPS。

综合上述的计算形成 MPS,如表 5-4 所示。

表 5-4　MPS 形成

月　份		6 月				7 月			
期初库存	64	第 1 周	第 2 周	第 3 周	第 4 周	第 5 周	第 6 周	第 7 周	第 8 周
需求预测		30	30	30	30	40	40	40	40
用户订货		33	20	10	4	2			
现有库存量		31	1	41	11	41	1	31	61
MPS				70		70		70	70
待分配库存量									

第四步,计算待分配库存量(available-to-promise inventory,简称 ATP)。

待分配库存量是指在从一个 MPS 量开始到下一个 MPS 量(不包括该 MPS 量所对应的用户订货量)之间,在满足既成的需求量基础上,对两个 MPS 量之间时间段的随机客户承诺的库存量。计算思路为该周的 MPS 量减去从该周至下一期(不包括该期)MPS 量达到为止的全部订货。如用第 3 周的 70 减去 3、4 两周的订货量,作为第 3 周的待分配库存量,而第 5 周又有新一批产品到达了,如表 5-5 所示。

表 5-5　待分配库存的计算

月　份		6月				7月			
期初库存	64	第1周	第2周	第3周	第4周	第5周	第6周	第7周	第8周
需求预测		30	30	30	30	40	40	40	40
用户订货		33	20	10	4	2			
现有库存量		31	1	41	11	41	1	31	61
MPS				70		70		70	70
待分配库存量		11		56		68		70	70

三、物料需求计划（MRP）

（一）MRP（material requirements planning）的产生及思想

1. 传统订货点法的缺陷

传统的库存控制方法是订货点法，要根据物料的需求情况来确定订货点和订货批量，这类方法适合于需求比较稳定的物料。然而，在实际生产中，随着市场环境发生变化，需求常常是不稳定的、不均匀的，在这种情况下使用订货点法便暴露出一些明显的缺陷。

1）盲目性

由于需求的不均匀以及对需求的情况不了解，企业不得不保持一个较大数量的安全库存来应付这种需求。这样盲目地维持一定量的库存会造成资金积压，产生浪费。

2）高库存与低服务水平

传统的订货点法使得低库存与高服务水平两者不可兼得。服务水平越高则库存越多，还常常造成零件积压与短缺共存的局面。

3）形成"块状"需求

在制造过程中形成的需求一般是不均匀的，不需要的时候为零，一旦需要就是一批。在产品的需求率均匀的条件下，由于采用订货点法，造成对零件和原材料的需求率分布不均匀，呈"块状"。"块状"需求与"锯齿状"需求相比，平均库存水平几乎提高一倍，因而占用更多的资金。例如，小汽车库存和小汽车轮胎的库存变化关系如图 5-4 所示。

由图 5-4 可看出，独立需求是相对平稳的，而相关需求则是"跳跃"式的。

2. MRP 的产生

订货点法之所以有这些缺陷，是因为它没有按照各种物料真正需用的时间来确定订货日期。于是，人们便思考：怎样才能在需要的时间、按需要的数量得到真正需用的物料，从而消除盲目性，实现低库存与高服务水平并存。

MRP 是当时库存管理专家们为解决传统库存控制方法的不足，在不断探索新的库存控制方法的过程中产生的。最早提出解决方案的是美国 IBM 公司的 J. A. Orlicky 博士，他在 20 世纪 60 年代设计并组织实施了第一个 MRP 系统。

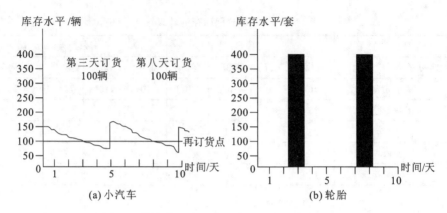

图 5-4　小汽车库存和小汽车轮胎的库存变化关系

3. MRP 的基本思想

MRP 的基本思想如下：根据产品出产计划倒推出相关物料的需求；强调以物料为中心组织生产，围绕物料转化组织制造资源，实现按需要准时生产；解决从独立需求到相关需求的分解问题。

加工装配式生产的工艺顺序是：将原材料制成各种毛坯，再将毛坯加工成各种零件，将零件组装成部件，最后将零件和部件组装成产品。MRP 按反工艺顺序来确定零部件、毛坯直至原材料的需求数量和需求时间，MRP 处理逻辑如图 5-5 所示。

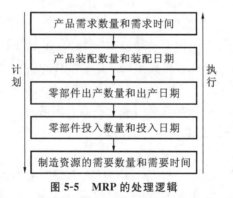

图 5-5　MRP 的处理逻辑

如果一个企业的经营活动从产品销售到原材料采购，从自制零件的加工到外协零件的供应，从工具和工艺装备的准备到设备维修，从人员的安排到资金的筹措与运用，都围绕 MRP 的物料转化组织制造资源，实现按需要准时生产，就可形成一整套新的方法体系，它涉及企业的每一个部门、每一项活动。因此，人们又将 MRP 看成一种新的生产方式。

MRP 思想的提出解决了物料转化过程中的三个关键问题：何时需要？需要什么？需要多少？它不仅在数量上解决了缺料问题，更关键的是从时间上解决了缺料问题。

在此，涉及一个非常重要的时间概念，即提前期（lead time，简称 LT）。提前期是指一个物料项目从投料开始到入库可供使用为止的时间间隔。依此定义，采购件的提前期是指从发出采购订单开始，经供应商供货、在途运输、到货验收、入库所需的时间。例如，今天发出订单，一个星期后收到货物（入库），则订货提前期为一周。自制件提前期是指从生产订单下达开始,经过准备物料,准备工具、工作地和设备,加工制造,直到检验入库所需的时间。提前期是确定计划下达时间的一个重要因素。对一个产品来说有一个交货期,而对这个产品的下一级部件来说,完工日期必须先于产品交货期,而对于部件的下一级零件来说,完工日期又要先于部件的完工日期,如此一级级往下传。因此,自制件提前期是产品及其零部件在各工艺阶段投入的时间比出产时间提前的时间。

（二）MRP 的基本原理

MRP 的基本原理就是由产品的交货期展开成零部件的生产进度日程与原材料、外购件的需求数量和需求日期,即将产品出产计划转换成物料需求表,并为编制能力需求计划提供信息,其主要功能及运算依据如表 5-6 所示。

表 5-6　MRP 主要功能及运算依据

处理的问题	所需信息
1. 生产什么？生产多少？	1. 切实可行的主生产计划（MPS）
2. 要用到什么？	2. 准确的物料清单（BOM）
3. 已具备什么？	3. 准确的物料库存数据
4. 还缺什么？何时需要？	4. MRP 的计算结果（生产计划和采购计划）

MRP 的基本逻辑如图 5-6 所示。

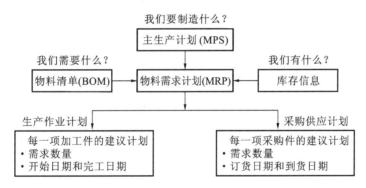

图 5-6　MRP 基本逻辑

MRP 的输入信息包括三个部分:主生产计划（产品出产计划,MPS）、物料清单（产品结构文件,BOM）和库存状态文件。MRP 的输出信息包括自制件投入出产计划、外购件采购计划、原材料采购计划和库存状态记录。

（三）MRP 处理过程

1. 主生产计划（MPS）

MPS 制定的主要依据来自企业外界的市场需求。MPS 是 MRP 的主要输入,是 MRP 运行的驱动力量,如图 5-6 所示。

2. 库存状态文件

库存状态文件保存了每一种物料的有关数据,即库存状态文件记录着库存状态数据。库存状态数据可以分为两类:一类为库存数据,包括预计到货量、已分配量和现有数;另一类为需求数据,包括总需要量、净需要量和计划发出订货量。MRP 系统关于订什么、订多少、何时发出订货等重要信息,都存储在库存状态文件中。产品结构文件是相对稳定的,而库存状态文件却处于不断变动之中。库存状态文件参数如下。

1)总需要量

总需要量是由其上层元件的计划发出订货量确定。

2)预计到货量

预计到货量是指在将来某个时间段某项目的入库量,它来源于正在执行中的采购订单或生产订单。

3)现有数(现有库存)

现有数是指相应时间的当前库存量,它是仓库中实际存放的可用库存量。某一期的现有数的计算公式为:期末现有数=期初现有数+预计到货量−总需要量。

4)已分配量

已分配量是指已经分配给某使用者,但还没有从仓库中领走的物料数量。

5)净需要量

当现有数和预计到货量不能满足总需要量时,就会产生净需要量。

6)计划发出订货量

计划发出订货量是为保证对零部件的需求而必须投入生产的物料数量。计划发出订货既要考虑提前期,又要考虑安全库存量、批量规则和损耗情况。库存状态文件表如表 5-7 所示。

表 5-7 库存状态文件表

部件或产品名称提前期(LT)	周次											
	1	2	3	4	5	6	7	8	9	10	11	12
总需要量												
预计到货量												
现有数												
净需要量												
计划发出订货量												

3. 产品结构文件(物料清单,BOM)

BOM 表示了产品的组成及结构信息,包括所需零部件的清单、产品项目的结构层次、制成最终产品的各个工艺阶段的先后顺序。在产品结构文件中,各个元件处于不同的层次,每一层次表示制造最终产品的一个阶段。通常,最高层为零层,代表最终产品项;第一层代表组成最终产品项的元件;第二层为组成第一层元件的元件……依此类推,最低层为零件和原材料。可以用产品结构树直观表示。如图 5-7 所示,一个文件柜由 1 个柜体组件、1 把锁和 3 个抽屉组件构成,一个柜体组件由 6 个滑条和 1 个柜体构成等,将文件柜按其结构逐层分解,如此下去,直至分解到原材料。

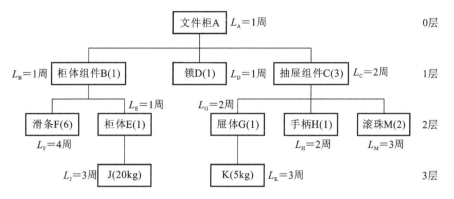

图 5-7 三抽屉文件柜结构树

利用 BOM 可以准确地计算相关需求的信息。其中所包含的物料可分成两类:一类是自制项目,另一类是采购项目(包括所有的原材料、外购件和外协件)。MRP 展开后,自制项目的物料需求计划便形成相应的生产作业计划,采购项目的物料需求计划形成相应的采购供应计划。

所谓低层码技术是指在不同层次中出现相同的零部件时,以该部件所在的最低层次为基准,将其上层所有该零部件调到该部件所在的最低层次。实际产品对应有多种多样的产品结构树,同一零部件分布在同一产品结构树的不同层次上,同一零部件分布在不同产品结构树的不同层次上。这种特点给相关需求的计算带来了困难,一般采用低层码技术来处理。

4. MRP 的处理过程

准备 MRP 处理所需的各种输入,将 MPS 作为确认的生产订单下达传给 MRP;根据产品结构文件,从第一层项目起,逐层处理各个项目直至最低层处理完毕为止;最后将数据在库存状态文件中运行。

【例】已知一产品 P 结构如图 5-8 所示。该产品的出产计划是:第 5 周出产 50 件,第 7 周出产 150 件,第 8 周出产 100 件,MPS 净需求数据如表 5-8 所示,各种物料的库存状态数据见表 5-9。求物料 B 的计划投入时间和数量。

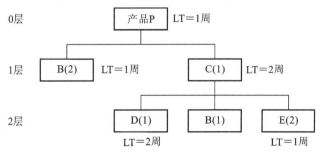

图 5-8 产品 P 结构文件

表 5-8 产品 P 需求数据

周次	1	2	3	4	5	6	7	8
产品 P(台)	0	0	0	0	50	0	150	100

表 5-9　库存状态数据表

物 料 名 称	预计到货量	现　有　数
P	第 1 周　20	0
B	—	10
C	第 2 周　30	20

解：采用低层码处理技术，将产品结构树调整如图 5-9 所示。

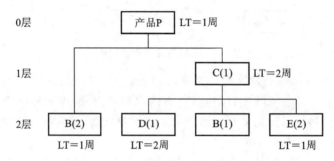

图 5-9　低层码处理后的产品 P 结构文件

MRP 运算表格，即库存状态文件不断在更新，如表 5-10 所示。

表 5-10　MRP 运行表格

产品项目	提前期	项　目	周次 1	2	3	4	5	6	7	8
P(0层)	1周	总需要量					50		150	100
		预计到货量	20							
		现有数	0	20	20	20	20	−30	−180	−280
		净需求量					30	0	150	100
		计划发出订货量				30		150	100	
C(1层)	2周	总需要量				30		150	100	
		预计到货量		30						
		现有数	20	20	50	50	20	20	−130	−230
		净需求量						130	100	
		计划发出订货量				130	100			
B(2层)	1周	总需要量				190	100	300	200	
		预计到货量								
		现有数	10	10	10	10	−180	−280	−580	−780
		净需求量				180	100	300	200	
		计划发出订货量			180	100	300	200		

由表 5-10 运行结果可知,物料 B 在第 3 周发出订单 180 件,第 4 周发出订单 100 件,第 5 周发出订单 300 件,第 6 周发出订单 200 件。这样就能保证产品 P 准量、准时交货。

(四)多个需求源下元件总需求量的计算

在多个产品的情况下,有的元件为几个产品或几个上层元件所共有,有的元件直接提供给顾客(如维修需要的备件)。这样,同一个元件就有多个需求源。在计算该元件的总需要量时就必须考虑多个需求源。

【例】 P、G 两个产品结构如图 5-10 所示,两个产品都含有元件 M1,P、G 两个产品的需求数据如表 5-11、表 5-12 所示,且某维修企业对元件 M1 有独立的需求,需求数据如表 5-13 所示,求元件 M1 的总需求量。

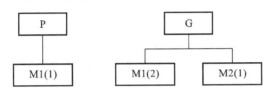

图 5-10 产品 P、G 的结构

表 5-11 产品 P 的需求量

月 份	1	2	3	4	5	6	7	8
需求量		30		30		15		20

表 5-12 产品 G 的需求量

月 份	1	2	3	4	5	6
需求量		40			15	

表 5-13 元件 M1 的独立需求量

月 份	1	2	3	4	5	6
需求量				30		

解:根据产品结构、需求量及订货日期,计算如图 5-11 所示。

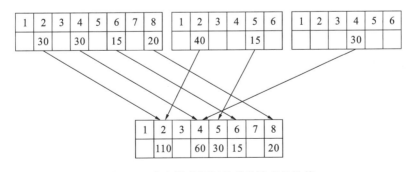

图 5-11 多个需求源下元件总需求量计算

(五) MRP 的不足

MRP 采用固定提前期,即不论加工批量如何变化,事先确定的提前期均不改变。这实际上假设生产能力是无限的,这是 MRP 的一个根本缺陷。

四、能力需求计划

(一) 能力需求计划定义

能力需求计划(capacity requirement planning,简称 CRP)是对物料需求计划所需能力进行核算的一种计划管理方法。在 MRP 系统中,能力需求计划系统根据系统提供的基础数据,把所有物料项目的计划订单换算成相应的对各种资源的需求量、生产能力需求数据和比较报表提供给计划人员,让计划人员人工判断 MRP 计划的可行性,并采取措施人工调整 MRP 计划订单,使 MRP 计划符合企业生产能力的实际情况,以保证计划的可行性。

(二) 生产能力与生产任务(负荷)的平衡

任何生产计划的编制,都必须将产品出产量转换成所需的资源量,然后同可用的资源量进行比较,以决定计划是否可行,这项工作称为负荷平衡。

生产能力与生产任务平衡包括三个方面内容:将生产任务与生产能力进行比较;按比较的结果采取措施;计算生产能力利用指标。

比较生产任务与生产能力有两种方法:产品数比较和台时数比较,后者用得较多。对于单品种生产企业,可用具体产品数进行比较。

$$设备生产能力 = \frac{设备年有效工作小时数}{单位产品台时定额}$$

所谓单位产品台时定额是指生产完成一件产品所需要的时间。

设备年有效工作时间 = 全年工作日数 × 每天工作小时数 × (1 - 设备停修率)

取最小的设备生产能力(台数)作为生产线或企业的生产能力,将其与计划年产量比较。对于多品种生产的产能表示,可用代表产品或假定产品,但计算较复杂,不如用台时数计算产能方便。

产能与负荷的平衡,执行粗能力计划,核定瓶颈工作中心、人力和原材料等资源,进行比较,看能力是否能满足主生产计划。例如,某企业 1 月份对产品 A 和 B 的需求量均为 200 件,2 月份对产品 A 和 B 的需求量均为 300 件。焊接车间单位产品台时定额(小时)与装配车间单位产品台时定额(小时)如表 5-14 所示。

第一步:编制资源清单,确定单位产品定额工时。

表 5-14　单位产品工时

产　品	焊接车间单位产品台时定额/小时	装配车间单位产品台时定额/小时
A	0.05	0.2
B	0.08	0.3

第二步：计算 MPS 的需求资源、总能力工时需求，如表 5-15 所示。

表 5-15　能力工时需求

产品	1 月份					2 月份				
	需求量/件	焊接车间单位产品台时定额/小时	焊接总工时/小时	装配车间单位产品台时定额/小时	装配总工时/小时	需求量/件	焊接车间单位产品台时定额/小时	焊接总工时/小时	装配车间单位产品台时定额/小时	装配总工时/小时
A	200	0.05	10	0.2	40	300	0.05	15	0.2	60
B	200	0.08	16	0.3	60	300	0.08	24	0.3	90
工时合计			26		100			39		150

第三步：评价计划的可行性。

如果需求工时大于能力工时，如 1 月份焊接若只能提供 20 小时（小于 26 小时）的能力工时，装配车间只能提供 80 小时（小于 100 小时）的能力工时，则产能不够。常用的调整需求与产能匹配的方法有改变负荷量和改变能力。改变负荷量包括重排订单、拖延订单、中止订单、订单拆零等；改变能力包括改变工艺、加班、外协加工、雇用临时工等。

(三) 处理非均匀需求时，能力调整的常用方法

在处理非均匀需求时，调整能力的常用方法有如下六种：一是改变劳动力数量，即任务重的时候多雇工，任务轻的时候少雇工；二是忙时加班加点，闲时培训；三是利用半时工人、钟点工；四是利用库存调节，在制造业多采用利用库存调节生产的方法；五是转包，就是把一部分生产任务转给其他企业去做，利用其他企业的生产能力加工本企业的产品，相当于扩大了本企业的生产能力；六是改变"自制还是外购"决策，如果能力不够，变某些自制产品或零部件为外购，如果能力有富余，则变某些外购产品或零部件为自制。

(四) 生产厂房选择

确定生产设备（工作中心）能力规划后，就要求有相应的容纳生产线的厂房，厂房可以通过租用或购买两种方式来获取。

第二节 生产管理应用

首先我们对模拟竞争环境进行分析,目前在整个行业中,可以生产相同产品的企业至少还有 5 家。这几家企业,无论在资产规模、生产能力、市场占有率、资金状况等方面与本企业不相上下,竞争非常残酷。该模拟企业现有的生产能力比较落后,企业如果希望适应未来的发展,则提升生产能力迫在眉睫,产品的生产应采用更先进的生产线。

在 ERP 实训中,出现的最常见问题是生产能力和原材料不够,导致学生不敢拿订单或不能准时按订单交货。下面介绍 MRP 工具在 ERP 实训中的应用,学生通过使用 MRP 工具,能根据客户订单要求进行产能设置、原材料采购成本控制和排产计划,有效解决原材料短缺和产能不够的问题。值得注意的是,该实训没有考虑库存成本,包括原材料库存成本和产成品库存成本。

一、生产线相关费用

(一)生产线安装

在实训中,生产线安装是指在生产厂房新建生产线。企业必须先购买生产线,然后再在厂房进行安装,安装需要安装周期。由于实训经营年限为六年,生产线又存在安装期的问题,故在实训的第一年就应根据市场需求预测和财务预算有计划地来进行生产线的安装。

(二)生产线改造

生产线改造是指将生产一种产品的生产线转换到生产另一种产品(如图 5-12 所示)。在实训中有全自动生产线和半自动生产线改造的问题,改造生产线需要改造费用和改造周期,具体的改造费用和改造周期如表 5-16 所示。

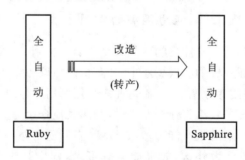

图 5-12 生产线改造示意图

(三)生产线搬迁

生产线搬迁是指生产线从一个厂房迁移到另一个厂房,搬迁有搬迁周期。
生产线上有在制品时不允许改造、变卖。每条生产线每次只生产一个产品,即生产线上不允许出现两个在制品。实训中虚拟的货币单位为"百万元",用"M"表示,"Q"表示时间"季度"。与生产线相关的费用与周期如表5-16所示。

表5-16 生产线相关费用与周期

生产线	购买价格	安装周期	搬迁周期	加工周期	改造周期	改造费用	维护费用
手工	5M	1Q	无	3Q	无	无	1M/年
半自动	10M	2Q	无	2Q	1Q	2M	1M/年
全自动	15M	3Q	1Q	1Q	2Q	6M	2M/年
柔性	25M	4Q	1Q	1Q	无	无	2M/年

(四)生产线折旧

生产线采用平均折旧法计提折旧,每年按生产线购买成本的1/5进行折旧,5年折旧完成。四类生产线具体的折旧费用如表5-17所示。

表5-17 四类生产线折旧费用　　　　　　　　　　单位:M

生 产 线	购 买 成 本	折旧/年
手工	5	1
半自动	10	2
全自动	15	3
柔性	25	5

(五)产品在不同生产线上的加工成本

同一产品在不同生产线上加工,其成本是不一样的,如表5-18所示。

表5-18 产品加工成本

产　品	手　工	半 自 动	全 自 动	柔　性
Beryl	1M	1M	1M	1M
Crystal	2M	1M	1M	1M
Ruby	3M	2M	1M	1M
Sapphire	4M	3M	2M	1M

就加工成本而言,实训中应优先选择全自动生产线和柔性生产线。

二、MRP应用

在实训中给定的四种产品结构如图5-13所示。

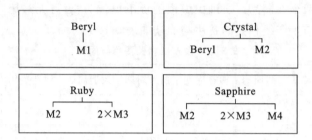

图 5-13　产品结构(一层结构)

【例】 某小组竞争获得三张需求订单,如图 5-14 所示。假定采用柔性生产线或全自动生产线生产,则制造期为 1 期(LT＝1),Crystal、Beryl 产品结构文件如图 5-15 所示。

Crystal(Y3,本地)
3×10.0M＝30M
账期:1Q　交货:Q4

Beryl(Y3,国内)
3×5.0M＝15M
账期:2Q　交货:Q3

Beryl(Y3,区域)
3×5.0M＝15M
账期:2Q　交货:Q2

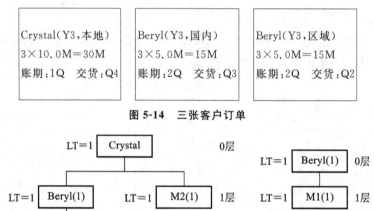

图 5-14　三张客户订单

图 5-15　Crystal 和 Beryl 产品结构文件

库存数据如表 5-19 所示。

表 5-19　库存数据

项　　目	库存数量/件	预计到货量
Crystal	0	第一期　1 件
Beryl	3	第一期　2 件
M1	1	第一期　1 件
M2	0	……

求原材料 M1 和 M2 的采购数量及采购时间。

解:将订单需求作为 MPS 输入 MRP 系统。计算如表 5-20 所示。

表 5-20 MRP 运行表格

产品项目	提前期	项 目	季 度			
			一	二	三	四
Crystal （0 层）	1 期	总需求量				3
		预计到货量	1			
		现有数	0	1	1	1	−2
		净需求量				2
		计划发出订货量			2	
Beryl （0 层）	1 期	总需求量			3	3+2
		预计到货量		2		
		现有数	3	5	2	−3
		净需求量				3
		计划发出订货量			3	
M2 （1 层）	1 期	总需求量			2	
		预计到货量				
		现有数	0		−2	
		净需求量			2	
		计划发出订货量		2		
M1 （2 层）	1 期	总需求量			3	
		预计到货量	1			
		现有数	1	2	−1	
		净需求量		1		
		计划发出订货量	1			

注：此处"期"与"季度"是同一时间概念。

综上所述,原材料 M1 在第一期发出 1 个需求的订单,原材料 M2 在第二期发出 2 个需求的订单。这样解决了原材料采购问题,保证了产品 Crystal 和 Beryl 能准时满足订单要求。

三、产能规划

在 ERP 实训中有这样一句话:"前期看资金,后期看产能。"产能直接影响企业的后续发展能力。ERP 实训中,共设置了四种生产线,即手工生产线、半自动生产线、全自动生产线和柔性生产线。生产周期分别为手工生产线 3 个季度、半自动生产线 2 个季度、全自动生产线和柔性生产线 1 个季度。生产线在使用时,规定只有当一个产品下线时,才能进行下一个产品的生产,即生产线上不允许同时出现两个在制品。

通过 MRP 运行,将物料需求转换为产能需求,即根据物料加工需要进行产能设计。在实训中可根据各生产线的制造周期和年初的生产线状态,计算产能及产品出产时间,方法如下。

"●"表示在制品,"■"表示该生产线当期有下线的产成品。"□"表示该生产线当期无产成品下线。本实训采用出产的产品数来计量生产能力。

(一)手工生产线产能计算

手工生产线产能计算如表 5-21 所示。

表 5-21 手工生产线产能计算方法

生产线状态			产品出产时间				备注
1期	2期	3期	一季度	二季度	三季度	四季度	
□	□	□	□	□	□	■	当手工生产线闲置时,可在第四季度生产完成 1 个产品
●	□	□	□	□	■	□	当手工生产线在第一期有 1 个在制品时,可在第三季度生产完成 1 个产品
□	●	□	□	■	□	□	当手工生产线在第二期有 1 个在制品时,可在第二季度生产完成 1 个产品
□	□	●	■	□	□	■	当手工生产线在第三期有 1 个在制品时,可在第一季度生产完成 1 个产品;若连续生产,则在第四季度也可生产完成 1 个产品

(二)半自动生产线产能计算

半自动生产线产能计算如表5-22所示。

表5-22 半自动生产线产能计算方法

生产线状态		产品出产时间				备 注
1期	2期	一季度	二季度	三季度	四季度	
□	□	□	□	■	□	当半自动生产线闲置时,可在第三季度生产完成1个产品
●	□	□	■	□	■	当半自动生产线在第一期有1个在制品时,可在第二季度生产完成1个产品;若连续生产,则在第四季度也可生产完成1个产品
□	●	■	□	■	□	当半自动生产线在第二期有1个在制品时,可在第一季度生产完成1个产品;若连续生产,则在第三季度也可生产完成1个产品,即一年可生产2个产品

(三)全自动生产线或柔性生产线产能计算

柔性生产线或全自动生产线产能计算如表5-23所示。

表5-23 柔性生产线或全自动生产线产能计算方法

生产线状态	产品出产时间				备 注
1期	一季度	二季度	三季度	四季度	
□	□	■	■	■	当柔性生产线或全自动生产线闲置时,若连续使用该生产线,则可在第二、三、四季度各生产完成1个产品,即一年可生产3个产品
●	■	■	■	■	当柔性生产线或全自动生产线上有1个在制品时,若连续使用该生产线,则可在第一、二、三、四季度各生产完成1个产品,即一年可生产4个产品

由上述四种生产线的产能计算可知,手工生产线产能最低,生产周期最长,生产成本最高,具有柔性;柔性生产线和全自动生产线产能最高,生产周期最短,生产成本最低。这两条生产线的主要区别在于全自动生产线具有刚性,面临转产或改造的问题,而柔性生产线具有柔性,没有转产或改造的问题;半自动生产线产能和生产周期居中,具有刚性,也面临转产或改造的问题。因而,在实训中应根据市场需求,规划设计合理的产能。一般而言,企业应在第一年就开始根据需求预测逐年淘汰产能落后的手工生产线,只保留1条即可。从生产成本和加工周期的角度考虑,应多安装全自动生产线和柔性生产线。

(四)生产安排与订单交货要求的匹配举例

不考虑库存,根据生产线的安排,可以满足订单交货要求的时间和数量可通过计算得出。如某企业的生产产能为3条柔性生产线,2条全自动生产线,1条半自动生产线和1条手工生产线。综合产能计算如表5-24所示,通过计算,可得出每期产品的最大交货数量以及交货时间。

表5-24 综合产能计算

生产线类型	年初生产线状态	产品下线时间			
		一季度	二季度	三季度	四季度
柔性	● □ □	■ □ □	■ ■ ■	■ ■ ■	■ ■ ■
全自动	● □	■ □	■ ■	■ ■	■ ■
半自动	●	■	□	■	□
手工	●	□	■	□	□
产量合计/件	……	3	6	6	5

由表5-24可知,第一季度可生产3个产品,第二季度可生产6个产品,第三季度可生产6个产品,第四季度可生产5个产品。在实训中要根据订单交货要求进行调配。若所获得的订单没有第一季度的交货,则第二季度可提供9个产品,只有第三季度的交货订单则第三季度可提供15个产品,只有第四季度的交货订单则第四季度可提供20个产品。上述计算结果为市场总监在选择订单时,在订单要求的交货时间和数量方面提供参考依据。

一般而言,在考虑库存的情况下,某小组当年某产品可接受订单数量,可通过如下公式进行一般性核算:

当年某产品可接受订单数量=期初库存+本年产量+委外加工数量

(五)生产线生产不同产品投资回收期分析

投资什么生产线?新投资的生产线用来生产什么产品才能使性价比最高、最合理?在投资生产线时,模拟企业会经常遇到此类问题。按照比赛规则,可以从生产线的投资回收期考虑。

投资生产线的回收期计算公式如下:

$$\text{回收期} = \text{安装周期} + \frac{\text{购买生产线成本}}{\text{毛利} - \text{维护费} - \text{利息}}$$

其中,毛利=预计单价-单位成本;利息为购买生产线投入资金的机会成本,这里假设按年利率5%计算。

下面给出一张各生产线投资回收期计算的表格,各生产线的年产能以最后一季度有在制品的状态计算,即全自动生产线和柔性生产线在年初有在制品,手工生产线和半自动生产线在年初分别在第三季度和第二季度有在制品。生产线生产不同产品投资回收期分析如表5-25所示。

表5-25 生产线生产不同产品投资回收期分析

生产线	产品	投资/M	安装周期/年	年产能/个	预计单价/M	单位成本/M	毛利/M	维护费用/M	利息/M	回收期/年
手工	Beryl	5	1/4	1	4	2	2	1	0.25	6.9
半自动	Beryl	10	1/2	2	4	2	4	1	0.5	4.5
全自动	Beryl	15	3/4	4	4	2	8	2	0.75	3.6
柔性	Beryl	25	1	4	4	2	8	2	1.25	6.3
手工	Crystal	5	1/4	1	10	5	5	1	0.25	1.6
半自动	Crystal	10	1/2	2	10	4	12	1	0.5	1.5
全自动	Crystal	15	3/4	4	10	4	24	2	0.75	1.5
柔性	Crystal	25	1	4	10	4	24	2	1.25	2.2
手工	Ruby	5	1/4	1	10	6	4	1	0.25	2.1
半自动	Ruby	10	1/2	2	10	5	10	1	0.5	1.7
全自动	Ruby	15	3/4	4	10	4	24	2	0.75	1.5
柔性	Ruby	25	1	4	10	4	24	2	1.25	2.2
手工	Sapphire	5	1/4	1	11	8	3	1	0.25	3.1
半自动	Sapphire	10	1/2	2	11	7	8	1	0.5	2.0
全自动	Sapphire	15	3/4	4	11	6	20	2	0.75	1.6
柔性	Sapphire	25	1	4	11	5	24	2	1.25	2.2

从表5-25可以看出,投资所有类型的生产线生产Beryl产品,投资回收期都较长,

是不可取的。另外,在生产所有产品中使用柔性生产线的投资回收期比全自动和半自动生产线的投资回收期都长些。因此,在实训当中一般投资 1～2 条柔性生产线为宜。

(六)生产线产能总量分析

生产线产能设置多少为宜?这要从市场的需求量来考虑。下面是根据市场需求直方图统计出的每种产品逐年需求量,假设有 6 个组,经营年限为 6 年。具体计算如表 5-26 所示。

表 5-26　年总需求量预测值

年　份	Beryl	Crystal	Ruby	Sapphire	合　　计	平　　均	取整/个
1	21				21	3.5	4
2	27	16	5		48	8	8
3	35	33	15		83	13.8	14
4	54	55	25	10	144	24	24
5	61	48	33	15	157	26.1	26
6	43	44	47	23	157	26.1	26

从表 5-26 可知,平均而言,第一年每个组可能有 4 个产品生产,第二年每个组可能有 8 个产品生产,第三年每个组可能有 14 个产品生产,第四年每个组可能有 24 个产品生产,第五年每个组可能有 26 个产品生产,第六年每个组可能有 26 个产品生产。每个模拟组的产能可参考表中的产品平均需求数量进行生产线设置。如果第一年有 3 条手工线和 1 条半自动线,则可以在第四期生产 3 个产品,在第三期生产 1 个产品,可以满足平均需求量。随着平均需求数量增加,生产线也要相应增加。可根据生产线类型、生产状态和产能计算总产能。

生产线产能总量确定后,就可以选择与之相匹配的厂房。如某企业要进行 6 年经营,根据企业战略和市场预测,需要有容纳 7 条生产线的厂房,则在实训中需要一个大厂房和一个中型厂房即可。

四、产能调整

在 ERP 实训中,遇到产能不够的情况时,除通过库存调节产能外,通常还有三种方法:一是转包,二是外购,三是租用生产线。

【例】某小组获得一张客户订单,订单要求在第三季度交货 5 个 Crystal,销售额为 40M。该小组没有 Crystal 产品库存,年初通过 MRP 计算和产能计算,发现产能不够,还需要 2 个 Crystal 才能满足订单要求,若自己生产,最快也要延误两期,按延误一期交销售额的 1/5 的罚款金额计算,将缴纳 16M 的罚款。为了避免延期交货,影响服务质量,决定采用转包、外购或租用生产线中的一种方法。该小组的生产总监对这三种方法进行了如下成本核算。

经过与其他小组的协商,转包生产,每件最低成本为 6M。租用生产线包括四种类型生产线:手工生产线生产周期过长,时间上不允许;半自动生产线要租用两条,一条半自动生产线最低租金为 6M;全自动生产线只需一条,一条全自动生产线最低租金为 6M。考虑到生产周期,决定选全自动生产线,以便利用该生产线多生产一个 Crystal 作为库存备用。外购 Crystal 每件最低价格为 7M。采用全自动生产线或柔性生产线生产的 Crystal 生产成本为 4M。

解:三种调整产能方法的成本计算如表 5-27 所示。

表 5-27　三种调整产能方法的成本计算

调整产能方法	成　　本
转包	2×6=12(M)
租用生产线	6+2×4=14(M)
外购	2×7=14(M)

通过计算比较,转包成本最低,故选择转包。

五、简化的生产决策表格应用

(一)生产决策表格

为了决策的方便,我们对生产决策表格进行简化,如表 5-28、表 5-29、表5-30所示。在对企业产能进行预估时,仍然以我们在前面给出的各生产线产能(见表 5-21、表 5-22、表 5-23)为依据。在计算物料需求时,按照 MRP 的处理逻辑运行,即根据客户需求量(预测需求量)、产品结构和提前期(生产线类型决定的产品制造周期、原材料订货提前期)进行倒推,计算出所需物料的数量和时间。

1. 主生产计划与物料需求计划表

实训的 MPS 主要指在订货会上获得的产品销售订单,年初统计的销售订单就是本年的 MPS,时间单位为季度,见表 5-28。

表 5-28　销售订单统计表(MPS)

项　　目	1	2	3	4	5	6	合　　计
市场							
产品名称							
账期							

续表

项 目	1	2	3	4	5	6	合 计
交货期							
单价							
订单数量							
订单销售额							
成本							
毛利							

该销售订单统计表中的"产品名称"和"交货期"就构成了 MPS。

2. 产能预估表

产能预估表（见表 5-29）主要对生产线的产品出产数量和出产时间进行统计。

表 5-29 产能预估表

厂房生产线	生产线类型	加工周期	产品名称	年初生产线状态	产出时间及数量			
					一季度	二季度	三季度	四季度
生产线 1								
生产线 2								
生产线 3								
生产线 4								
生产线 5								
生产线 6								
生产线 7								
生产线 8								

生产线类型是指手工线、半自动线、全自动线和柔性线。年初生产线状态通常有两种。第一种状态是指在建工程生产线正在安装的进度，即处于安装期第几期，以计算产品出产日期。例如，年初在建工程全自动线处在安装期第二期，则今年第二期就可以完成安装并上线生产，第三期就有产成品下线。计算产量时要注意：根据任务清单运行流程年中任务第(5)项和第(7)项可知，在建工程在安装完成(第(5)项任务)的当期就可以投入生产(第(7)项任务)；根据各生产线安装周期要求，如果全自动线和柔性线是当年安装的，安装当年不会有产成品下线。第二种状态是指在制品处于生产线第几期。

3. 原材料采购计划表

原材料采购计划表见表 5-30。

表 5-30 原材料采购计划表（MRP 运行表）

产品项目	提前期	项目	季度			
			一	二	三	四
Crystal（0 层）	根据生产 Crystal 的生产线生产周期（手工线 3 期、半自动线 2 期、全自动线或柔性线 1 期）确定提前期	总需要量（Crystal 订单需求量按交货期汇总）				
		预计产量（根据年初生产线状态计算）				
		现有库存量				
		净需要量				
		投产计划				
Ruby（0 层）	根据生产 Ruby 的生产线生产周期（手工线 3 期、半自动线 2 期、全自动线或柔性线 1 期）确定提前期	总需要量（Ruby 订单需求量按交货期汇总）				
		预计产量（根据年初生产线状态计算）				
		现有库存量				
		净需要量				
		投产计划				
Sapphire（0 层）	根据生产 Sapphire 的生产线生产周期（手工线 3 期、半自动线 2 期、全自动线或柔性线 1 期）确定提前期	总需要量（Sapphire 订单需求量按交货期汇总）				
		预计产量（根据年初生产线状态计算）				
		现有库存量				
		净需要量				
		投产计划				
Beryl（1 层）	根据生产 Beryl 的生产线生产周期（手工线 3 期、半自动线 2 期、全自动线或柔性线 1 期）确定提前期	总需要量（Beryl 订单需求量按交货期汇总＋Crystal 计划发出订货量）				
		预计产量（根据年初生产线状态计算）				
		现有库存量				
		净需要量				
		投产计划				

续表

产品项目	提前期	项 目	季度			
			一	二	三	四
M2 （1层）	1期	总需要量（Crystal 投产计划＋Ruby 投产计划＋Sapphire 投产计划）				
		预计到货量（已下原材料订单数量）				
		现有库存量				
		净需要量				
		计划发出订货量				
M3 （1层）	2期	总需要量（2×Ruby 投产计划＋2×Sapphire 投产计划）				
		预计到货量（已下原材料订单数量）				
		现有库存量				
		净需要量				
		计划发出订货量				
M4 （1层）	2期	总需要量（Sapphire 投产计划）				
		预计到货量（已下原材料订单数量）				
		现有库存量				
		净需要量				
		计划发出订货量				
M1 （2层）	1期	总需要量（Beryl 投产计划）				
		预计到货量（已下原材料订单数量）				
		现有库存量				
		净需要量				
		计划发出订货量				

注：净需要量＝预计到货量＋库存量－总需要量。为了能利用无息赊购原材料，可适当考虑25%左右的安全库存。

(二)应用举例

例如,某小组第五年年初共有8条生产线:2条柔性线,2条生产Crystal全自动线,1条生产Beryl全自动线,2条生产Ruby全自动线,1条正在法华厂区安装用于生产Ruby的全自动线。

生产线初始状态为:2条柔性线都有Sapphire在制品,2条生产Crystal全自动线1条闲置1条有在制品,1条生产Beryl全自动线有在制品,2条生产Ruby全自动线1条闲置1条有在制品,1条正在安装用于生产Ruby的全自动线,且已安装到第二期。盘面库存数据如表5-31所示。

表5-31 库存数据

物料名称	现有数	预计到货量
Sapphire	2	第一季度 2
Ruby	1	第一季度 1
Crystal	2	第一季度 1
Beryl	3	第一季度 1
M2	3	0
M3	5	0
M4	0	第二季度 4
M1	4	第一季度 2

四种产品的BOM如图5-16所示。

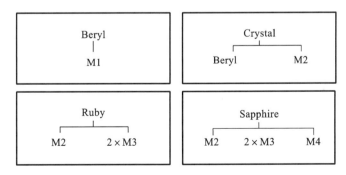

图5-16 四种产品结构图

第五年获得的产品需求订单如图5-17所示。

```
┌─────────────────────────────┐  ┌─────────────────────────────┐
│ Sapphire     （Y5，本地）    │  │ Sapphire     （Y5，本地）    │
│ 3×10M＝30M    ISO9000        │  │ 2×12M＝24M    ISO9000        │
│ 账期：2Q      交货：Q3       │  │ 账期：2Q      交货：Q2       │
└─────────────────────────────┘  └─────────────────────────────┘
┌─────────────────────────────┐  ┌─────────────────────────────┐
│ Ruby         （Y5，亚洲）    │  │ Ruby         （Y5，亚洲）    │
│ 4×9M＝36M     ISO9000        │  │ 3×10M＝30M    ISO9000        │
│ 账期：2Q      交货：Q4       │  │ 账期：2Q      交货：Q3       │
└─────────────────────────────┘  └─────────────────────────────┘
┌─────────────────────────────┐  ┌─────────────────────────────┐
│ Crystal      （Y5，国内）    │  │ Crystal      （Y5，国内）    │
│ 4×11.5M＝46M  ISO9000        │  │ 3×10.7M＝32M  ISO9000        │
│ 账期：2Q      交货：Q4       │  │ 账期：1Q      交货：Q3       │
└─────────────────────────────┘  └─────────────────────────────┘
         ┌─────────────────────────────┐
         │ Beryl        （Y5，区域）    │
         │ 2×5M＝10M     ISO9000        │
         │ 账期：2Q      交货：Q1       │
         └─────────────────────────────┘
```

图 5-17 产品需求订单

要求：

(1) 计算第五年产能；

(2) 计算能满足需求的各产品数量及交货期；

(3) 制定原材料采购计划。

解：(1) 根据该小组第五年年初的生产线状态计算产能，如表 5-32 所示。

表 5-32 产能预估

厂房生产线	生产线类型	加工周期	产品名称	年初生产线状态	产出时间及数量			
					一季度	二季度	三季度	四季度
生产线1	柔性线	1Q	Sapphire	在制品	1	1	1	1
生产线2	柔性线	1Q	Sapphire	在制品	1	1	1	1
生产线3	全自动线	1Q	Ruby	在制品	1	1	1	1
生产线4	全自动线	1Q	Ruby	闲置				
生产线5	全自动线	1Q	Ruby	第二季度在建			1	1
生产线6	全自动线	1Q	Crystal	在制品	1	1	1	1
生产线7	全自动线	1Q	Crystal	闲置				
生产线8	全自动线	1Q	Beryl	在制品	1	1	1	1

(2) 产品需求订单数量决策依据，见表 5-32。

Sapphire 全年生产 8 个，分别为一季度 2 个、二季度 2 个、三季度 2 个、四季度 2 个，加上现有数 2 个，全年可交 10 个产品。第一季度最多交 4 个产品，若第一季度没有需求订单，则第二季度可交 6 个 Sapphire，依次类推，以此作为营销总监拿订单的依据。

Ruby 全年生产 7 个，分别为一季度 1 个、二季度 2 个、三季度 2 个、四季度 2 个，加上现有数 1 个，全年可交 8 个产品。第一季度最多交 2 个，若第一季度没有需求订单，则第二季度可交 4 个 Ruby，依次类推，以此作为营销总监拿订单的依据。

Crystal 全年生产 7 个，分别为一季度 1 个、二季度 2 个、三季度 2 个、四季度 2 个，加上现有数 2 个，全年可交 9 个产品。第一季度最多交 3 个，若第一季度没有需求订单，则第二季度可交 5 个 Crystal，依次类推，以此作为营销总监拿订单的依据。

Beryl 全年生产 4 个，分别为一季度 1 个、二季度 1 个、三季度 1 个、四季度 1 个，加现有数 3 个，全年可交 7 个产品（注意：该计算没有考虑 Crystal 生产对 Beryl 的需求情况）。第一季度最多可交 4 个，若第一季度没有需求订单，则第二季度可交 5 个 Beryl，依次类推，以此作为营销总监拿订单的依据。

（3）原材料采购计划。

①第五年销售订单统计表（MPS），如表 5-33 所示。

表 5-33 第五年销售订单统计表

项　　目	1	2	3	4	5	6	7	合　　计
市场	本地	本地	区域	国内	国内	亚洲	亚洲	
产品名称	Sapphire	Sapphire	Beryl	Crystal	Crystal	Ruby	Ruby	
账期	2Q	2Q	2Q	2Q	1Q	2Q	2Q	
交货期	Q3	Q2	Q1	Q4	Q3	Q4	Q3	
单价	10M	12M	5M	11.5M	10.7M	9M	10M	
订单数量	3	2	2	4	3	4	3	21
订单销售额	30M	24M	10M	46M	32M	36M	30M	208M
成本	15M	10M	4M	16M	12M	16M	12M	85M
毛利	15M	14M	6M	30M	20M	20M	18M	123M

表 5-33 中，由三个虚线部分的信息构成 MPS。

②BOM 见图 5-16。

③原材料需求计算——MRP。

运行 MRP 时，库存状态文件参数产成品的"预计产量"确定依据"年初生产线状态"，此处的"年初生产线状态"只考虑生产线上的在制品，对在建工程的预计产量不算在"预计产量"，因为在建工程此时并没有消耗原材料。这是与计算产能时的"年初生产线状态"区别之处。将 MPS 数据和库存数据输入表格，根据产品结构文件 BOM，确定原材料的总需要量（总需要量由上层元件投产计划数量与产品结构比例确定），MRP 运行过程见表 5-34。

因此，满足第五年产品生产所需的原材料为：原材料 M2 第二季度下 7 个原材料订单；原材料 M3 第一季度下 7 个原材料订单；原材料 M4 能满足需求，且年末有 3 个原材料库存；原材料 M1 能满足需求，且年末有 4 个原材料库存。

表 5-34 MRP 运行

产品项目	提前期	项 目	季 度 一	二	三	四
Crystal（0层）	生产 Crystal 的生产线为全自动线，生产周期1期，即提前期1期	总需要量（Crystal 订单需求量按交货期汇总）			3	4
		预计产量（根据年初生产线状态计算）	1			
		现有库存量	2	3	3	0
		净需要量				4
		投产计划			4	
Ruby（0层）	生产 Ruby 的生产线为全自动线，生产周期1期，即提前期1期	总需要量（Ruby 订单需求量按交货期汇总）			3	4
		预计产量（根据年初生产线状态计算）	1			
		现有库存量	1	2	2	−1	−5
		净需要量			1	4
		投产计划		1	4	
Sapphire（0层）	生产 Sapphire 的生产线为柔性线，生产周期1期，即提前期1期	总需要量（Sapphire 订单需求量按交货期汇总）			2	3
		预计产量（根据年初生产线状态计算）	2			
		现有库存量	2	4	2	−1	
		净需要量				1
		投产计划			1	
Beryl（1层）	生产 Beryl 的生产线为全自动线，生产周期1期，即提前期1期	总需要量（Beryl 订单需求量按交货期汇总＋Crystal 计划发出订货量）		2		4
		预计产量（根据年初生产线状态计算）	1			
		现有库存量	3	2	2	−2	
		净需要量			2	
		投产计划			2	

续表

产品项目	提前期	项目	季度			
			一	二	三	四
M2 （1层）	1期	总需要量（Crystal 投产计划＋Ruby 投产计划＋Sapphire 投产计划）		1＋1	4＋4	
		预计到货量（已下原材料订单数量）				
		现有库存量	3	3	1	－7
		净需要量				－7
		计划发出订货量			7	
M3 （1层）	2期	总需要量（2×Ruby 投产计划＋2×Sapphire 投产计划）		2×1 ＋ 2×1	2×4	
		预计到货量（已下原材料订单数量）				
		现有库存量	5	5	1	－7
		净需要量				7
		计划发出订货量		7		
M4 （1层）	2期	总需要量（Sapphire 投产计划）		1		
		预计到货量（已下原材料订单数量）		4		
		现有库存量		3	3	3
		净需要量		0	0	0	0
		计划发出订货量		0	0	0	0
M1 （2层）	1期	总需要量（Beryl 投产计划）		2		
		预计到货量（已下原材料订单数量）	2			
		现有库存量	4	6	4	4	4
		净需要量		0	0	0	0
		计划发出订货量		0	0	0	0

注：净需要量＝预计到货量＋库存量－总需要量。为了能利用无息赊购原材料，可适当考虑25%左右的安全库存。

第六章 财务管理理论与应用

第一节 财务管理理论

企业成立之始,就离不开财务管理,财务管理对于现代企业的重要性是不言而喻的。无论是企业的管理者还是投资者,只有了解并熟悉企业的财务报表,才能真正掌握企业的经营情况,才能对企业的经营活动进行有效的管理,因此在 ERP 系统中财务始终处于核心的地位。企业财务涉及的内容很多,资金的预算、款项的收付、财产的收发、成本的计算、经营业绩的衡量等都是企业财务人员的工作内容。企业财务工作内容很丰富,本章结合 ERP 沙盘实训中涉及的财务管理部分,主要介绍会计报表、现金预算、财务分析等内容。

一、会计报表

财务会计的目标是向会计报表的使用者提供有价值的财务信息,而财务信息反映的内容是企业的资金运动,即企业以货币为计量单位表现出来的经济活动。通过对财务报表的阅读与分析,报表的使用者可以对企业的经营情况有大致的了解。

会计工作人员平时将企业发生的经济业务完整地记录下来,并定期归纳整理,最后加工编制成有用的会计报表,以供财务信息的使用者做出相关的决策。提供财务信息的主要方式是会计报表,一般包括反映财务状况的资产负债表,反映经营成果的利润表,反映现金流动的现金流量表,以及反映所有者权益变动的所有者权益变动表等内容。

在 ERP 沙盘实训中,需要提供的报表主要有四种,即资产负债表、利润表、现金流量表和期间费用表。

(一) 资产负债表

资产负债表反映的是企业在报告日的资产、负债与所有者权益的情况,是企业在报告日的"全景照"。通过资产负债表,可以对企业的总体状况有一些了解。资产负债表的简单结构如图 6-1 所示。

资产：	负债：
流动资产：	流动负债、非流动负债
现金、应收账款、存货等	
非流动资产：	所有者权益：
机器、厂房、土地等	股东投入、留存收益等

图 6-1　资产负债表结构图

1. 资产负债表的组成

1）资产

资产是企业拥有和控制的，并能够给企业带来经济利益流入的经济资源。简单地说，资产就是企业的资源，企业资源最重要的特点是能够为企业带来经济利益。企业资产总额的大小反映出企业的经营规模。为了更清楚地描述资产的内容，需要将资产做一个分类。会计上通常是按流动性来分类，就是按资产变现速度的快慢来划分。这里所说的变现就是把资产变成现金，如果一项资产能在一年或企业的一个营业周期内变成现金，这样的资产叫流动资产。而如果把资金用于购买设备、对外进行长期股权投资等，回收期超过一年以上，这种资产叫非流动资产。企业的机器设备、厂房、土地等都属于非流动资产。另外，企业的专利权、商标权、土地使用权等，在会计上叫无形资产。不属于前面类别的统称为其他资产，如被法院查封的财产。对资产做适当的分类后，报表的使用者就对企业资产的分布状态及流动性有了一个大概的了解。

在 ERP 沙盘实例中，每个组的起始条件都是一样的，即总资产 104M，其中流动资产和非流动资产各 52M，流动资产占总资产的 50%，从而可以得出当前企业资产的流动性较强。

2）负债

负债是企业承担的、以货币计量的、需要以资产或劳务承付的现实义务。简单地说，负债就是对外的欠款。为了反映企业债务的组成情况，一般将负债分成流动负债和非流动负债。流动负债是偿债期在一年以内的负债；偿债期超过一年的负债，列入非流动负债范围。通过对负债类别划分后，对企业总体债务及偿还压力有一定的了解。

在 ERP 沙盘实例中，每个组的总负债为 23M，没有长期负债。相对于流动资产的 52M，企业短期还债能力较强，因为流动资产的变现速度较快。

3）所有者权益

所有者权益有不同的表示法，股份制公司叫股东权益，非股份制公司称业主权益。不管如何称呼，它的含义都是指企业投资人对企业的资产扣除负债后应该享有的权益。投资人对企业享有的权益，有创办企业时投入的资本，也有企业经营过程中实现的属于投资人应享有的利润。期末所有者权益反映了在报告日投资人对企业享有的权益。

在 ERP 沙盘实例中，每个组的所有者权益均为 81M，其中所有者投入的资本为 70M，历年累积的经营利润为 11M。

资产、负债和所有者权益（也称会计静态三要素）反映企业在特定时刻的财务状况。而这种状况在数量上存在着一定的依存关系，即在特定时点（报告日）资产应该等于负债加所有者权益。以下公式从两个方面对企业的资金进行了描述，资产是企业资金表现的状态，负债和所有者权益是企业资金的来源，也称会计恒等式，即

$$资产 = 负债 + 所有者权益$$

在 ERP 沙盘实例中,起始年的总资产为 104M,负债 23M,所有者权益为 81M。为了使报表与沙盘实物相吻合,本书对资产负债表进行了简化和部分改良。ERP 沙盘模拟中的资产负债表初始数据如表 6-1 所示。

表 6-1 企业资产负债表　　　　　　　　　　　　　单位:M

资产	年初数	本期借方	本期贷方	期末数	负债及所有者权益		年初数	本期借方	本期贷方	期末数
流动资产					负债					
11 现金	24				21 短期借款		20			
12 应收账款	14				22 应付账款		—			
13 原材料	2				23 应交税金		3			
14 在制品	6				24 长期借款		—			
15 产成品	6									
流动资产合计	52				负债合计		23			
非流动资产					所有者权益					
16 土地建筑	40				41 股东资本		70			
17 机器设备	12				留存收益	以前年度利润	4			
18 在建工程	—					当年净利润	7			
19 产品研发	—									
非流动资产合计	52				所有者权益合计		81			
资产总计	104				负债及所有者权益合计		104			

注:本表中资产负债表的项目与企业沙盘相配合,但与《企业会计准则》的报表项目有差异。

2. 资产负债表的作用

从资产负债表的功能上说,它主要有四个方面的作用。

1)反映资产及其分布状况

资产负债表能够反映企业在特定时点拥有的资产及其分布状况。它表明企业在特定时点所拥有的资产总量有多少,由哪些具体项目组成,如现金、产成品、土地建筑、机器设备、产品研发具体的金额等。

2)表明企业所承担的债务及债务结构

资产负债表能够表明企业在特定时点所承担的债务、偿还时间及偿还对象。如果是流动负债,就必须在一年内偿还;如果是长期负债,偿还期限可以超过一年。因此,从负债表可以清楚地知道,在特定时点上企业欠了谁多少钱,该什么时候偿还。

3) 反映净资产及其形成原因

资产负债表能够反映在特定时点投资人所拥有的净资产及其形成的原因。净资产其实是股东权益,或者是所有者权益的另外一种叫法。在某一个特定时点,资产应该等于负债加股东权益,因此,净资产就是资产减负债。值得注意的是,债权人的偿还优先于股东权益的求偿权,即企业破产清算时,先要偿还债务,剩余部分再由股东享有。

4) 反映企业财务发展状况趋势

资产负债表能够反映企业财务发展状况的趋势。当然,孤立地看一个时点数,也许反映的状况不够明显,但是如果把几个时点数排列在一起,企业财务发展状况的趋势就很明显了。例如企业的应收账款,第一年是 100 万元,第二年是 200 万元,第三年是 300 万元,第四年是 400 万元。如果把这 4 年的时点数字做成图表,就很容易发现,这个企业的应收账款有逐年上升的趋势。应收账款逐年上升的趋势,或者表明企业的销售政策发生了变化,或者说明企业近几年发展迅速,市场扩大了,相应的应收账款也增加了。就像拍电影,一个个镜头衔接,就会构成一部生动形象的动态影像。企业的管理者应该关注各种财务指标的发展趋势,从各发展趋势中找出企业当前存在的问题并采取相应的措施加以改善,从而使企业的财务状况始终处于健康的状态,为企业的发展壮大奠定良好的基础。

(二) 利润表

1. 利润表的组成

1) 收入

收入主要是指企业销售产品和提供劳务所产生的收益,是指企业日常活动中产生的、会导致企业所有者权益增加的、与所有者投入资本无关的经济利益总流入。收入是反映企业经营效益的一个基本指标,包括销售商品收入、劳务收入、让渡资产使用权收入等,但不包括为第三方或客户代收的款项。收入是企业经常性的行为,有一个完整的经常过程,如工业企业首先要购买原材料,然后加工生产,最后销售并收回资金。值得注意的是,在 ERP 模拟实训中,"投资收益"主要是指小组之间借贷(或投资)产生的收入。如 A 组向 B 组借款 20M,经协商利息为 3M/年,一年到期后 A 组向 B 组支付 3M,这 3M 在 B 组计入"投资收益",在 A 组计入"利息"。

一些偶发的、不可预测的收益,如盘盈的资产、收到的捐赠等,虽然可以增加企业的所有者权益,但在会计中不列入营业收入,一般确认为营业外收入。有些长期资产的处置产生的收益,也属于营业外收入。

收入可以反映出一个企业的产品竞争力,是企业综合实力的体现。通过比较收入的年增长率、产品市场的占有率、销售净利率,可以对企业的市场竞争力有一个较全面的了解。

2) 费用

费用就是企业在生产经营过程中所发生的各种耗费,是指企业在日常活动中发生的会导致所有者权益减少的、与所有者分配利润无关的经济利益的总流出。费用一般包括企业当期发生的管理费用、销售费用、财务费用、销售商品成本、提供劳务的成本等,是企业在经营过程中人、财、物的耗费。

一些偶发的、不可预测的支出,如盘亏的资产、地质灾害造成的损失等,虽然也导致所有者权益的减少,但在会计中不列入费用,一般确认为营业外支出,有些长期资产的处置损失,也确认为营业外支出。

在会计处理中,对于收入和费用的处理要求遵守配比原则,即在确认收入的同时,要确认费用,以防蓄意夸大或隐藏利润。

3)利润

利润是企业一定时期的经营成果,在数量上是收入减去费用后的差额,包括营业利润、营业外收支净额等。其中营业利润是利润的主要构成部分,是可持续、可预期的利润来源,因此分析利润时,营业利润是报表使用者所要重点关注的地方。而营业外收支由于其偶发性且没有完整的经营过程,因而不可预期,所以在分析企业的利润时,一般剔除会计期间营业外收入或支出对企业利润的影响,或重点分析营业利润。

利润是反映企业经营绩效的核心指标,是企业可持续发展的源泉,也是企业进行利润分配的基础。

收入、费用和利润(也称会计动态三要素)反映企业在某一时期的经营成果,三个要素在数量上存在着一定的依存关系,即收入减去费用等于利润。

在ERP沙盘实例中,上年度的销售收入为40M,产品销售成本为17M,发生的期间费用为9M,固定资产折旧4M,形成的营业利润为10M,所得税费用为3M,最后的净利润为7M。

ERP沙盘实训中需要提供的期间费用明细表如表6-2所示。

表6-2 期间费用明细表　　　　　　　　　　　　单位:M

费　　　用	明　细　项　目	金　　　额
601 管理费用	行政管理费	
	设备维护费	
	设备改造费	
	租金	
	ISO 认证	
602 销售费用	广告费	
	市场开拓	
603 财务费用	利息支出	
	贴息	
其他		
合计		

注:设备改造费一般资本化,计入相关资产的成本,此处为配合沙盘实训,保持盘面不受影响,特简化处理。

ERP 沙盘实训中需要提供的利润表如表 6-3 所示。

表 6-3　利润表明细　　　　　　　　　　　　　　　　　单位：M

项　　目		去　年	期　末　数
一、	61 主营业务收入	40	
减：	64 主营业务成本	17	
二、	主营业务利润	23	0
加：	65 其他业务收入	0	
减：	66 其他业务成本	0	
减：	期间费用	9	0
减：	67 折旧费	4	
加：	68 投资收益	0	
三、	营业利润	10	0
加：	691 营业外收入	0	
减：	692 营业外支出	0	
四、	利润总额	10	0
减：	所得税	3	0
五、	净利润	7	0

2．利润表的作用

编制利润表的主要目的是将企业经营成果的信息提供给各种报表用户，以供他们作为决策的依据或参考。

1) 可据以解释、评价和预测企业的经营成果和获利能力

经营成果通常指以营业收入、其他收入抵扣成本、费用、税金等的差额所表示的收益信息。经营成果是一个绝对值指标，可以反映企业财富增长的规模。获利能力是一个相对值指标，它指企业运用一定经济资源（如人力、物力）获取经营成果的能力。这里，经济资源可以因报表用户的不同需要而有所区别，可以是资产总额、净资产，也可以是资产的耗费（成本或费用），还可以是投入的人力（如职工人数）。因而衡量获利能力的指标包括资产收益率、净资产（税后）收益率、成本收益率以及人均实现收益等指标。经营成果的信息直接由利润表反映，而获利能力的信息除利润表外，还要借助于其他会计报表和注释附表才能得到。

通过比较和分析同一企业在不同时期，或不同企业在同一时期的资产收益率、成本收益率等指标，能够揭示企业利用经济资源的效率；通过比较和分析收益信息，可以了解某一企业收益增长的规模和趋势。根据利润表所提供的经营成果信息，股东、债权人和管理部门可解释、评价和预测企业的获利能力，据以对是否投资或追加投资、投向何处、投资多少等做出决策。

2) 可据以解释、评价和预测企业的偿债能力

偿债能力指企业以资产清偿债务的能力。利润表本身并不提供偿债能力的信息，

然而企业的偿债能力不仅取决于资产的流动性和资本结构,也取决于获利能力。企业在个别年份获利能力不足,不一定影响偿债能力,但若一家企业长期丧失获利能力,则资产的流动性必然由好转坏,资本结构也将逐渐由优变劣,陷入资不抵债的困境。因而一家数年收益很少,获利能力不强甚至亏损的企业,通常其偿债能力不会很强。

债权人和管理部门通过分析和比较利润表的有关信息,可以间接地解释、评价和预测企业的偿债能力,尤其是长期偿债能力,并揭示偿债能力的变化趋势,进而做出各种信贷决策和改进企业管理工作的决策,如维持、扩大或收缩现有信贷规模,应提出何种信贷条件等。管理部门则可据以找出偿债能力不强的原因,努力提高企业的偿债能力,改善企业的公关形象。

3)企业管理人员可据以做出经营决策

比较和分析利润表中各种构成要素,可知悉各项收入、成本、费用与收益之间的消长趋势,发现各方面工作中存在的问题,揭露缺点,找出差距,改善经营管理,努力增收节支,杜绝损失的发生,做出合理的经营决策。

4)可据以评价和考核管理人员的绩效

比较前后期的利润表上各项收入、费用、成本及收益的增减变动情况,并查考其增减变动的原因,可以较为客观地评价各职能部门、各生产经营单位的绩效,以及这些部门和人员的绩效与整个企业经营成果的关系,以便评判各部门管理人员的功过得失,及时做出采购、生产销售、筹资和人事等方面的调整,使各项活动趋于合理。

利润表要发挥以上重要作用,与利润表所列示信息的质量直接相关。利润表信息的质量则取决于企业在收入确认、费用确认以及其他利润表项目确定时所采用的方法。由于会计程序和方法的可选择性,企业可能会选用对其有利的程序和方法,从而导致收益偏高或偏低。例如,在折旧费用、坏账损失和已售商品成本等方面都可按多种会计方法计算,产生多种选择,影响会计信息的可比性和可靠性。另一方面,利润表中的信息表述的是各类业务收入、费用、成本等的合计数以及非重复发生的非常项目,这也会削弱利润表的重要作用。

二、会计科目

会计科目是对构成会计报表的会计要素进行的再分类,是会计要素的具体化。会计的对象是企业的资金运动,不同行业、不同规模的企业资金运动具体内容各有不同,管理要求也有不同,但都可以归为六个要素,即资产、负债、所有者权益、收入、费用和利润。为了全面、系统、分类地核算与监督各项经济业务的发生情况,以及由此而引起的这六个会计要素的增减变动,就有必要按照各项会计对象分别设置会计科目。设置会计科目是对会计对象的具体内容加以科学归类,是进行分类核算与监督的一种方法。

(一)会计科目设置原则

企业由于经济业务活动的具体内容、规模大小及业务繁简程度等情况不尽相同,在具体设置会计科目时,应考虑其自身特点和具体情况。会计科目作为向投资者、债权人、企业经营管理者等提供会计信息的重要手段,在其设置过程中应努力做到科学、合理、适用，应遵循下列原则。

1. 全面性原则

会计科目作为对会计要素具体内容进行分类核算，科目的设置应能保证对各会计要素做全面反映，形成一个完整的体系。不能遗漏任何一个资金运动的项目，否则科目的设置就会不完整。

2. 合法性原则

合法性原则，是指所设置的会计科目应当符合国家统一的会计制度的规定。中国现行的统一会计制度中均对企业设置的会计科目做出规定，以保证不同企业对外提供的会计信息的可比性。企业应当参照会计制度中统一规定的会计科目，根据自身的实际情况设置会计科目，但其设置的会计科目不得违反现行会计制度的规定。对于国家统一会计制度规定的会计科目，企业可以根据自身的生产经营特点，在不影响统一会计核算要求以及对外提供统一的财务报表的前提下，自行增设、减少或合并某些会计科目。

3. 相关性原则

相关性原则，是指所设置的会计科目应当为提供有关各方所需要的会计信息服务，满足对外报告与对内管理的要求。根据企业会计准则的规定，企业财务报告提供的信息必须满足对内对外各方面的需要，而设置会计科目必须服务于会计信息的提供，必须与财务报告的编制相协调、相关联。

4. 清晰性原则

会计科目作为对会计要素分类核算的项目，要求简单明确，字义相符，通俗易懂。同时，企业对每个会计科目所反映的经济内容也必须做到界限明确，既要避免不同会计科目所反映的内容重叠的现象，也要防止全部会计科目未能涵盖企业某些经济内容的现象。

5. 简要实用原则

在合法性的基础上，企业应当根据组织形式、所处行业、经营内容、业务种类等自身特点，设置符合企业需要的会计科目。会计科目设置应该简单明了通俗易懂，突出重点，对不重要的信息进行合并或删减。要尽量使读者一目了然，便于理解。

（二）会计科目的分类

为明确会计科目之间的相互关系，充分理解会计科目的性质和作用，进而更加科学规范地设置会计科目，以便更好地进行会计核算和会计监督，有必要对会计科目按一定的标准进行分类。对会计科目进行分类的标准主要有三个：一是会计科目核算的归属分类；二是会计科目核算信息的详略程度；三是会计科目的经济用途。

1. 按其归属的会计要素分类

（1）资产类科目：按资产的流动性分为反映流动资产的科目和反映非流动资产的科目。

（2）负债类科目：按负债的偿还期限分为反映流动负债的科目和反映长期负债的科目。

（3）共同类科目：共同类科目的特点是需要从其期末余额所在方向界定其性质。

(4)所有者权益类科目:按权益的形成和性质可分为反映资本的科目和反映留存收益的科目。

(5)成本类科目:包括"生产成本""劳务成本""制造费用"等科目。

(6)损益类科目:分为收入性科目和费用支出性科目。收入性科目包括"主营业务收入""其他业务收入""投资收益""营业外收入"等科目。费用支出性科目包括"主营业务成本""其他业务成本""营业税金及附加""其他业务支出""销售费用""管理费用""财务费用""所得税费用"等科目。

按照会计科目的经济内容进行分类,遵循了会计要素的基本特征,它将各项会计要素的增减变化分门别类地进行归集,清晰反映了企业的财务状况和经营成果。

2. 按其核算信息详略程度分类

为了使企业提供的会计信息更好地满足各会计信息使用者的不同要求,必须对会计科目按照其核算信息的详略程度进行级次划分。一般情况下,可以将会计科目分为总分类科目和明细分类科目。

总分类科目又称一级科目或总账科目,是对会计要素具体内容所做的总括分类,它提供总括性的核算指标,如"固定资产""原材料""应收账款""应付账款"等。明细分类科目又称二级科目或明细科目,是对总分类科目所含内容所做的更为详细的分类,它能提供更为详细、具体的核算指标,如"应收账款"总分类科目下按照具体单位名称分设的明细科目,具体反映应向该单位收取的货款金额。如果有必要,还可以在二级科目下分设三级科目、四级科目等进行会计核算,每往下设置一级都是对上一级科目的进一步分类。

在我国,总分类科目一般由财政部统一制定,各单位可以根据自身特点自行增设、删减或合并某些会计科目,以保证会计科目的要求。

3. 按其经济用途分类

经济用途指的是会计科目能够提供什么经济指标。会计科目按照经济用途可以分为盘存类科目、结算类科目、跨期摊配类科目、资本类科目、调整类科目、集合分配类科目、成本计算类科目、损益计算类科目和财务成果类科目等。

(三)会计科目编码

为了便于编制会计凭证、登记账簿、查阅账目、实行会计电算化,还应在对会计科目进行分类的基础上,为每个会计科目编一个固定的号码,这些号码称为会计科目编号,简称科目编号。科目编号能清楚地表示会计科目所属的类别及其在类别中的位置。

资产类科目均以1为第一位数字;负债类科目均以2为第一位数字;所有者权益类科目均以4为第一位数字;成本类科目均以5为第一位数字;损益类科目均以6为第一位数字。在上述主要类别之下,业务性质相同的会计科目都以同样的号码为第二位数字,在相同业务性质的会计科目下,再以第三位依次排列各个会计科目。在会计科目的第三位数之间留有适当的空号,供增会计科目之用。为了便于会计工作的进行,通常在会计制度中,以会计科目表的形式对会计科目的编号、类别和名称加以规范。

针对ERP沙盘的特点,在会计科目的设计上,本教材做了适当简化,以便于课程的顺利进行。表6-4为ERP沙盘的简化期间费用表,表6-5为ERP沙盘的简化利润表。

表 6-4　期间费用表

费　　用	明细项目	金　　额
601 管理费用	行政管理费	
	设备维护费	
	设备改造费	
	租金	
	ISO 认证	
602 销售费用	广告费	
	市场开拓	
603 财务费用	利息支出	
	贴息	
其他		
合计		
累计前 5 年利润		

表 6-5　利润表

	项　　目	去　年	期　末　数
一、	61 主营业务收入		
减：	64 主营业务成本		
二、	主营业务利润		
加：	65 其他业务收入		
减：	66 其他业务成本		
减：	期间费用		
减：	67 折旧费		
加：	68 投资收益		
三、	营业利润		
加：	691 营业外收入		
减：	692 营业外支出		
四、	利润总额		
减：	所得税		
五、	净利润		

表 6-6 为 ERP 沙盘的简化资产负债表。

表 6-6 资产负债表

资　　产	年　初　数	期　末　数	负债及所有者权益		年　初　数	期　末　数
流动资产			负债			
11 现金			21 短期借款			
12 应收账款			22 应付账款			
13 原材料			23 应交税金			
14 在制品			24 长期借款			
15 产成品						
流动资产合计			负债合计			
非流动资产			所有者权益			
16 土地建筑			41 股东资本			
17 机器设备			留存收益	以前年度利润		
18 在建工程				当年净利润		
19 产品研发						
非流动资产合计			所有者权益合计			
资产总计			负债及权益合计			

(四) 会计科目运用说明

会计反映企业的经济业务,采用会计科目对应关系来进行简化记载。如企业销售产品并通过银行收到货款 10 万元,对应的会计记载方法,就是在"银行存款"与"主营业务收入"科目的项目下各增加 10 万元。每个会计科目都对应特定的经济业务,或者说每项经济业务对应确定的会计科目组合。以下根据 ERP 沙盘的特点,按照统计表的顺序,分别就具体的科目,说明会计科目的对应的经济业务内容。

1. 期间费用类科目

1) 管理费用

管理费用是用于生产经营管理而发生的费用,是一个比较杂的科目,其包含费用项目比较多。企业每个季度必须支付 1M 的行政管理费,期末要支付的机器设备的维护费、机器设备的改造费、厂房的租金、ISO 认证费用。

需要注意的是,在一般会计处理时,机器设备的改造费一般计入机器设备的成本,资本化处理。但是在 ERP 沙盘课程中,为了保证盘面的可比较性,以及改造设备只是产品生产工艺的流程改造,即生产线在生产 Beryl、Crystal、Ruby、Sapphire 这 4 种产品之间的改变,如生产 Beryl 的半自动,可以改成生产 Ruby 的半自动线,而生产线自身是什么档次的生产线是不能改变,即手工线永远都是手工线,半自动线永远都是半自动线,全自动线永远都是全自动线,柔性线永远都是柔性线。因此,把机器设备的改造费归入管理费用是有依据的。

另外，厂房的租金按一般的会计处理，行政办公用房的租金计入管理费用，而生产车间的房租计入制造费用，期末再分配到当期的生产成本中。这么做会加大会计核算的工作，并且使生产成本的计算变得异常复杂，盘面各组的产品筹码也会出现不一致的情况，不利于监督与管理。所以为简化处理，将厂房的租金统一列入管理费用中。

ISO 认证的费用，主要是用于生产工艺的规范管理，计入管理费用。

2) 销售费用

销售费用是在销售过程中支付的费用，如广告费、促销费、展览费等。为了参与订单的争夺，企业每年年初要支付广告费，广告费是按市场、产品来投放的。投放广告费时要参考本企业的市场地位以及参与竞争的其他企业的情况。另外，年末要进行市场的开拓，开拓费用计入销售费用。可开拓的市场有 4 个，即区域市场、国内市场、亚洲市场、国际市场，每个市场开拓的时间不一样。注意，市场的开拓是平行进行，可选择不同的市场同时开拓。

3) 财务费用

财务费用是企业筹集生产经营所需资金而发生的费用，如利息、金融机构的手续费等。ERP 沙盘所涉及的财务费用主要有利息支出：按 5% 计算的短期借款利息、10% 计算的长期借款利息、20% 计算的高利贷借款利息。注意，短期借款及高利贷借款期限不超过 1 年，到期还本付息，年底不需要计提。长期借款利息是年末计算并上交。另外，应收账款的贴现所支付的利息，也计入财务费用。

2. 利润表科目

1) 主营业务收入

主营业务收入是指按订单交货而产生的收入，非订单产生的收入，如组间的产品、原材料产生的收入，计入其他业务收入中。组间产品买卖产生的收入不计入主营业务收入，主要是为了确定正常交单形成的市场老大的地位，防止人为因素影响。而正常的会计处理，只要是产品销售收入，都是主营业务收入，此处 ERP 沙盘对收入的处理，是有别于一般会计对收入的处理的。

2) 主营业务成本

主营业务成本是当期发生的主营业务收入根据配比原则，而计算出来的交换出去的商品的成本。

3) 其他业务收入

参考主营业务收入的内容，其他业务收入是指组间的产品、原材料产生的收入。其他业务收入不纳入市场老大的销售额的计算，防止人为操作。

4) 其他业务成本

其他业务成本是当期发生的其他业务收入根据配比原则，而计算出来的交换出去的商品或材料的成本。

5) 期间费用

期间费用按期间费用表的合计数，即管理费用、销售费用、财务费用的合计数填列。

6) 折旧费

折旧费，是根据期末企业的机器设备的情况计算填入。需要注意的是，当年在建、新增的设备不提折旧。也可以要求，当季在建或投产的设备不提折旧，下季度再计算。

折旧提完,即折旧额等于设备的购置成本时,不用再提折旧,设备依然可以继续使用。继续使用净值为零的设备,还是要按年上交维护费。另外,本模拟实训中,厂房不用提折旧,也不贬值。

7) 投资收益

投资收益是指投资产生的收益。主要运用于组间的投资,如经营情况好的企业可以投资经营情况差的企业,可以整体投资,也可以投资部分资产,具体内容由组间商议解决,并由指导老师监督。

8) 营业外收入

营业外收入是指与正常经营收入无关的收益。在 ERP 沙盘的课程中,为鼓励、控制企业的生产经营活动的有序进行,可以对每年表现好的 CEO 或部门经理给予奖励,如对每期第一个上交会计报表的财务经理,按组奖励 1M。

9) 营业外支出

营业外支出是指与正常经营费用无关的支出。如经营过程中舞弊的罚款,不按规定时间完成进度的罚款。

另外,组间交易中,购买方多支付的成本,如 Bery 的正常成本是 2M,购买方为避免延迟交货产生的罚款,用 3M 购入一个 Bery,多支付的 1M 就是营业外支出。这样处理的原因,是为了保持每个盘面上的 Bery 的筹码一致,成本计算方便。这种处理方法是不同于会计一般处理的。

10) 所得税

所得税是企业根据税前利润,按 25% 的所得税率计算出来的费用,要上交给国家。如果企业当年没有利润或利润为负,就不需要计算所得税,其亏损额在 5 年内可以在税前抵扣。

3. 资产类科目

1) 现金

现金是随时可以动用的钱。现金的增加对应的经济业务一般是"加急订单",即在订单上的账期写的是"现金"的业务。营销总监在提交现金订单时,将获取的筹码直接放入现金池。现金的减少对应的经济业务比较多,采购、市场开拓、产品研发等都会支付现金。支付的现金要注重资本化和费用化的区别。支付采购和产品研发的现金会形成原材料、无形资产等资产,影响资产负债表;而支付利息、行政管理费、市场开拓费、设备维护费等的现金会形成费用,影响利润表。

2) 应收账款

应收账款产生于销售环节,是企业赊销产生的应收商品销售款。营销总监在提交订单时,订单上的账期写的是 3Q 或 4Q 等账期的,就是赊销。赊销一方面会使应收账款增加,同时企业的主营业务收入也会增加。

3) 原材料

原材料是企业生产时的物资准备,ERP 企业沙盘里面涉及的原材料有 M1、M2、M3、M4 四种。一般用现金购买原材料时,原材料增加、现金减少。当采购量达到一定条件时,可以赊购。赊购一方面使原材料增加,另一方面使得应付账款增加。

4）在制品

在制品是处理生产加工中的特殊资产,即在手工线、半自动线、全自动线、柔性线上正处于生产过程中的产品,都是在制品。在制品不能出售,必须生产完成后才能出售。根据企业的发展规划、生产线的布局,可能的在制品有 Beryl、Crystal、Ruby、Sapphire 四种。

5）产成品

产成品是企业已完成生产、可以对外出售的商品。处于生产线上的产品不是产成品,不能对外出售。根据企业的发展规划、生产线的布局,可能的产成品有 Beryl、Crystal、Ruby、Sapphire 四种。

6）土地建筑

土地建筑是企业重要的资产,在 ERP 沙盘中可以理解为土地和厂房。由于我国土地的所有权属于国家,企业只有一定年限的使用权,根据会计准则的要求,土地成本根据使用权年限要进行摊销,厂房建筑成本也应根据实际情况计提折旧。而在国外,土地私有,且土地的价值一般不会减值,所以土地成本在国外一般不摊销。在本课程中,对于土地建筑合计 40M 的价值,以及后续可以购买的土地建筑的成本,不进行摊销或折旧。

7）机器设备

机器设备是企业进行生产加工的必要条件,在生产加工过程中,价值会逐渐减少,因此机器设备的成本要定期进行分摊,即折旧。在 ERP 企业沙盘课程里,对于机器设备折旧处理比较特殊,即折旧额没有摊入产品的成本中,而直接作为利润表的单独项目列示,减少了利润。机器设备在使用过程中,每年都要进行维修以保持正常的生产能力,支付的维修费用,要用现金支付。提取的折旧从机器设备的筹码中拿取。需要注意的是,在会计准则的规定中,机器设备是属于固定资产的。不同生产线的折旧费及维修费用如表 6-7 所示。

表 6-7 机器设备的年折旧费及年维修费

机器类型	价　值	年折旧额	年维修费
手工线	5M	1M	1M
半自动线	10M	2M	1M
全自动线	15M	3M	2M
柔性线	25M	5M	2M

8）在建工程

在建工程是正建设中的工程项目。ERP 沙盘中涉及的在建工程主要是产品线的建设,手工线、半自动线、全自动线、柔性线的建设期分别是 1 期、2 期、3 期、4 期。在建设期,生产线不能进行生产加工。另外需要注意的是,生产线安装完成的当期,根据运营的流程,生产线可以进行生产。

9）产品研发

产品研发是用于产品的研究和开发的支出,课程会涉及3种产品的研发支出,分别是 Crystal、Ruby、Sapphire,研发支出分别为 8M、12M、16M。按会计准则的要求,研发支出分为资本化支出和费用化支出:资本化支出形成资产,在资产负债表中列示;费用化支出形成费用,在利润表中列示,冲减了利润。由于 ERP 课程的产品研发只要有投入,都能够研发成功,所以全部予以资本化,形成资产。

4. 负债类科目

1）短期借款

短期借款是指在1年内的贷款。在 ERP 沙盘课程中,短期贷款的年利息为5%,短期借款的利息与本金一起支付,为简化处理,期末不用计提利息。考虑到财务风险,一般要求借款总额,即短期贷款和长期贷款的总额,不能超过所有者权益的2倍。需要注意的是,由于经营过程中企业的所有者权益每年会随着损益的变化而发生变动,所以贷款的额度每年也是变动的。

ERP 沙盘课程规定,短期借款的金额是 20M 的整数倍,不按规定的贷款金额,利息不足 1M 的,按 1M 计算。

2）应付账款

应付账款是企业赊购原材料而产生的应付购货款。ERP 沙盘课程规定,企业一次性购买的量比较大的时候,可以进行赊购,赊购的期限根据一次性采购的数量而定。应付账款的赊账期见表6-8。应付账款不计利息,企业在经营中可以考虑尽量使用这个便利条件。

表 6-8 应付账款的赊账期

序 号	原材料采购量	赊 账 期
1	1～4	0Q（现金支付）
2	5～8	1Q
3	9～12	2Q
4	13～16	3Q
5	17 及以上	4Q

3）应交税金

应交税金是企业在经营过程中应该向国家上缴的税款。在 ERP 沙盘课程中,涉及的税金只有所得税。所得税是企业根据应税所得而计算的税额,企业若当年亏损,就不用交所得税,并且亏损额可以在5年之内用税前利润弥补。当年盈利,且没有可以抵减的亏损,按 25% 的所得税率上交所得税。所得税是当年计算出来,第二年年初上交。需要注意的是,当年计算出来的所得税费用及对应的应交所得税在利润表和资产负债表中体现,而在 ERP 沙盘的盘面上是没有体现的。

4）长期借款

长期借款是企业借入超过1年以上的贷款。长期贷款的利率是 10%,每年年末计提并交付现金,到期还本。ERP 沙盘课程规定长期贷款的金额是 10M 的整数倍。不按规定金额的贷款,利息不足 1M 的,按 1M 计算。

5. 所有者权益类科目

1) 股东资本

股东资本是股东投入企业的投资额,在 ERP 沙盘课程中,股东资本为 70M,并且以后不会增加,除非有企业经营破产的情况,可以追加资本投入,金额根据破产企业的实际情况而定。破产企业不参加小组的排名,直接排最后一位。

2) 留存收益

留存收益是企业每年利润的留存,包括"以前年度利润"和"当年净利润"。在 ERP 沙盘课程中,每年赚得的利润不进行分配,全部留在企业用于生产经营用。在计算时要注意,期初数是上一年度的资产负债表的期末数,而本年的"以前年度利润",是期初的"以前年度利润"与"当年净利润"之和。留存收益的计算过程如图 6-2 所示。

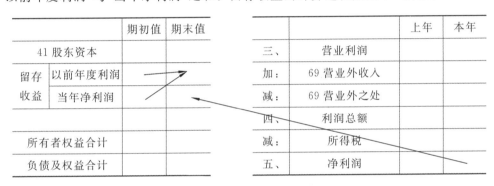

图 6-2 留存收益的计算

三、现金预算

预算是企业未来一定时期内经营计划的数量表现形式,是一种系统的管理方法。它通过分配企业的财务、实物及人力等资源,以实现企业既定的战略目标。企业可以通过预算来监控战略目标的实施进度,有助于控制开支,并预测企业的现金流量与利润。企业财务人员应在每年年初即对现金的收支做一个预测,并制作出现金预算表。

在财务管理中,现金不等同通常所说的现款,一般企业内以货币形态存在的资金都叫现金,也就是随时能支付的"钱",包括库存现金、银行存款、银行本票、银行汇票,等等。在 ERP 沙盘中的现金指的是库存现金,即存放在现金池里的现金。

(一)现金预算的重要性

ERP 沙盘实训中,企业破产分两种情况。一种情况是所有者权益为负数,也就是常说的"资不抵债",即企业长期的经营亏损,不仅把所有者投入的资本亏完了,还把债权人的贷款也亏进去了,这种情况与企业的经营业绩相关。另一种情况是现金出现了断流,即不能偿还到期负债,被债权人到法院申请破产,法院进行破产清算后,用企业的破产财产来偿还负债,这种情况与企业的现金管理有关。因此,现金的管理对企业的生存与发展至关重要。要做好现金的管理,现金预算是必不可少的。

(二)企业现金流量的分类

一般将企业的生产经济活动分为三类,即经营活动、投资活动和筹资活动,每一类活动中都会有现金的流入和流出。因此财务人员首先要对企业各项经营活动产生的现金和运用的现金流量进行合理的分类,现金流量按其产生的原因和支付的用途不同,可分为以下三大类:经营活动产生的现金流量、投资活动产生的现金流量、筹资活动产生的现金流量。

1. 经营活动产生的现金流量

经营活动产生的现金流量,指企业投资活动和筹资活动以外的所有交易活动和事项的现金流入和流出量。包括:销售商品、提供劳务、经营租赁等活动收到的现金;购买商品、接受劳务、广告宣传、交纳税金等活动支付的现金。

2. 投资活动产生的现金流量

投资活动产生的现金流量,指企业长期资产的购建和对外投资活动(不包括现金等价物范围的投资)的现金流入和流出量。包括:收回投资、取得投资收益、处置长期资产等活动收到的现金;购建固定资产、在建工程、无形资产等长期资产和对外投资等活动所支付的现金等。

3. 筹资活动产生的现金流量

筹资活动产生的现金流量,指企业接受投资和借入资金导致的现金流入和流出量。包括:接受投资、借入款项、发行债券等活动收到的现金;偿还借款、偿还债券、支付利息、分配股利等活动支付的现金等。

现金预算表的内容如表6-9所示,企业在期初应根据销售与生产的计划编制现金预算表,防止出现因现金断流而面临倒闭的险境。

表 6-9 现金预算表　　　　　　　　　　单位:M

项目	现金流量明细	一季度		二季度		三季度		四季度		年度	
		预算数	实际数	预算数	实际数	预算数	实际数	预算数	实际数	预算数	实际数
	上期余额										
经营活动的现金流入	现金销售收入										
	应收款收现										
	变卖原料/产品										
	奖励收入										
投资活动的现金流入	变卖生产线										
	变卖厂房										

续表

项目	现金流量明细	一季度		二季度		三季度		四季度		年度	
		预算数	实际数	预算数	实际数	预算数	实际数	预算数	实际数	预算数	实际数
筹资活动的现金流入	短期贷款										
	长期贷款	✕	✕	✕	✕	✕	✕	✕	✕		
	高利贷贷款										
	现金流入合计										
经营活动的现金流出	支付上年应交税			✕	✕	✕	✕	✕	✕		
	广告费			✕	✕	✕	✕	✕	✕		
	市场开拓投资			✕	✕	✕	✕	✕	✕		
	原料采购支付现金										
	加工费用										
	成品采购支付现金										
	行政管理费										
	设备改造费										
	设备维护费	✕	✕	✕	✕	✕	✕	✕	✕		
	租金	✕	✕	✕	✕	✕	✕	✕	✕		
	ISO认证投资	✕	✕	✕	✕	✕	✕	✕	✕		
投资活动的现金流出	产品研发										
	生产线投资										
	购买新建筑										
筹资活动的现金流出	贴现费用										
	归还短贷及利息										
	长期贷款及利息	✕	✕	✕	✕						
	归还高利贷及利息										
	现金流出合计										
	现金余额										

(三)现金预算编制步骤

在 ERP 沙盘实训中,现金预算编制应采用滚动预算方法或称连续预算方法。它是指将预算期始终保持一个固定期间、连续进行预算编制的方法。其预算期通常以一年为固定长度,每过去一个月或一个季度,便补充一个月或一个季度,永续向前滚动。其运作方式是:每过去一个季度,将该季度预算数与实际数进行差异分析,据此对其他三个季度的预算也做出相应的调整,同时新加一个季度到连续预算中。采用滚动预算法编制现金预算有以下优点:由于它是不断地修改预算,及时反映各种变化情况,这样的预算更切合实际和更容易实现;具有连续性,避免了各经营年度之间的"断层";通过差异分析所反馈的信息更能反映实际问题,减少预算中的偏差,增强了预算的指导作用。

1. 销售预测

现金收支的预算是以销售预测为基础的,因此现金预算的精确度关键在于销售额的预测。如果销售额预测不准确,实际结果与预算数的偏差就大,预算也就没有什么价值了。要做好预测,先要分析影响企业销售预测的因素,然后针对原因,找出最佳预测方法。

针对影响销售预测的因素,预测的方法多种多样,有分析以往的销售量数据以预测未来销售量的趋势分析法;有根据销售与某些经济指标(如个人收入、物价指数、国内生产总值等)的相关关系以预测未来销售的统计方法;有根据本期实际发生数预测预算期的销售量(一般适用于销售业务和销售模式比较稳定的企业);还有的分析广告费与销售量的关系,以广告费开支估计销售额增减;也有由销售部门对未来期间的销售额提出规划,生产部门进一步综合规划,估计出该产品系列的销售额;等等。这些预测方法有的基于内部预测,也有的基于外部预测,或二者兼而有之。企业应针对自身经营和行业特点,找出科学合理的最佳预测方法。

在 ERP 沙盘实训中,影响销售的主要因素有产品的市场地位、竞争者数量、广告费的投入等。

2. 预计经营活动现金收入

经营活动现金收入主要来源于销售和提供劳务收到的现金。因此,首先要估算从销售或劳务收入中能收到的现金。并不是所有的销售都能及时收回,如赊销,企业就不能在销售的同时收到现金,其回收期的长短取决于销售条款上确定的收款政策。企业可以结合各种收款政策估算销售款应在各期收回的现金收入,同时还要考虑出现坏账因素。

在 ERP 沙盘实训中,企业获得的每一个销售订单上,除了加急的现金订单外,都标明了账款的到期日,因此,预计经营活动的现金收入时,一定要看仔细,确定现金的到期日。

3. 预计经营活动现金流出

1)购买材料支付的现金

根据生产方式不同企业可划分为生产适应销售型和生产保持相对稳定型。不同生产类型,预算方法不同。如果是生产适应销售型的企业,以销售预测为基础预计购买材料支付的现金。预计购买商品需要支付的款项通常是根据销售收入乘以经验比例得出的,而购买时间则可根据生产计划安排确定。如果是生产保持相对稳定型的企业,以生产计划为基础预计购买材料支付的现金。预计购买商品需要支付的款项通常是根据生产成本乘以经验比例得出的,而购买时间同样根据生产计划安排确定。另外,由于采购批量不同,可以获得不同的付账期限,因此购买和付款间存在一个时滞。财务人员可以根据生产计划、采购计划来预计现金支付时间。

2)支付的加工费

在ERP沙盘实训中,支付的加工费可以根据企业生产计划计算得出。而在实际生活中,支付的加工费主要是职工工资及福利等。这部分内容由于沙盘课程的局限性,在此不展开说明。

3)支付的各项税费

在ERP沙盘实训中,所涉及的税收只有所得税,它是根据期末计算出的净利润计算而得。而费用部分,可以根据费用习性划分为变动费用和固定费用。固定费用发生比较稳定,在短期内变化不会太大,可依据计划或往年支付数和支付时间预计,如每年的管理费用、设备维护费用等。变动费用与生产有关的,以生产计划为基础,根据生产成本乘以经验比例得出,如材料支出;与销售有关的,以销售预测为基础,根据销售收入乘以经验比例得出,如每年要投的广告费。变动费用的支付时间同样根据销售预测和生产计划安排确定。

4. 投资活动的现金预测

企业投资活动的范围包括其对内与对外的投资。对内的投资主要是指对长期使用的资产的投资,如机器、厂房、无形资产研发等内容。对外的投资主要有股权与债权的投资。在ERP沙盘实训中,企业要根据自己的战略、销售及生产计划、产品销售组合等因素,确定每年要处理及新购的设备、产品的研发投入的金额。另外,特别要注意长期资产的投资期、投资回收期,避免由于长期资产的巨额资金占用使企业的现金流枯竭。

5. 筹资活动的现金预测

经营活动与投资活动的现金预算方案一旦确定,企业就可以根据筹资前的现金余额安排资金。如果现金富余,则可用于归还贷款、作定期或临时投资;如果现金短缺,则需要根据企业的融资能力进行筹资决策,决定筹资的数量和时间。

筹资的方式主要是所有者追加投入和向外借贷。在ERP沙盘实训中,除非企业要破产会追加投资外,一般所有者不会追加投资,因此筹资主要通过借贷完成。借贷的方式有短贷与长贷两种,短贷的成本要比长贷小,但还款压力大,长贷虽然还款压力小,但利息要比短贷高,企业可根据自己的实际情况进行长、短期的组合贷款。

当企业不能正常获得长、短期借款时,还可以考虑应收款的贴现、厂房抵押贷款,以及高利贷等。

编制现金预算的过程实际上也是安排企业未来现金流的过程。通过编制现金预算,财务主管对企业未来现金流有了清晰、系统的了解,能更好地帮助企业决定未来的现金需要量,并筹得这些现金,控制企业现金的流动性。在ERP沙盘实训中应积极推广以现金流量为核心的预算管理模式,管好企业现金流。

四、财务分析

财务分析是以会计核算和报表资料及其他相关资料为依据,采用一系列专门的分析技术和方法,对企业等经济组织过去和现在有关筹资活动、投资活动、经营活动、分配活动的赢利能力、营运能力、偿债能力和增长能力状况等进行分析与评价的经济管理活动。它是为企业的投资者、债权人、经营者及其他关心企业的组织或个人了解企业过去、评价企业现状、预测企业未来并做出正确决策提供准确的信息或依据的经济应用学科。

财务分析的方法与分析工具众多,具体应用应根据分析者的目的而定。最经常用到的是围绕财务指标进行单指标、多指标综合分析,再加上借用一些参照值(如预算、目标等),运用一些分析方法(比率、趋势、结构、因素等)进行分析,然后通过直观、人性化的格式(报表、图文报告等)展现给用户。

在ERP沙盘实训中,对于企业的经营状况,主要从偿债能力、运营能力、赢利能力三个方面进行衡量。

(一)偿债能力分析

到期偿债是企业能正常运营的必要条件之一,否则企业不能持续经营。衡量企业的偿债能力有多个指标,分别从不同的角度来评价企业的还债压力。

1. 流动比率

公式:

$$流动比率 = \frac{流动资产合计}{流动负债合计}$$

一般企业设置流动比率的标准值为2,其值越大,企业偿还短期债务的能力越强。流动资产越多,短期债务越少,则流动比率越大,企业短期偿债能力越强。如果低于正常值,企业的短期偿债风险较大。另外,营业周期、流动资产中的应收账款数额和存货的周转速度是影响流动比率的主要因素。

2. 速动比率

公式:

$$速动比率 = \frac{流动资产合计 - 存货}{流动负债合计}$$

一般企业设置速动比率的标准值为1,它比流动比率更能体现企业偿还短期债务的能力。因为流动资产中还包括变现速度较慢且可能已贬值的存货,因此将流动资产扣除存货再与流动负债对比,以衡量企业的短期偿债能力。低于1的速动比率通常被认为短期偿债能力偏低。影响速动比率的可信性的重要因素是应收账款的变现能力,账面上的应收账款不一定都能变现,也不一定非常可靠。

3. 资产负债比率

公式:

$$资产负债比率 = \frac{负债总额}{资产总额} \times 100\%$$

资产负债率反映债权人提供的资本占全部资本的比例,它是衡量企业长期还债能力的指标,该指标也被称为举债经营比率。负债率越大,企业面临的财务风险越大,也要求获取利润的能力越强。如果企业资金不足,依靠欠债维持,导致资产负债率特别高,就应该特别注意偿债风险了。资产负债率在60%～70%比较合理、稳健;达到85%及以上时,视为发出预警信号,应引起企业足够的注意。

4. 已获利息倍数

公式:

$$已获利息倍数=\frac{息税前利润}{利息费用}=\frac{利润总额+财务费用}{财务费用中的利息支出+资本化利息}$$

通常也可用近似公式:

$$已获利息倍数=\frac{利润总额+财务费用}{财务费用}$$

已获利息倍数是企业经营业务收益与利息费用的比率,用以衡量企业偿付借款利息的能力,也叫利息保障倍数。只要已获利息倍数足够大,企业就有充足的能力偿付利息。企业要有足够大的息税前利润,才能保证负担得起资本化利息。该指标越高,说明企业的债务利息压力越小。一般企业设置的已获利息倍数的标准值为2.5。

(二)运营能力分析

企业运营能力指企业运营资产的效率与效益。企业运营资产的效率主要指资产的周转率或周转速度。企业运营资产的效益通常是指企业的产出额与资产占用额之间的比率。

1. 存货周转率及周转天数

公式一:

$$存货周转率=\frac{产品销售成本}{(期初存货+期末存货)/2}$$

存货的周转率是存货周转速度的主要指标。提高存货周转率,缩短营业周期,可以提高企业的变现能力。存货周转速度反映存货管理水平,存货周转率越高,存货的占用水平越低,流动性越强,存货转换为现金或应收账款的速度越快。它不仅影响企业的短期偿债能力,也是整个企业管理的重要内容。一般存货周转率为3。

公式二:

$$存货周转天数=\frac{360}{存货周转率}=\frac{360\times(期初存货+期末存货)/2}{产品销售成本}$$

存货周转天数是以企业购入存货、投入生产到产品销售出去所需要的天数。

2. 应收账款周转率及周转天数

公式一:

$$应收账款周转率=\frac{销售收入}{(期初应收账款+期末应收账款)/2}$$

应收账款周转率指分析期间应收账款转为现金的平均次数。应收账款周转率越高,说明其收回越快。反之,说明营运资金过多呆滞在应收账款上,影响正常资金周转及偿债能力。企业设置的应收账款周转率的标准值一般为3。

公式二：

$$应收账款周转天数 = \frac{360}{应收账款周转率}$$

$$= \frac{(期初应收账款+期末应收账款)/2}{产品销售收入}$$

应收账款周转天数表示企业从取得应收账款的权利到收回款项、转换为现金所需要的时间。应收账款周转天数一般设置的标准值为100。

3. 营业周期

公式：

$$营业周期 = 存货周转天数 + 应收账款周转天数$$

$$= \frac{[(期初存货+期末存货)/2] \times 360}{产品销售成本}$$

$$+ \frac{[(期初应收账款+期末应收账款)/2] \times 360}{产品销售收入}$$

营业周期是从取得存货开始到销售存货并收回现金为止的时间。一般情况下，营业周期短，说明资金周转速度快；营业周期长，说明资金周转速度慢。企业一般设置的营业周期的标准值为200天。

4. 总资产周转率

公式：

$$总资产周转率 = \frac{销售收入}{(期初资产总额+期末资产总额)/2}$$

该项指标反映总资产的周转速度，周转越快，说明资产的利用率越高，产品销售能力越强。企业可以采用薄利多销的方法，加速资金周转，带来利润绝对额的增加。总资产周转率用于衡量企业运用资产赚取利润的能力，经常与反映赢利能力的指标一起使用，全面评价企业的赢利能力。企业设置的总资产周转率的标准值一般为0.8。

（三）赢利能力分析

赢利能力就是企业赚取利润的能力。不论是投资人还是债务人，都非常关心这个指标。在分析赢利能力时，应当排除证券买卖等非正常项目、已经或将要停止的营业项目、重大事故或法律更改等特别项目、会计政策和财务制度变更带来的累积影响等因素。

1. 销售净利率

公式：

$$销售净利率 = \frac{净利润}{销售收入} \times 100\%$$

销售净利率指标反映每1元销售收入带来的净利润是多少，表示销售收入的收益水平。企业在增加销售收入的同时，必须相应获取更多的净利润才能使销售净利率保持不变或有所提高。销售净利率可以分解成销售毛利率、销售税金率、销售成本率、销售期间费用率等指标进行分析。

2. 销售毛利率

公式：

$$销售毛利率 = \frac{销售收入 - 销售成本}{销售收入} \times 100\%$$

销售毛利率表示每 1 元销售收入扣除销售成本后，有多少钱可以用于各项期间费用和形成赢利。销售毛利率越高，说明产品的竞争力越强。销售毛利率是企业销售净利率的最初基础，没有足够大的销售毛利率便不能形成赢利。企业可以按期分析销售毛利率，据以对企业销售收入、销售成本的发生及配比情况做出判断。

3. 资产净利率（总资产报酬率）

公式：

$$资产净利率 = \frac{净利润}{(期初资产总额 + 期末资产总额)/2} \times 100\%$$

资产净利率是企业一定期间的净利润在企业的资产中所占的百分比，表明企业资产的综合利用效果。该指标越高，表明资产的利用效率越高，说明企业在增加收入和节约资金等方面取得了良好的效果；否则相反。资产净利率是一个综合指标。净利的多少与企业的资产的多少、资产的结构、经营管理水平有着密切的关系。影响资产净利率的因素有产品的价格、单位产品成本、产品的产量和销售的数量、资金占用量等。可以结合杜邦财务分析体系来分析经营中存在的问题。

4. 净资产收益率（权益报酬率）

公式：

$$净资产收益率 = \frac{净利润}{(期初所有者权益合计 + 期末所有者权益合计)/2} \times 100\%$$

净资产收益率反映企业所有者权益的投资报酬率，也叫净值报酬率或权益报酬率，具有很强的综合性，是最重要的财务比率。

（四）综合能力分析

以上从偿债、营运、收益三个方面对企业经营能力进行分析，单独分析任何一项财务指标或一张会计报表，都难以全面评价企业的财务状况和经营成果。要想对企业财务状况和经营成果有一个总体评价，就必须进行相互关联的分析，采用适当的标准进行综合性的评价。因此，必须对企业财务状况做综合分析。综合分析的主要方法有杜邦分析法。

公式：

$$净资产收益率 = 销售净利率 \times 资产周转率 \times 财务杠杆比率$$

分别将公式内因子进行分解得出：

$$净资产收益率 = \frac{净利润}{销售收入} \times \frac{销售收入}{平均资产总额} \times \frac{负债总额}{资产总额}$$

如果想继续对上面公式进行拆分，净利润、负债总额以及资产总额均可进行结构细化，形成一个"倒树状"的结构。

净资产收益率是整个分析系统的起点和核心。该指标的高低反映投资者的净资产获利能力的大小。净资产收益率是由销售报酬率、总资产周转率和权益系数决定的。权益系数表明企业的负债程度,该指标越大,企业的负债率越高,它是资产权益率的倒数。总资产收益率是销售利润率和总资产周转率的乘积,是企业销售成果和资产运营的综合反映,要提高总资产收益率,必须增加销售收入,降低资金占用额。总资产周转率反映企业资产实现销售收入的综合能力。分析时,必须综合销售收入分析企业资产结构是否合理,即流动资产和长期资产的结构比率关系是否合理。同时还要分析流动资产周转率、存货周转率、应收账款周转率等有关资产使用效率指标,找出引起总资产周转率高低变化的确切原因。

不同企业、同一企业不同年份都有自己的净资产收益率,在计算出净资产收益率后,可以采用因素分析法、比较分析法,对净资产收益率的变化做深入的剖析,找出不足。

第二节 财务管理应用

在 ERP 沙盘实训中,管理团队准备接手的企业情况都是一样的:一个本地发展的保守型企业,资产总额为 104M,负债为 23M,股东权益为 81M,企业还债的压力不大,股东权益占总资产比例较高;生产一个系列产品中的最低端产品 Beryl,产品单一且仅在本地出售,面临内外的竞争压力;生产线为三条手工、一条半自动,生产设备自动化程度低;上年度营业收入为 40M,营业成本 17M,实现营业利润 10M,净利润为 7M,还可以维持生计,但 Beryl 的市场价格预计会越来越低,长此发展只有死路一条,现在需要新管理团队的大智慧将企业从危机中解脱出来,并发展壮大。

管理团队首先要对企业的未来发展做出规划,涉及产品策略选择、市场选择、产能扩张等诸多问题,以上问题都涉及现金,因此做好现金预算是财务部门每年期初要做的工作;在企业开始经营时,财务部门要做好会计核算与监督的工作,将企业的经营活动完整地记录下来,并形成反映综合数据的会计报表,最后根据会计报表的指标对企业的经营状况进行分析,并找出存在的问题。

一、现金预算表的编制

现金预算工作的主要内容是根据企业的销售计划、生产计划、投资计划等,对未来的现金流入与流出做出预测,然后根据企业当前的现金情况,选择筹资方式和数量。以下是初始年的现金预算表的编制说明。

管理团队在期初进行充分讨论后,为企业下年度的发展做出以下安排。

销售计划:下年度准备投入广告费 3M;估计营业收入为 35M,第三季度到账;开拓区域、国内、亚洲三个市场。

生产计划:利用一条手工生产线和一条半自动生产线生产 3 个 Beryl;各生产线状态如图 6-3 所示。其中,左边第一条手工生产线保留,半自动生产线保留。

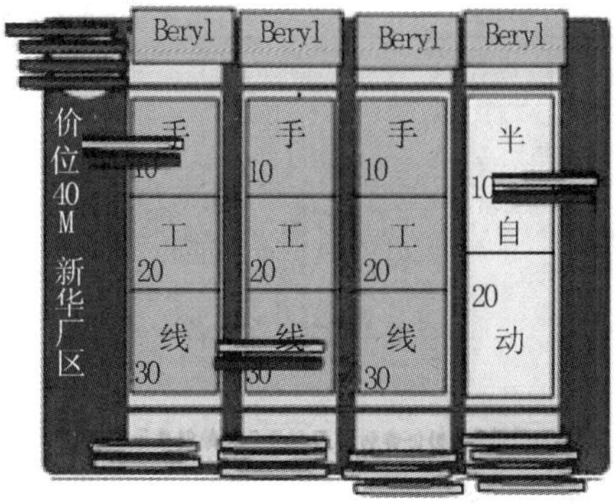

图 6-3 生产线状态

投资计划：出售两条 Beryl 手工生产线（如图 6-3 所示的中间两条手工生产线），投资一条 Beryl 全自动生产线和一条 Crystal 全自动生产线；准备在第二季度开始建设，建设期为 3 个季度，预计到第二年第一季度完工投产，可利用"当年完工的固定资产不提折旧"的规则，减少当期的折旧费用。

研发计划：投资研发 Crystal 和 Ruby 两个新产品。

根据以上经营计划，制作现金预算表如表 6-10 所示。

表 6-10 企业现金预算表　　　　　　　　　　　　　　　　　　　　单位：M

项目	现金流量明细	一季度		二季度		三季度		四季度		年度	
		预算	实际	预算	实际	预算	实际	预算	实际	预算	实际
	上期余额	24		17		−11		−10		24	
经营活动的现金流入	现金销售收入										
	应收款收现			7		7		35		49	
	变卖原料/产品										
	奖励收入										
投资活动的现金流入	变卖生产线	3		3						6	
	变卖厂房										
筹资活动的现金流入	短期贷款										
	长期贷款										
	高利贷贷款										
	现金流入合计	27		27		−4		25		79	

准备当期出售生产线的变现金额

续表

项目	现金流量明细	一季度 预算	一季度 实际	二季度 预算	二季度 实际	三季度 预算	三季度 实际	四季度 预算	四季度 实际	年度 预算	年度 实际
经营活动的现金流出	支付上年应交税	3		✕	✕	✕	✕	✕	✕	3	
	广告费	3		✕	✕	✕	✕	✕	✕	3	
	市场开拓投资	✕	✕					3		3	
	原料采购支付现金			2		1		1		4	
	加工费用			2		1		1		4	
	成品采购支付现金										
	行政管理费	1		1		1		1		4	
	设备改造费							2		2	
	设备维护费	✕	✕	✕	✕	✕	✕	✕	✕		
	租金	✕	✕	✕	✕	✕	✕	✕	✕		
	ISO认证投资	✕	✕	✕	✕	✕	✕	✕	✕		
投资活动的现金流出	产品研发	3		3		3		3		12	
	生产线投资			30						30	
	购买新建筑										
筹资活动的现金流出	贴现费用										
	归还短贷及利息							21		21	
	长期贷款及利息	✕	✕	✕	✕	✕	✕	✕	✕		
	归还高利贷及利息										
	现金流出合计	10		38		6		32		86	
	现金余额	17		−11		−10		−7		−7	

原料及加工费可根据情况自行决定

投资两条全自动生产线

在做现金预算表时,当某季度的现金余额出现负数时,表示现金短缺,需要想办法解决,以免现金出现断流。

通过以上的初步计算,现金流在第二季度会出现紧张情况。如果第二季度要购买两条全自动生产线,现金会短缺 11M,因此要提前考虑向外融资。融资方式可以通过期初长期贷款或期中短期贷款解决。另外年末还要考虑下一年度的广告费投入,因此期末应持有的现金至少要在 10M 以上。

二、经济活动中会计科目的运用

企业在经营活动过程中会发生很多的经济业务,凡是影响资金运动的业务,我们都可以用 2 个或 2 个以上的会计科目进行简化表达,需要注意的是 ERP 实训中的会计科目与会计学的科目有所不同,有时业务也进行了简化,具体分析、运用如表 6-11 所示。

表 6-11　ERP 实训中的业务内容与会计科目

序号	业务内容	影响的会计科目及金额
1	借入长期借款 20M	现金(+20)、长期借款(+20)
2	支付所得税费用 3M	应交税费(-3)、现金(-3)
3	库存现金支付广告费 3M	销售费用(+3)、现金(-3)
4	完工入库一个 Beryl,价值 2M	在制品(-2)、产成品(+2)
5	变卖手工线一条,获现金 3M	机器设备(-3)、现金(+3)
6	投入费用,用于研发 Crystal、Ruby,用库存现金支付 3M	产品研发(+3)、现金(-3)
7	支付行政管理费用 1M	管理费用(+1)、现金(-1)
8	购入原材料 M1,共计 2M,支出现金 2M	原材料(+2)、现金(-2)
9	半自动线上完工入库一个 Beryl,价值 2M	产成品(+2)、在制品(-2)
10	半自动线上投入生产一个 Beryl,耗用一个 M1 材料,加工费 1M	在制品(+2)、原材料(-1)、现金(-1)
11	变卖手工线一条,获现金 3M	机器设备(-3)、现金(+3)
12	购买一条 Beryl 全自动生产线、一条 Crystal 自动生产线,共支付现金 30M	在建工程(+30)、现金(-30)
13	投入费用,用于研发 Crystal、Ruby,用库存现金支付 3M	产品研发(+3)、现金(-3)
14	应收账款收现 7M	现金(+7)、应收账款(-7)
15	支付行政管理费用 1M	管理费用(+1)、现金(-1)
16	手工线上 Beryl 在制品入库一个,价值 2M	产成品(+2)、在制品(-2)
17	手工线上投入生产 Beryl,耗用一个 M1,加工费 1M	在制品(+2)、原材料(-1)、现金(-1)

续表

序号	业务内容	影响的会计科目及金额
18	投入费用,用于研发Crystal、Ruby,用库存现金支付3M	产品研发(+3)、现金(-3)
19	销售产品Beryl,36M款项未收,成本12M	应收账款(+36)、主营业务收入(+36)、主营业务成本(+12)、产成品(-12)
20	支付行政管理费用1M	管理费用(+1)、现金(-1)
21	应收账款收现36M	现金(+36)、应收账款(-36)
22	短期借款还本付息20M及1M的利息费用	现金(-21)、短期借款(-20)、财务费用(+1)
23	半自动线上Beryl在制品入库一个,价值2M	产成品(+2)、在制品(-2)
24	半自动线投入生产Beryl,耗用一个M1材料,加工费1M	在制品(+2)、原材料(-1)、现金(-1)
25	投入费用,用于研发Crystal、Ruby,用库存现金支付3M	产品研发(+3)、现金(-3)
26	计提固定资产折旧3M	折旧费(+3)、机器设备(-3)
27	支付行政管理费用1M	管理费用(+1)、现金(-1)
28	现金支付生产线维护费用2M	管理费用(+2)、现金(-2)
29	开拓国内、亚洲、国际市场3M	销售费用(+3)、现金(-3)
30	支付长期借款利息1M	财务费用(+1)、现金(-1)
31	第一个交会计报表,奖励1M	现金(+1)、营业外收入(+1)
32	向其他小组购买2个M1,花费3M	原材料(+2)、营业外支出(+1)、现金(-3)
33	向其他小组出售一个Beryl,收取5M现金	现金(+5)、其他业务收入(+5)、其他业务成本(+2)、产成品(-2)

三、会计报表的编制

完成现金预算后,经营活动正式开始。财务人员在经营过程中将企业的经济活动用会计特有的方法记录下来,期末进行分类汇总,最终以报表的形式向使用者提供企业在会计期间总体的财务信息。考虑到电脑的普及,实务中会计报表的制作大部分通过财务会计软件来解决,本教材以WPS表格/EXCEL为计算工具,采用"表格-数据"项下"排序"与"分类汇总"两个基础功能,将报表以最简便的方法生成,操作步骤简单且不需要财务人员进行额外专门的训练。具体操作如下。

企业在初始年发生的经营业务如表 6-12 所示。

表 6-12 会计案例业务内容——普通日记账

业务号	时 间	业 务 内 容
1	一季度	借入长期借款 20M
2	一季度	支付所得税费用 3M
3	一季度	库存现金支付广告费 3M
4	一季度	完工入库一个 Beryl,价值 2M
5	一季度	变卖手工线一条,获现金 3M
6	一季度	投入费用,用于研发 Crystal、Ruby,用库存现金支付 3M
7	一季度	支付行政管理费用 1M
8	二季度	购入原材料 M1,共计 2M,支出现金 2M
9	二季度	半自动线上完工入库一个 Beryl,价值 2M
10	二季度	半自动线上投入生产一个 Beryl,耗用一个 M1 材料,加工费 1M
11	二季度	变卖手工线一条,获现金 3M
12	二季度	购买一条 Beryl 全自动生产线、一条 Crystal 自动生产线,共支付现金 30M
13	二季度	投入费用,用于研发 Crystal、Ruby,用库存现金支付 3M
14	二季度	应收账款收现 7M
15	二季度	支付行政管理费用 1M
16	三季度	手工线上 Beryl 在制品入库一个,价值 2M
17	三季度	手工线上投入生产 Beryl,耗用一个 M1 材料,加工费 1M
18	三季度	投入费用,用于研发 Crystal、Ruby,用库存现金支付 3M
19	三季度	销售产品 Beryl,36M 款项未收
20	三季度	支付行政管理费用 1M
21	四季度	应收账款收现 36M
22	四季度	短期借款还本付息 21M
23	四季度	半自动线上 Beryl 在制品入库一个,价值 2M
24	四季度	半自动线投入生产 Beryl,耗用一个 M1 材料,加工费 1M
25	四季度	投入费用,用于研发 Crystal,用库存现金支付 1M
26	四季度	计提固定资产折旧 3M
27	四季度	支付行政管理费用 1M

续表

业务号	时间	业务内容
28	四季度	现金支付生产线维护费用 2M
29	四季度	开拓国内、亚洲、国际市场 3M
30	四季度	支付长期借款利息 1M

根据以上的经济业务内容,企业财务人员利用 WPS 表格/EXCEL,制作会计分录表单如表 6-13 所示。

表 6-13 会计分录表单

业务号	时间	业务内容	总账科目	明细科目	借方金额	贷方金额
1	一季度	借入长期借款 20M	11 现金		20	
1	一季度	借入长期借款 20M	24 长期负债			20
2	一季度	付上年所得税 3M(根据上年报表)	11 现金			3
2	一季度	付上年所得税 3M(根据上年报表)	23 应交税金		3	
3	一季度	付广告费 3M	11 现金			3
3	一季度	付广告费 3M	602 销售费用		3	
4	一季度	完工产品入库 Beryl 产品 1 个	14 在制品			2
4	一季度	完工产品入库 Beryl 产品 1 个	15 产成品	141 B	2	
5	一季度	出售生产线 1 条,净值 3M	11 现金		3	
5	一季度	出售生产线 1 条,净值 3M	17 机器设备	151 B		3
6	一季度	研发投入 Crystal、Ruby 产品	11 现金			3
6	一季度	研发投入 Crystal、Ruby 产品	19 产品研发		3	
7	一季度	付行政管理费	11 现金			1
7	一季度	付行政管理费	601 管理费用	6011 行政管理费	1	
8	二季度	采购 M1,2 个,金额 2M	11 现金			2
8	二季度	采购 M1,2 个,金额 2M	13 原材料	131M1	2	
9	二季度	完工产品入库 Beryl 产品 1 个	14 在制品			2
9	二季度	完工产品入库 Beryl 产品 1 个	15 产成品	151 B	2	
10	二季度	投入生产 Beryl 产品	11 现金			1
10	二季度	投入生产 Beryl 产品	13 原材料	131M1		1

续表

业务号	时间	业务内容	总账科目	明细科目	借方金额	贷方金额
10	二季度	投入生产 Beryl 产品	14 在制品	141 B(在产)	2	
11	二季度	出售生产线1条,净值3M	11 现金		3	
11	二季度	出售生产线1条,净值3M	17 机器设备	151 B		3
12	二季度	购买 Beryl、Crystal 全自动线各一条,共30M	11 现金			30
12	二季度	购买 Beryl、Crystal 全自动线各一条,共30M	18 在建工程		30	
13	二季度	研发投入 Crystal、Ruby 产品	11 现金			3
13	二季度	研发投入 Crystal、Ruby 产品	19 产品研发		3	
14	二季度	应收款收现7M	11 现金		7	
14	二季度	应收款收现7M	12 应收账款			7
15	二季度	付行政管理费	11 现金			1
15	二季度	付行政管理费	601 管理费用	6011 行政管理费	1	
16	三季度	完工产品入库 Beryl 产品1个	14 在制品			2
16	三季度	完工产品入库 Beryl 产品1个	15 产成品	151 B	2	
17	三季度	投入生产 Beryl 产品	11 现金			1
17	三季度	投入生产 Beryl 产品	13 原材料	131M1		1
17	三季度	投入生产 Beryl 产品	14 在制品	141 B(在产)	2	
18	三季度	研发投入 Crystal、Ruby 产品	11 现金			3
18	三季度	研发投入 Crystal、Ruby 产品	19 产品研发		3	
19	三季度	销售6个 Beryl 产品,金额36M	12 应收账款		36	
19	三季度	销售6个 Beryl 产品,金额36M	15 产成品	151 B		12
19	三季度	销售6个 Beryl 产品,金额36M	61 主营业务收入			36
19	三季度	销售6个 Beryl 产品,金额36M	64 主营业务成本		12	
20	三季度	付行政管理费	11 现金			1
20	三季度	付行政管理费	601 管理费用	6011 行政管理费	1	

续表

业务号	时间	业务内容	总账科目	明细科目	借方金额	贷方金额
21	四季度	应收款收现 36M	11 现金		36	
21	四季度	应收款收现 36M	12 应收账款			36
22	四季度	偿还短期借款 20M 和利息 1M	11 现金			21
22	四季度	偿还短期借款 20M 和利息 1M	21 短期负债		20	
22	四季度	偿还短期借款 20M 和利息 1M	603 财务费用		1	
23	四季度	完工产品入库 Beryl 产品 1 个	14 在制品			2
23	四季度	完工产品入库 Beryl 产品 1 个	15 产成品	151 B	2	
24	四季度	投入生产 Beryl 产品	11 现金			1
24	四季度	投入生产 Beryl 产品	13 原材料			1
24	四季度	投入生产 Beryl 产品 1 个	14 在制品	141 B(在产)	2	
25	四季度	研发投入 Crystal 产品	11 现金			1
25	四季度	研发投入 Crystal 产品	19 产品研发		1	
26	四季度	生产线折旧 3M	17 机器设备			3
26	四季度	生产线折旧 3M	67 折旧费		3	
27	四季度	付行政管理费	11 现金			1
27	四季度	付行政管理费	601 管理费用	6011 行政管理费	1	
28	四季度	支付设备维护费 2M	11 现金			2
28	四季度	支付设备维护费 2M	601 管理费用	6012 设备维护费	2	
29	四季度	新市场开拓投资(销售费用)	11 现金			3
29	四季度	新市场开拓投资(销售费用)	602 销售费用		3	
30	四季度	支付长期贷款利息 1M	11 现金			1
30	四季度	支付长期贷款利息 1M	603 财务费用		1	

注:以上会计科目是为适应 ERP 沙盘实训而简化处理,会计实务中要以《企业会计准则》为依据。

根据以上的会计分录,以 WPS 表格为例,操作过程如下。
第一步:鼠标点击"数据"项下的"排序"按钮,如图 6-4 所示。

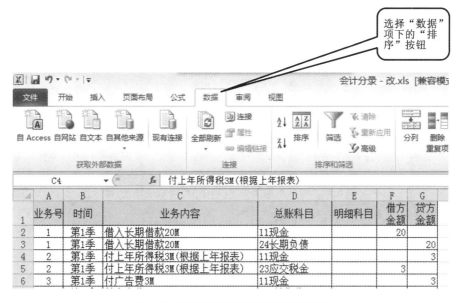

图 6-4　选择"数据"项下的"排序"按钮

第二步:在弹出"排序"的对话框后,在"主要关键字"栏中,选择"总账科目",见图 6-5。

图 6-5　选择"主要关键字"的"总账科目"

第三步:选择"添加条件"后,接着在"次要关键字"栏中选择"明细科目",见图 6-6。
第四步:在右上角选项中,选择"数据包含标题",然后点击"确定",见图 6-6 右上角。
第五步:通过以上的选择,会计分录会按"总账科目"先排序,然后在"总账科目"相同的情况下,再按"明细科目"排序,排序后的效果如图 6-7(仅显示部分)所示。
第六步:排序完成后,再点击"数据"项下的"分类汇总"选项(鼠标要在表格中任选中一个单元格),具体操作如图 6-8 所示。

图 6-6 选择"次要关键字"项下的"明细科目"按钮

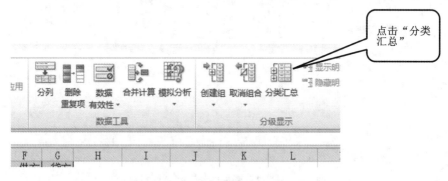

图 6-7 排序后的效果图

图 6-8 点击"分类汇总"

第七步：在出现的"分类汇总"窗口后，在"业务字段(A)"项目内选择"总账科目"；在"汇总方式"中选择"求和"；在"选定汇总项"选择"借方金额"和"贷方金额"，最后的结果详见图 6-9。

点击"确定"后，会计分录数据会根据"总账科目"自动汇总，汇总效果如图 6-10 所示，注意最左边的层次。

从图表中我们可以看出，"总账科目"的借方金额和贷方金额已经按总账科目进行了分别汇总，根据"分类汇总"的结果，我们选择左边列的"2"层，效果如图 6-11 所示。

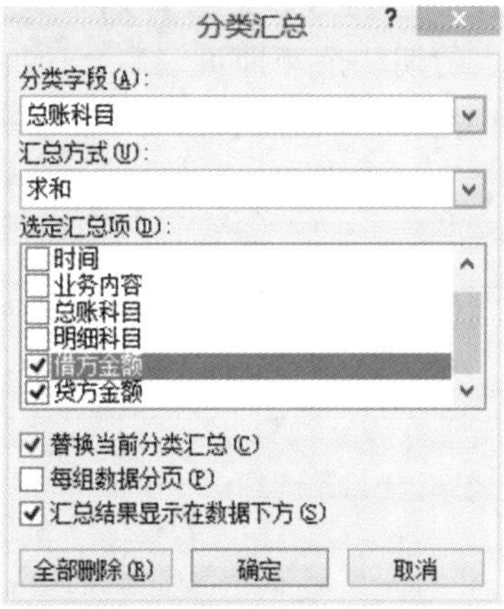

图 6-9　选择“分类汇总”的各项目

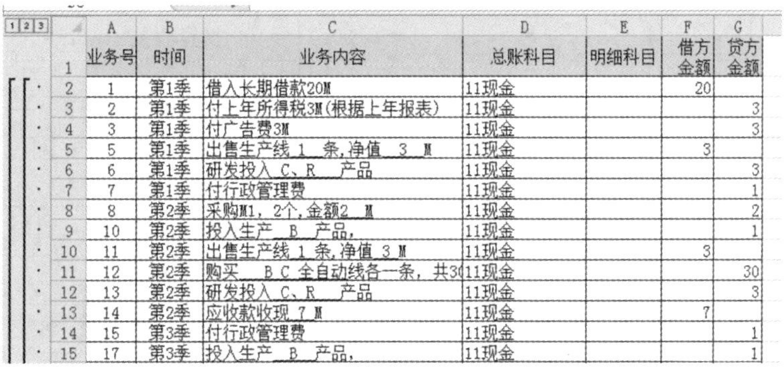

	A	B	C	D	E	F	G
1	业务号	时间	业务内容	总账科目	明细科目	借方金额	贷方金额
2	1	第1季	借入长期借款20M	11现金		20	
3	2	第1季	付上年所得税3M(根据上年报表)	11现金			3
4	3	第1季	付广告费3M	11现金			3
5	5	第1季	出售生产线 1 条,净值 3 M	11现金		3	
6	6	第1季	研发投入 C、R 产品	11现金			3
7	7	第1季	付行政管理费	11现金			1
8	8	第2季	采购M1, 2个,金额2 M	11现金			2
9	10	第2季	投入生产 B 产品,	11现金			1
10	11	第2季	出售生产线 1 条,净值 3 M	11现金		3	
11	12	第2季	购买 B C 全自动线各一条, 共30	11现金			30
12	13	第2季	研发投入 C、R 产品	11现金			3
13	14	第2季	应收款收现 7 M	11现金		7	
14	15	第3季	付行政管理费	11现金			1
15	17	第3季	投入生产 B 产品,	11现金			1

图 6-10　“分类汇总”的效果图

	A	B	C	D	E	F	G
1	业务号	时间	业务内容	总账科目	明细科目	借方金额	贷方金额
26			0	11现金 汇总		69	82
30			0	12应收账款 汇总		36	43
35			0	13原材料 汇总		2	3
43			0	14在产品 汇总		6	8
49			0	15产成品 汇总		8	12
53			0	17机器设备 汇总		0	9
55			0	18在建工程 汇总		30	0
60			0	19产品研发 汇总		10	0
62			0	21短期负债 汇总		20	0
64			0	23应交税金 汇总		3	0
66			0	24长期负债 汇总		0	20
72			0	601管理费用 汇总		6	0
75			0	602销售费用 汇总		6	0
78			0	603财务费用 汇总		2	0
80			0	61主营业务收入 汇总		0	36
82			0	64主营业务成本 汇总		12	0
84			0	67折旧费 汇总		3	0
85			0	总计		213	213
86							

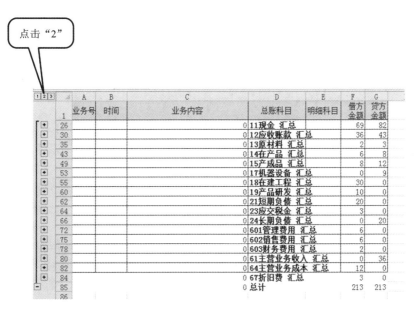

图 6-11　“分类汇总”的第二层效果图

以上"分类汇总—2"所显示的内容,即是会计期末登账后的"科目汇总表"。根据"科目汇总表"和企业会计报表的期初余额即可编制会计报表了。

经计算,本期期末的期间费用表和利润表如表6-14、表6-15所示。

表6-14 期间费用表   单位:M

费用	明细项目	金额
601 管理费用	行政管理费	4
	设备维护费	2
	设备改造费	
	租金	
	ISO认证	
602 销售费用	广告费	3
	市场开拓	3
603 财务费用	利息支出	2
	贴息	
其他		
合计		14
累计前5年利润		11

表6-15 利润表   单位:M

	项目	去年	期末数
一、	61 主营业务收入	40	36
减:	64 主营业务成本	17	12
二、	主营业务利润	23	24
加:	65 其他业务收入		
减:	66 其他业务成本		
减:	期间费用	8	14
减:	67 折旧费	4	3
加:	68 投资收益		
三、	营业利润	11	7
加:	691 营业外收入		
减:	692 营业外支出		
四、	利润总额	11	7
减:	所得税	3	2
五、	净利润	8	5

本期期末的资产负债表如表6-16所示。

表6-16 企业资产负债表   单位:M

资产	年初数	本期借方	本期贷方	期末数	负债及所有者权益		年初数	本期借方	本期贷方	期末数
流动资产					负债					
11 现金	24	69	82	11	21 短期借款		20	20		0
12 应收账款	14	36	43	7	22 应付账款					0
13 原材料	2	2	3	1	23 应交税金		3	3	2	2
14 在制品	6	6	8	4	24 长期借款		0		20	20
15 产成品	6	8	12	2						
流动资产合计	52	121	148	25	负债合计		23	23	22	22
非流动资产					所有者权益					
16 土地建筑	40			40	41 股东资本		70			70
17 机器设备	12		9	3	留存收益	以前年度利润	4			11
18 在建工程	0	30		30		当年净利润	7			5

续表

资　　产	年初数	本期借方	本期贷方	期末数	负债及所有者权益	年初数	本期借方	本期贷方	期末数
19 产品研发	0	10		10					
非流动资产合计	52	40	9	83	所有者权益合计	81			86
资产总计	104	161	157	108	负债及权益合计	104	23	22	108

四、所得税计算说明

所得税根据表 6-15 进行计算,当期的收入扣除成本费用等项目后,得到税前利润,如表中"利润总额"所示。根据我国税法的规定,企业按期根据税前所得的 25% 计算并缴纳所得税,如果当期"利润总额"为负数的话,可以用以后年度的税前利润抵扣,抵扣后还有余额的,余下部分按规定缴纳所得税,最长抵扣时间不超过 5 年。

例如,企业当年利润为 $-20M$,下一年度税前利润为 $10M$,则企业下个年度不用缴纳所得税。如果下一年度利润为 $28M$,则扣除上年亏损 $20M$ 后,剩余 $8M$,按 25% 计算缴纳所得税,即 $(28-20) \times 25\% = 2M$。

超过 5 年以上的亏损没有抵扣完的,不得再抵扣。如上例,如果企业当年亏损 $20M$,以后每年连续税前盈利 $3M$,则到第五年末,还有 $20-3\times5=5M$ 未抵扣,第六年不得再抵扣,第六年应交所得税额 $=3\times25\% = 0.75M$,四舍五入为 $1M$。

五、财务指标分析

会计报表编制出来后,可以根据会计报表提供的数据,对企业的经营情况进行简单的分析。

(一)偿债能力分析

1. 流动比率

$$流动比率 = \frac{流动资产合计}{负债合计} = \frac{25M}{22M} \approx 1.14$$

说明每 1 元的流动负债有 1.14 元的流动资产相支援。流动比率大于 1,说明企业的短期偿债能力尚可,但不是太好。一般比值为 2。

2. 资产负债比率

$$资产负债比率 = \frac{负债总额}{资产总额} = \frac{22M}{108M} \times 100\% \approx 20.4\%$$

说明每 1 元的总资产中,有 19.6% 来自负债,其余来自所有者的投资。资产负债比率小于 50%,负债比率比较安全。

3. 权益乘数

$$权益乘数 = \frac{资产总额}{所有者权益合计} = \frac{108M}{86M} \approx 1.26$$

说明资产总额是所有者投入的倍数,每 1 元的所有者的投入,对应的总资产的金额的值越小,说明企业负债越少,企业没能充分利用财务杠杆的作用;相反此值越大,说明企业负债越多,财务风险也越大。

4. 已获利息倍数

$$已获利息倍数 = \frac{息税前利润}{利息费用} = \frac{5+2+2}{2} = 4.5$$

该指标是企业的净利润加上税金和利息后,再除以利息所得到的商,说明利息的保障程度,该倍数越大说明利息越有保障。从理论上讲,企业最大能承受的负债为当前的 3 倍。

(二)营运能力分析

1. 存货周转率及周转天数

$$存货周转率 = \frac{产品销售成本}{(期初存货+期末存货)/2} = \frac{12}{(14+7)/2} \approx 1.14$$

$$存货周转天数 = \frac{360}{存货周转率} = \frac{360}{1.14} \approx 316(天)$$

从数据上看,存货的周转率较低,可能与生产线上的生产周期太长有关,企业要及时更新生产线,使产品的生产周期缩短,加快企业的资金流动。

2. 应收账款周转率及周转天数

$$应收账款周转率 = \frac{销售收入}{(期初应收账款+期末应收账款)/2} = \frac{36}{(14+7)/2} \approx 3.43$$

即在会计期内,应收账款周转 3.43 次,应收款项回收较快。

$$应收账款周转天数 = \frac{360}{应收账款周转率} = \frac{360}{3.43} \approx 105$$

即约需 105 天,应收账款即可收回。

3. 营业周期

营业周期 = 存货周转天数 + 应收账款周转天数

$$= \frac{\left[\left(\begin{array}{c}期初\\存货\end{array}+\begin{array}{c}期末\\存货\end{array}\right)/2\right] \times 360}{产品销售成本} + \frac{\left[\left(\begin{array}{c}期初\\应收账款\end{array}+\begin{array}{c}期末\\应收账款\end{array}\right)/2\right] \times 360}{产品销售收入}$$

$$= 315 + 105 = 420(天)$$

即从材料投入、产品生产、产品销售、回收销售款,需要 420 天,不到 5 个季度的时间。

营业周期大于 360 天,说明企业的生产与销售的时间过长,会占用企业更多的资金用于生产与销售,影响资金的运用效率。

4. 总资产周转率

$$总资产周转率 = \frac{销售收入}{(期初资产总额+期末资产总额)/2} = \frac{36}{(104+108)/2} \approx 0.34$$

总资产周转率太小,说明企业资产的利用效率不高,或者是受销售收入影响,或者是因生产线利用率不高,考虑到企业有两条生产线在建,总资产周转率偏低可以理解。

(三)赢利能力分析

1. 销售净利率

$$销售净利率 = \frac{净利润}{销售收入} \times 100\% = \frac{5}{36} \times 100\% \approx 14\%$$

即每销售1元,企业可获得净收益0.14元,这个比率不太高,可能是因销售收入低而且期间费用太高所致。

2. 销售毛利率

$$销售毛利率 = \frac{(销售收入-销售成本)}{销售收入} \times 100\% = \frac{36-12}{36} \times 100\% \approx 67\%$$

企业的毛利率相当高,要警惕竞争者的闯入,并关注产品价格的发展趋势。

3. 资产净利率(总资产报酬率)

$$资产净利率 = \frac{净利润}{(期初资产总额+期末资产总额)/2} \times 100\%$$
$$= \frac{5}{(104+108)/2} \times 100\% \approx 4.72\%$$

说明每1元的资产,仅能为企业带来0.0474元的净收益。资产的收益率不高,与企业在建生产线有关。

4. 净资产收益率(权益报酬率)

$$净资产收益率 = \frac{净利润}{(期初所有者权益合计+期末所有者权益合计)/2} \times 100\%$$
$$= \frac{5}{(81+86)/2} \times 100\% \approx 5.99\%$$

即投资者每投入1元钱,能带来0.0599元的净回报。净资产的收益率不太高,如果生产线建成后,依然是这个水平,说明企业的投资计划有问题。

净资产收益率也可以用反映赢利能力的销售净利率、反映运营能力的总资产周转率、反映企业资本结构的财务杠杆比率等三个数据来计算,即

$$净资产收益率 = 销售净利率 \times 总资产周转率 \times 财务杠杆比率(权益乘数)$$
$$= 14\% \times 0.34 \times 1.24 \approx 5.90\%$$

注意:此指标在计算时,要注意计算口径的一致性,主要是资产负债表中的数据,一般要求是时期的平均数,本处计算仅按期末数计算。

如果数据充分的话,可收集近几年的数据,采用因素分析法,对企业的净资产收益率的变化进行仔细的分析,以找出企业经营中的主要问题。

经过以上三个方面的分析,基本对企业的经营状态有了大致的了解,接下来就要制

定下一年度的销售与生产计划,并编制新的现金预算表。

将本会计期间的现金实际流量填入现金预算表(见表6-17)。

表 6-17 现金预算表(第　年)

项目	现金流量明细	一季度 预算数	一季度 实际数	二季度 预算数	二季度 实际数	三季度 预算数	三季度 实际数	四季度 预算数	四季度 实际数	年度 预算数	年度 实际数
	上期余额	24		37	0	10	0	5	0	24	0
经营活动的现金流入	现金销售收入									0	0
	应收款收现			7				36		43	0
	变卖原料/产品									0	0
	奖励收入									0	0
投资活动的现金流入	变卖生产线	3		3						6	0
	变卖厂房									0	0
筹资活动的现金流入	短期贷款									0	0
	长期贷款	20	✕	✕	✕	✕	✕	✕	✕	20	0
	高利贷贷款									0	0
	现金流入合计	47	0	47	0	10	0	41	0	93	0
经营活动的现金流出	支付上年应交税	3	✕	✕	✕	✕	✕	✕	✕	3	0
	广告费	3	✕	✕	✕	✕	✕	✕	✕	3	0
	市场开拓投资	✕	✕	✕	✕	✕	✕	3		3	0
	原料采购支付现金			2						2	0
	加工费用			1		1		1		3	0
	成品采购支付现金									0	0
	行政管理费	1		1		1		1		4	0
	设备改造费										
	设备维护费	✕	✕	✕	✕	✕	✕	2		2	0
	租金									0	0
	ISO认证投资									0	0
投资活动的现金流出	产品研发	3		3		3		1		10	0
	生产线投资			30						30	0
	购买新建筑									0	0

续表

项目	现金流量明细	一季度		二季度		三季度		四季度		年度	
		预算数	实际数	预算数	实际数	预算数	实际数	预算数	实际数	预算数	实际数
筹资活动的现金流出	贴现费用									0	0
	归还短贷及利息							21		21	0
	长期贷款及利息	✕	✕	✕	✕	✕	✕	1		1	0
	归还高利贷及利息									0	0
现金流出合计		10	0	37	0	5	0	30	0	82	0
现金余额		37	0	10	0	5	0	11	0	11	0

六、ERP 实训中报表编制

每年企业运营结束后,会计需要编制当年的会计报表。课程的对象为经济与管理类的学生,用借贷记账法为基础的会计专用方法编制会计报表有些难度,且会占用较多时间。现介绍一种简单的编制会计报表的方法,即基于期末盘面的报表编制方法。这种方法可不用编制会计分录,直接根据每年年末盘面的结果来填写,速度较快,但是必须保证企业运营中盘面的筹码要正确,否则容易出现资产负债表不平衡的现象,这时需要指导教师根据现金流量表和生产计划来核对、调整。

(一)期间费用表的编制

在三张会计报表中,首先填写期间费用表,见表 6-18。

表 6-18 期间费用表

费　　用	明 细 项 目	金　　额
601 管理费用	行政管理费	
	设备维护费	
	设备改造费	
	租金	
	ISO 认证	
602 销售费用	广告费	
	市场开拓	

续表

费用	明细项目	金额
603 财务费用	利息支出	
	贴息	
其他		
合计		

期间费用表主要依据沙盘盘面左上角第一排的费用支出栏里具体的筹码金额来填写,详见图 6-12。

图 6-12　费用支出栏明细

其中,行政管理费用属于每年固定支出项目,每季度 1M,一年合计 4M。广告费由销售主管根据每年年初的广告费投入情况将现金筹码放入,会计根据金额来填写。设备维护费按生产线的类型,计算放入现金筹码。按现在的会计准则的要求,设备维护费计入管理费用。设备的改造费按会计准则的要求应该资本化,为不影响以后的折旧,保证盘面的统一,本实训课程在此处简化处理,将改造费一并计入管理费用。厂房租金本应该计入制造费用,为简化产品成本的计算,将厂房租金也计入管理费用。ISO 认证的费用也计入管理费用。折旧费用不影响现金流量,不在期间费用表中列示,在利润表的"折旧费"项目反映。广告费和市场开拓费,计入销售费用中。利息和贴息计入财务费用。期间费用表也是企业当年的付现金的费用表。

实训中的情况如图 6-13 所示。

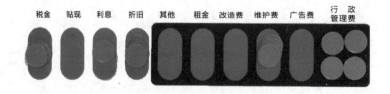

图 6-13　费用支出明细栏

根据图 6-13 所示,当年的期间费用表所填数据如表 6-19 所示。

表 6-19 期间费用表

费用	明细项目	金额
601 管理费用	行政管理费	4
	设备维护费	4
	设备改造费	0
	租金	0
	ISO 认证	0
602 销售费用	广告费	0
	市场开拓	0
603 财务费用	利息支出	1
	贴息	0
其他		0
合计		9

填表时要注意,税金项目有 3M 的筹码,此税金是上年度计算出来,减少了当年的利润,但当年没有上交的税金,本年度上交,不影响本期的费用,但会影响资产负债表项目的"应交税金"。"ISO 项目"、"市场开拓"的金额根据盘面中部的 ISO、市场开拓所投入金额来填写,起始年没有让学生投入,均为 0。

(二)利润表的填写

利润表的格式如表 6-20 所示,与常用的利润表相比,简化了一些。

表 6-20 利润表

	项目	去年	期末数
一、	61 主营业务收入		
减:	64 主营业务成本		
二、	主营业务利润		
加:	65 其他业务收入		
减:	66 其他业务成本		
减:	期间费用		
减:	67 折旧费		

续表

项　　目		去　　年	期　末　数
加：	68 投资收益		
三、	营业利润		
加：	691 营业外收入		
减：	692 营业外支出		
四、	利润总额		
减：	所得税		
五、	净利润		

表中的主营业务收入登记企业按订单交货所实现的收入，该项由销售经理根据当年上交的订单合计数报给会计人员，需要注意两点。其一，跨年度才能收到现金的订单，也属于当年的收入，实训中会有会计人员不确认此收入，结果会导致资产负债表左右不平。因为按订单交了货，实物的库存会减少，但相应的收入、成本没有确认，资产负债表就会不平。其二，组间买卖的产品，计入其他业务收入，在计算市场老大地位时，组间交易形成的收入不计入市场排名的计算。这样可以避免恶意制造市场老大的情况。

主营业务成本由销售经理在交货时仔细确认，最后报给会计人员。其他业务收入与成本登记组间出售方的产品与材料的交易，购买方将多支付的成本（交易价格减去正常成本）计入销售成本中，要特别标记一下，不然报表是很容易出错的。

期间费用根据"期间费用表"的合计数填写。折旧费根据生产线的种类从设备的净值中拿出筹码，折旧与现金无关。投资收益登记组间相互提供贷款的收益。

营业外收入登记经营以外的奖励收入，营业外支出登记经营以外的罚款。所得税税率按现行的25%计算，有小数的，四舍五入。

会计人员根据销售人员及生产人员所报的数据填利润表，如表6-21所示。

表6-21　利润表

项　　目		去　　年	期　末　数
一、	61 主营业务收入		36
减：	64 主营业务成本		12
二、	主营业务利润		24
加：	65 其他业务收入		0
减：	66 其他业务成本		0
减：	期间费用		9

续表

项 目		去 年	期 末 数
减：	67 折旧费		5
加：	68 投资收益		0
三、	营业利润		10
加：	691 营业外收入		0
减：	692 营业外支出		0
四、	利润总额		10
减：	所得税		3
五、	净利润		7

（三）资产负债表的编制

资产负债表简表如表 6-22 所示。

表 6-22 资产负债表

资 产	年初数	期末数	负债及所有者权益		年初数	期末数
流动资产			负债			
11 现金			21 短期借款			
12 应收账款			22 应付账款			
13 原材料			23 应交税金			
14 在制品			24 长期借款			
15 产成品						
流动资产合计			负债合计			
非流动资产			所有者权益			
16 土地建筑			41 股东资本			
17 机器设备			留存收益	以前年度利润		
18 在建工程				当年净利润		
19 产品研发						

续表

资产	年初数	期末数	负债及所有者权益	年初数	期末数
非流动资产合计			所有者权益合计		
资产总计			负债及权益总计		

1. 现金的填写

现金期末数根据现金的期末盘面筹码填写,填写前要和财务核对一下现金流量表的账面数。如果不相符,要查明原因。

实训中的现金如图 6-14 所示,盘点核对后,确认金额为 31M。

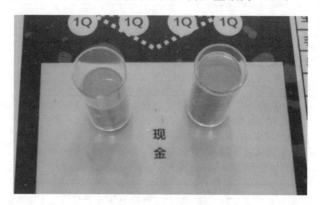

图 6-14　现金盘面筹码

2. 应收账款

应收账款根据现金上方的应收款实际的筹码数额填写,本期期末应收款盘面中没有筹码,即期末应收账款金额为 0。

3. 原材料

原材料根据盘面的原材料筹码填写,本期原材料实际情况如图 6-15 所示。

图 6-15　原材料盘面筹码

本期期末的原材料为一个 M1,原材料项目填写金额为 1M。

4. 在制品

在制品按盘面实际筹码填写,本期原材料实际情况如图 6-16 所示。

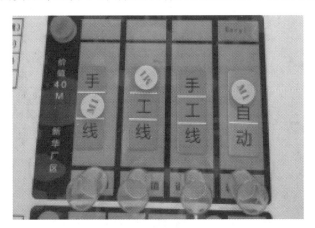

图 6-16 在制品盘面筹码

如图所示,有 3 个 B 的在制品,每个 B 的成本为 2M,总成本为 6M。注意在实训中,此处有学生容易按个数计算总成本,误计成 3M。

5. 产成品

产成品按盘面实际筹码填写,本期原材料实际情况如图 6-17 所示。

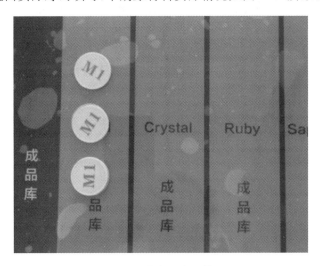

图 6-17 产成品盘面筹码

如图所示,有 3 个 B 的产成品,每个 B 的成本为 2M,总成本为 6M。注意在实训中,此处也有学生容易按个数计算总成本,误计成 3M。

6. 土地建筑

土地建筑如图 6-18 所示,大厂房的价值为 40M,对于大厂房,考虑土地价值包含在大厂房 40M 之内,本实训中不提折旧。如果实训中,企业将厂房抵押,要做一个标记显示。厂房抵押是企业的特殊长期贷款,不是厂房的出售,因此在厂房抵押情况下,资产负债表中的"土地建筑"项目,还是填写 40M。如果企业将厂房出售,那么期末"土地建筑"项目金额为 0。

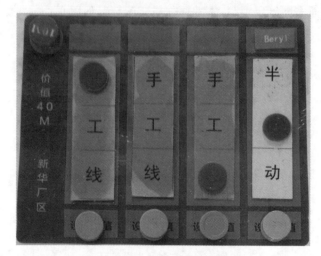

图 6-18　价值 40M 的新华厂区

7. 机器设备

机器设备根据生产线期末提取折旧后的金额填写，实训中盘面如图 6-19 所示。

图 6-19　生产线盘面筹码

根据实物盘点，期末设备的净值（桶内剩余筹码）为 7M。注意，不同类型的生产线均按 5 年折旧，当年在建生产线不计提折旧。新建生产线按实际生产期间计提折旧。如果折旧提完，即生产线的净值为 0（桶内没有筹码），生产线还可以继续使用，每年不用提取折旧，但生产线的维护费要支付。

8. 在建工程

在建工程，根据生产线的建设情况填写。处于建设中的生产线属于在建工程，其价值根据盘面上的金额填写。

9. 产品研发

产品研发的金额是企业开发产品投入的研发支出，根据盘面的产品研发支出区域的筹码来填写。由于本实训中产品都能研发成功，所以将研发支出全部资产化，计入资产负债表。产品研发盘面如图 6-20 所示。

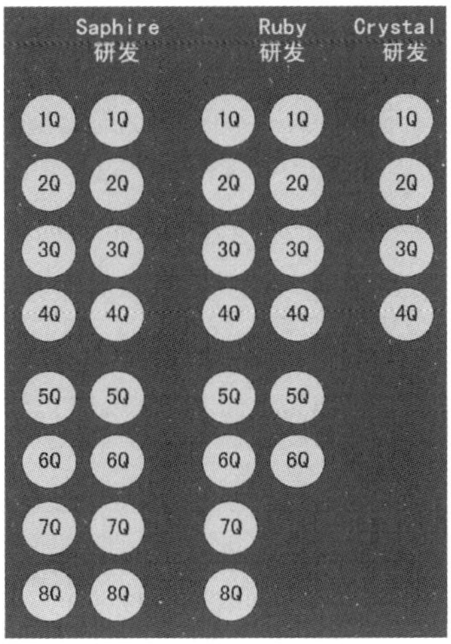

图 6-20 产品研发盘面筹码

本期企业没有投入研发费用,因此"产品研发"项目金额为 0。另外,"产品研发"为资产类项目,期末的金额是累加数,不是本期新增数。

10. 短期债款

短期债款的金额根据盘面现金栏下方的贷款区域的筹码实际数量填写。负债盘面如图 6-21 所示。短期债款是到期还本付息,跨年时,年末不计提相应的利息。

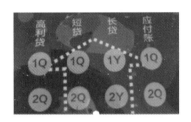

图 6-21 负债盘面

本期期末没有短期贷款,"短期负债"金额为 0。

11. 应付账款

应付账款项目,也是根据图 6-21 所示的应付账的实际情况填写。本期应付账款项目金额为 0。

12. 应交税金

应交税金与其他项目相比,比较特殊。应交税金是根据当年的利润表计算出来,当年并没有上交出去的金额,当年在盘面上是没有显示的。本期如果在费用栏"税金"项目中有筹码,那么此税金是交的上年度的税金,会减少"应交税金"期初值。本期有 3M,那么就会减少期初"应交税金"的金额。此处是很容易出错的地方。

13. 长期借款

长期借款也是根据图 6-21 的区域来填写实际的长期借款金额。长期借款每年年末才能借,第二年年末计算利息,并现金支付。与长期借款不同,短期借款是到期还本付息,跨年时年末不计提相应的利息。

14. 股东资本

股东资本在盘面上没有专门显示。初始值为70M,在实训期间,不会增加也不会减少。除非有企业要破产,指导老师可以考虑增加资本投入。

15. 留存收益

留存收益包括"以前年度利润"和"当年净利润",如表6-23所示。

表6-23　留存收益表

	41 股东资本		
留存收益	以前年度利润		
	当年净利润		

期末的"以前年度利润"等于期初"以前年度利润"＋期初"当年净利润"。期末的"当年净利润"由本年的利润表中的"净利润"转入。

根据以上盘面的实际情况,当年年末的资产负债表编制如表6-24所示。

表6-24　资产负债表

资产	年初数	期末数	负债及所有者权益		年初数	期末数
流动资产			负债			
11 现金	24	31	21 短期借款		20	0
12 应收账款	14	0	22 应付账款		0	0
13 原材料	2	1	23 应交税金		3	3
14 在制品	6	6	24 长期借款		0	0
15 产成品	6	6				
流动资产合计	52	44	负债合计		23	3
非流动资产			所有者权益			
16 土地建筑	40	40	41 股东资本		70	70
17 机器设备	12	7	留存收益	以前年度利润	4	11
18 在建工程	0	0		当年净利润	7	7
19 产品研发	0	0				
非流动资产合计	52	47	所有者权益合计		81	88
资产合计	104	91	负债及所有者权益合计		104	91

需要注意的是,资产负债表期初资产合计金额等于期初负债与所有者权益合计金额,期末的资产合计金额也应该等于期末负债与所有者权益合计金额。如果以上两项等式不相等,则资产负债表一定存在问题,需要仔细核对并请指导老师进行纠正。

下篇
模拟实训

第七章 模拟企业经营实训手册

一、起始年

1. 起始年重要决策

一 季 度	二 季 度	三 季 度	四 季 度	年 底

2. 起始年现金预算表

现金预算/现金流量表　　　　　　　　　　　　　　　　　单位：M

项目	现金流量明细	一季度		二季度		三季度		四季度		年度	
		预算	实际	预算	实际	预算	实际	预算	实际	预算	实际
	上期余额										
经营活动的现金流入	现金销售收入										
	应收款收现										
	变卖原料/产品										
	奖励收入										
投资活动的现金流入	变卖生产线										
	变卖厂房										
筹资活动的现金流入	短期贷款										
	长期贷款	✕	✕	✕	✕	✕	✕				
	高利贷贷款										
	现金流入合计										
经营活动的现金流出	支付上年应交税			✕	✕	✕	✕	✕	✕		
	广告费			✕	✕	✕	✕	✕	✕		
	市场开拓投资	✕	✕	✕	✕						
	原料采购支付现金										
	加工费用										
	成品采购支付现金										
	行政管理费										
	设备改造费										
	设备维护费	✕	✕	✕	✕	✕	✕				
	租金	✕	✕	✕	✕	✕	✕				
	ISO认证投资	✕	✕	✕	✕	✕	✕				
投资活动的现金流出	产品研发										
	生产线投资										
	购买新建筑										
筹资活动的现金流出	贴现费用										
	归还短贷及利息										
	长期贷款及利息	✕	✕	✕	✕	✕	✕				
	归还高利贷及利息										
	现金流出合计										
	现金余额										

3. 起始年产能预估表

	类　型	产　品	一　季　度	二　季　度	三　季　度	四　季　度
生产线1	手工	Beryl				
生产线2	手工	Beryl				
生产线3	手工	Beryl				
生产线4	半自动	Beryl				

4. 起始年销售订单统计表

项　目											合　计
市场											
产品名称											
账期											
交货期											
单价											
订单数量											
订单销售额											
成本											
毛利											

5. 起始年库存数据表（沙盘盘面数据）

物料名称	现　有　数	预计到货量
Sapphire		
Ruby		
Crystal		
Beryl		
M2		
M3		
M4		
M1		

注：预计到货量是指生产线上在制品和正在执行的原材料采购订单。

6. 起始年原材料采购计划表（MRP 运行表）

产品项目	提 前 期	项 目	季 度			
			一	二	三	四
Crystal （0层）	根据生产 Crystal 的生产线生产周期（手工线 3 期、半自动线 2 期、全自动线或柔性线 1 期）确定提前期	总需要量（Crystal 订单需求量按交货期汇总）				
		预计产量（根据年初生产线状态计算）				
		现有库存量				
		净需要量				
		投产计划				
Ruby （0层）	根据生产 Ruby 的生产线生产周期（手工线 3 期、半自动线 2 期、全自动线或柔性线 1 期）确定提前期	总需要量（Ruby 订单需求量按交货期汇总）				
		预计产量（根据年初生产线状态计算）				
		现有库存量				
		净需要量				
		投产计划				
Sapphire （0层）	根据生产 Sapphire 的生产线生产周期（手工线 3 期、半自动线 2 期、全自动线或柔性线 1 期）确定提前期	总需要量（Sapphire 订单需求量按交货期汇总）				
		预计产量（根据年初生产线状态计算）				
		现有库存量				
		净需要量				
		投产计划				
Beryl （1层）	根据生产 Beryl 的生产线生产周期（手工线 3 期、半自动线 2 期、全自动线或柔性线 1 期）确定提前期	总需要量（Beryl 订单需求量按交货期汇总＋Crystal 计划发出订货量）				
		预计产量（根据年初生产线状态计算）				
		现有库存量				
		净需要量				
		投产计划				

续表

产品项目	提前期	项 目	季 度			
			一	二	三	四
M2 （1层）	1期	总需要量（Crystal 投产计划＋Ruby 投产计划＋Sapphire 投产计划）				
		预计到货量（已下原材料订单数量）				
		现有库存量				
		净需要量				
		计划发出订货量				
M3 （1层）	2期	总需要量（2×Ruby 投产计划＋2×Sapphire 投产计划）				
		预计到货量（已下原材料订单数量）				
		现有库存量				
		净需要量				
		计划发出订货量				
M4 （1层）	2期	总需要量（Sapphire 投产计划）				
		预计到货量（已下原材料订单数量）				
		现有库存量				
		净需要量				
		计划发出订货量				
M1 （2层）	1期	总需要量（Beryl 投产计划）				
		预计到货量（已下原材料订单数量）				
		现有库存量				
		净需要量				
		计划发出订货量				

注：净需要量＝预计到货量＋库存量－总需要量。为了能利用无息赊购原材料，可适当考虑 25％左右的安全库存。

7. 起始年任务清单

年初：（根据提示，完成部分打钩）

(1) 支付应付税（根据上年度结果） ☐

(2) 支付广告费 ☐

(3) 参加订货会/登记销售订单 ☐

年中：

	一季度	二季度	三季度	四季度
(1) 更新短期贷款/短期贷款还本付息/申请短期贷款	☐	☐	☐	☐
(2) 更新应付款/归还应付款	☐	☐	☐	☐
(3) 更新原料订单/原材料入库	☐	☐	☐	☐
(4) 下原料订单	☐	☐	☐	☐
(5) 更新生产/完工入库	☐	☐	☐	☐
(6) 投资新生产线/生产线改造/变卖生产线（租厂房）	☐	☐	☐	☐
(7) 开始下一批生产	☐	☐	☐	☐
(8) 产品研发投资	☐	☐	☐	☐
(9) 更新应收款/应收款收现	☐	☐	☐	☐
(10) 按订单交货	☐	☐	☐	☐
(11) 出售/抵押厂房	☐	☐	☐	☐
(12) 支付行政管理费用	☐	☐	☐	☐
(13) 季末现金对账	☐	☐	☐	☐

年末：

(1) 更新长期贷款/支付利息/申请长期贷款 ☐

(2) 支付设备维护费 ☐

(3) 支付租金（或购买建筑） ☐

(4) 折旧 ☐

(5) 新市场开拓投资/ISO 资格认证投资 ☐

(6) 关账 ☐

特别提示： 在实训中每年必须严格按任务清单从年初到年末有序进行，到了某一项任务就执行该任务，不能跳过任务或回头执行已执行过的任务，若发现一次操作违规，罚款 3M 现金。高利贷和贴现不受任务清单步骤约束，可以根据现金的需求量随时对应收账进行贴现或申请高利贷。

8. 起始年财务报表

期间费用表

费用	明细项目	金额
601 管理费用	行政管理费	
	设备维护费	
	设备改造费	
	租金	
	ISO 认证	
602 销售费用	广告费	
	市场开拓	
603 财务费用	利息支出	
	贴息	
其他		
合计		
累计前 5 年利润		

利润表

	项目	去年	期末数
一、	61 主营业务收入	40	
减：	64 主营业务成本	17	
二、	主营业务利润	23	
加：	65 其他业务收入		
减：	66 其他业务成本		
减：	期间费用	9	
减：	67 折旧费	4	
加：	68 投资收益		
三、	营业利润	10	
加：	691 营业外收入		
减：	692 营业外支出		
四、	利润总额	10	
减：	所得税	3	
五、	净利润	7	

企业资产负债表

资产	年初数	本期借方	本期贷方	期末数	负债及所有者权益		年初数	本期借方	本期贷方	期末数
流动资产					负债					
11 现金	24				21 短期借款		20			
12 应收账款	14				22 应付账款		0			
13 原材料	2				23 应交税金		3			
14 在制品	6				24 长期借款		0			
15 产成品	6									
流动资产合计	52				负债合计		23			
非流动资产					所有者权益					
16 土地建筑	40				41 股东资本		70			
17 机器设备	12				留存收益	以前年度利润	4			
18 在建工程	0					当年净利润	7			
19 产品研发										
非流动资产合计	52				所有者权益合计		81			
资产总计	104				负债及权益合计		104			

9. 广告投入单

第_____小组

年度	市场类别	Beryl	Crystal	Ruby	Sapphire	年度	市场类别	Beryl	Crystal	Ruby	Sapphire
第一年	本地					第二年	本地				
	区域						区域				
	国内						国内				
	亚洲						亚洲				
	国际						国际				
年度	市场类别	Beryl	Crystal	Ruby	Sapphire	年度	市场类别	Beryl	Crystal	Ruby	Sapphire
第三年	本地					第四年	本地				
	区域						区域				
	国内						国内				
	亚洲						亚洲				
	国际						国际				
第五年	本地					第六年	本地				
	区域						区域				
	国内						国内				
	亚洲						亚洲				
	国际						国际				
年度	市场类别	Beryl	Crystal	Ruby	Sapphire	年度	市场类别	Beryl	Crystal	Ruby	Sapphire
第七年	本地					第八年	本地				
	区域						区域				
	国内						国内				
	亚洲						亚洲				
	国际						国际				

二、第一年

1. 第一年重要决策

一 季 度	二 季 度	三 季 度	四 季 度	年　底

2. 第一年现金预算表

现金预算/现金流量表　　　　　　　　　　　　　　　单位：M

项　目	现金流量明细	一季度		二季度		三季度		四季度		年度	
		预算	实际	预算	实际	预算	实际	预算	实际	预算	实际
	上期余额										
经营活动的现金流入	现金销售收入										
	应收款收现										
	变卖原料/产品										
	奖励收入										
投资活动的现金流入	变卖生产线										
	变卖厂房										
筹资活动的现金流入	短期贷款										
	长期贷款	✗	✗	✗	✗	✗	✗				
	高利贷贷款										
	现金流入合计										
经营活动的现金流出	支付上年应交税			✗	✗	✗	✗	✗	✗		
	广告费										
	市场开拓投资	✗	✗								
	原料采购支付现金										
	加工费用										
	成品采购支付现金										
	行政管理费										
	设备改造费										
	设备维护费	✗	✗	✗	✗	✗	✗				
	租金	✗	✗	✗	✗	✗	✗				
	ISO 认证投资	✗	✗	✗	✗	✗	✗				
投资活动的现金流出	产品研发										
	生产线投资										
	购买新建筑										
筹资活动的现金流出	贴现费用										
	归还短贷及利息										
	长期贷款及利息	✗	✗	✗	✗	✗	✗				
	归还高利贷及利息										
	现金流出合计										
	现金余额										

3. 第一年产能预估表

厂房生产线	生产线类型	加工周期	产品名称	年初生产线状态	产出时间及数量			
					一季度	二季度	三季度	四季度
生产线1								
生产线2								
生产线3								
生产线4								
生产线5								
生产线6								
生产线7								
生产线8								

4. 第一年销售订单统计表

项目							合计
市场							
产品名称							
账期							
交货期							
单价							
订单数量							
订单销售额							
成本							
毛利							

5. 第一年库存数据表（沙盘盘面数据）

物料名称	现有数	预计到货量
Sapphire		
Ruby		
Crystal		
Beryl		
M2		
M3		
M4		
M1		

6. 第一年原材料采购计划表（MRP 运行表）

产品项目	提前期	项目	季度			
			一	二	三	四
Crystal（0层）	根据生产 Crystal 的生产线生产周期（手工线 3 期、半自动线 2 期、全自动线或柔性线 1 期）确定提前期	总需要量（Crystal 订单需求量按交货期汇总）				
		预计产量（根据年初生产线状态计算）				
		现有库存量				
		净需要量				
		投产计划				
Ruby（0层）	根据生产 Ruby 的生产线生产周期（手工线 3 期、半自动线 2 期、全自动线或柔性线 1 期）确定提前期	总需要量（Ruby 订单需求量按交货期汇总）				
		预计产量（根据年初生产线状态计算）				
		现有库存量				
		净需要量				
		投产计划				
Sapphire（0层）	根据生产 Sapphire 的生产线生产周期（手工线 3 期、半自动线 2 期、全自动线或柔性线 1 期）确定提前期	总需要量（Sapphire 订单需求量按交货期汇总）				
		预计产量（根据年初生产线状态计算）				
		现有库存量				
		净需要量				
		投产计划				
Beryl（1层）	根据生产 Beryl 的生产线生产周期（手工线 3 期、半自动线 2 期、全自动线或柔性线 1 期）确定提前期	总需要量（Beryl 订单需求量按交货期汇总＋Crystal 计划发出订货量）				
		预计产量（根据年初生产线状态计算）				
		现有库存量				
		净需要量				
		投产计划				

续表

产品项目	提前期	项 目	季 度			
			一	二	三	四
M2 (1层)	1期	总需要量（Crystal 投产计划＋Ruby 投产计划＋Sapphire 投产计划）				
		预计到货量（已下原材料订单数量）				
		现有库存量				
		净需要量				
		计划发出订货量				
M3 (1层)	2期	总需要量（2×Ruby 投产计划＋2×Sapphire 投产计划）				
		预计到货量（已下原材料订单数量）				
		现有库存量				
		净需要量				
		计划发出订货量				
M4 (1层)	2期	总需要量（Sapphire 投产计划）				
		预计到货量（已下原材料订单数量）				
		现有库存量				
		净需要量				
		计划发出订货量				
M1 (2层)	1期	总需要量（Beryl 投产计划）				
		预计到货量（已下原材料订单数量）				
		现有库存量				
		净需要量				
		计划发出订货量				

7. 第一年任务清单

年初：（根据提示，完成部分打钩）

(1) 支付应付税（根据上年度结果）　☐

(2) 支付广告费　☐

(3) 参加订货会/登记销售订单　☐

年中：

	一季度	二季度	三季度	四季度
(1) 更新短期贷款/短期贷款还本付息/申请短期贷款	☐	☐	☐	☐
(2) 更新应付款/归还应付款	☐	☐	☐	☐
(3) 更新原料订单/原材料入库	☐	☐	☐	☐
(4) 下原料订单	☐	☐	☐	☐
(5) 更新生产/完工入库	☐	☐	☐	☐
(6) 投资新生产线/生产线改造/变卖生产线（租厂房）	☐	☐	☐	☐
(7) 开始下一批生产	☐	☐	☐	☐
(8) 产品研发投资	☐	☐	☐	☐
(9) 更新应收款/应收款收现	☐	☐	☐	☐
(10) 按订单交货	☐	☐	☐	☐
(11) 出售/抵押厂房	☐	☐	☐	☐
(12) 支付行政管理费用	☐	☐	☐	☐
(13) 季末现金对账	☐	☐	☐	☐

年末：

(1) 更新长期贷款/支付利息/申请长期贷款　☐

(2) 支付设备维护费　☐

(3) 支付租金（或购买建筑）　☐

(4) 折旧　☐

(5) 新市场开拓投资/ISO 资格认证投资　☐

(6) 关账　☐

8. 第一年组间交易登记表

季度	买入（　　）				卖出（　　）			
	组别	产品	数量	金额	组别	产品	数量	金额

9. 第一年财务报表

期间费用表

费 用	明细项目	金 额
601 管理费用	行政管理费	
	设备维护费	
	设备改造费	
	租金	
	ISO 认证	
602 销售费用	广告费	
	市场开拓	
603 财务费用	利息支出	
	贴息	
其他		
合计		
累计前 5 年利润		

利润表

	项 目	去年	期末数
一、	61 主营业务收入		
减：	64 主营业务成本		
二、	主营业务利润		
加：	65 其他业务收入		
减：	66 其他业务成本		
减：	期间费用		
减：	67 折旧费		
加：	68 投资收益		
三、	营业利润		
加：	691 营业外收入		
减：	692 营业外支出		
四、	利润总额		
减：	所得税		
五、	净利润		

企业资产负债表

资 产	年初数	本期借方	本期贷方	期末数	负债及所有者权益		年初数	本期借方	本期贷方	期末数
流动资产					负债					
11 现金					21 短期借款					
12 应收账款					22 应付账款					
13 原材料					23 应交税金					
14 在制品					24 长期借款					
15 产成品										
流动资产合计					负债合计					
非流动资产					所有者权益					
16 土地建筑					41 股东资本					
17 机器设备					留存收益	以前年度利润				
18 在建工程						当年净利润				
19 产品研发										
非流动资产合计					所有者权益合计					
资产总计					负债及权益合计					

三、第二年

1. 第二年重要决策

一 季 度	二 季 度	三 季 度	四 季 度	年 底

2. 第二年现金预算表

现金预算/现金流量表　　　　　　　　　　　　　　　　单位:M

项　　目	现金流量明细	一季度		二季度		三季度		四季度		年度	
		预算	实际	预算	实际	预算	实际	预算	实际	预算	实际
	上期余额										
经营活动的现金流入	现金销售收入										
	应收款收现										
	变卖原料/产品										
	奖励收入										
投资活动的现金流入	变卖生产线										
	变卖厂房										
筹资活动的现金流入	短期贷款										
	长期贷款	✕	✕	✕	✕	✕	✕				
	高利贷贷款										
	现金流入合计										
经营活动的现金流出	支付上年应交税			✕	✕	✕	✕	✕	✕		
	广告费			✕	✕	✕	✕	✕	✕		
	市场开拓投资			✕	✕	✕	✕				
	原料采购支付现金										
	加工费用										
	成品采购支付现金										
	行政管理费										
	设备改造费										
	设备维护费	✕	✕	✕	✕	✕	✕				
	租金	✕	✕	✕	✕	✕	✕				
	ISO认证投资										
投资活动的现金流出	产品研发										
	生产线投资										
	购买新建筑										
筹资活动的现金流出	贴现费用										
	归还短贷及利息										
	长期贷款及利息	✕	✕	✕	✕	✕	✕				
	归还高利贷及利息										
	现金流出合计										
	现金余额										

3. 第二年产能预估表

厂房生产线	生产线类型	加工周期	产品名称	年初生产线状态	产出时间及数量			
					一季度	二季度	三季度	四季度
生产线1								
生产线2								
生产线3								
生产线4								
生产线5								
生产线6								
生产线7								
生产线8								

4. 第二年销售订单统计表

项目										合计
市场										
产品名称										
账期										
交货期										
单价										
订单数量										
订单销售额										
成本										
毛利										

5. 第二年库存数据表（沙盘盘面数据）

物料名称	现有数	预计到货量
Sapphire		
Ruby		
Crystal		
Beryl		
M2		
M3		
M4		
M1		

6. 第二年原材料采购计划表（MRP 运行表）

产品项目	提 前 期	项 目	季 度			
			一	二	三	四
Crystal（0层）	根据生产 Crystal 的生产线生产周期（手工线 3 期、半自动线 2 期、全自动线或柔性线 1 期）确定提前期	总需要量（Crystal 订单需求量按交货期汇总）				
		预计产量（根据年初生产线状态计算）				
		现有库存量				
		净需要量				
		投产计划				
Ruby（0层）	根据生产 Ruby 的生产线生产周期（手工线 3 期、半自动线 2 期、全自动线或柔性线 1 期）确定提前期	总需要量（Ruby 订单需求量按交货期汇总）				
		预计产量（根据年初生产线状态计算）				
		现有库存量				
		净需要量				
		投产计划				
Sapphire（0层）	根据生产 Sapphire 的生产线生产周期（手工线 3 期、半自动线 2 期、全自动线或柔性线 1 期）确定提前期	总需要量（Sapphire 订单需求量按交货期汇总）				
		预计产量（根据年初生产线状态计算）				
		现有库存量				
		净需要量				
		投产计划				
Beryl（1层）	根据生产 Beryl 的生产线生产周期（手工线 3 期、半自动线 2 期、全自动线或柔性线 1 期）确定提前期	总需要量（Beryl 订单需求量按交货期汇总＋Crystal 计划发出订货量）				
		预计产量（根据年初生产线状态计算）				
		现有库存量				
		净需要量				
		投产计划				

续表

产品项目	提 前 期	项　　目	季　　度			
			一	二	三	四
M2 （1层）	1期	总需要量（Crystal 投产计划＋Ruby 投产计划＋Sapphire 投产计划）				
		预计到货量（已下原材料订单数量）				
		现有库存量				
		净需要量				
		计划发出订货量				
M3 （1层）	2期	总需要量（2×Ruby 投产计划＋2×Sapphire 投产计划）				
		预计到货量（已下原材料订单数量）				
		现有库存量				
		净需要量				
		计划发出订货量				
M4 （1层）	2期	总需要量（Sapphire 投产计划）				
		预计到货量（已下原材料订单数量）				
		现有库存量				
		净需要量				
		计划发出订货量				
M1 （2层）	1期	总需要量（Beryl 投产计划）				
		预计到货量（已下原材料订单数量）				
		现有库存量				
		净需要量				
		计划发出订货量				

7. 第二年任务清单

年初：(根据提示，完成部分打钩)

(1) 支付应付税（根据上年度结果） ☐

(2) 支付广告费 ☐

(3) 参加订货会/登记销售订单 ☐

年中： 　　　　　　　　　　　　　　一季度　二季度　三季度　四季度

(1) 更新短期贷款/短期贷款还本付息/申请短期贷款　☐　☐　☐　☐

(2) 更新应付款/归还应付款　☐　☐　☐　☐

(3) 更新原料订单/原材料入库　☐　☐　☐　☐

(4) 下原料订单　☐　☐　☐　☐

(5) 更新生产/完工入库　☐　☐　☐　☐

(6) 投资新生产线/生产线改造/变卖生产线（租厂房）　☐　☐　☐　☐

(7) 开始下一批生产　☐　☐　☐　☐

(8) 产品研发投资　☐　☐　☐　☐

(9) 更新应收款/应收款收现　☐　☐　☐　☐

(10) 按订单交货　☐　☐　☐　☐

(11) 出售/抵押厂房　☐　☐　☐　☐

(12) 支付行政管理费用　☐　☐　☐　☐

(13) 季末现金对账　☐　☐　☐　☐

年末：

(1) 更新长期贷款/支付利息/申请长期贷款 ☐

(2) 支付设备维护费 ☐

(3) 支付租金（或购买建筑） ☐

(4) 折旧 ☐

(5) 新市场开拓投资/ISO 资格认证投资 ☐

(6) 关账 ☐

8. 第二年组间交易登记表

季　　度	买入（　　）				卖出（　　）			
	组别	产品	数量	金额	组别	产品	数量	金额

9. 第二年财务报表

期间费用表

费用	明细项目	金额
601 管理费用	行政管理费	
	设备维护费	
	设备改造费	
	租金	
	ISO 认证	
602 销售费用	广告费	
	市场开拓	
603 财务费用	利息支出	
	贴息	
其他		
合计		
累计前 5 年利润		

利润表

	项目	去年	期末数
一、	61 主营业务收入		
减：	64 主营业务成本		
二、	主营业务利润		
加：	65 其他业务收入		
减：	66 其他业务成本		
减：	期间费用		
减：	67 折旧费		
加：	68 投资收益		
三、	营业利润		
加：	691 营业外收入		
减：	692 营业外支出		
四、	利润总额		
减：	所得税		
五、	净利润		

企业资产负债表

资产	年初数	本期借方	本期贷方	期末数	负债及所有者权益		年初数	本期借方	本期贷方	期末数
流动资产					负债					
11 现金					21 短期借款					
12 应收账款					22 应付账款					
13 原材料					23 应交税金					
14 在制品					24 长期借款					
15 产成品										
流动资产合计					负债合计					
非流动资产					所有者权益					
16 土地建筑					41 股东资本					
17 机器设备					留存收益	以前年度利润				
18 在建工程						当年净利润				
19 产品研发										
非流动资产合计					所有者权益合计					
资产总计					负债及权益合计					

四、第三年

1. 第三年重要决策

一 季 度	二 季 度	三 季 度	四 季 度	年 底

2. 第三年现金预算表

现金预算/现金流量表　　　　　　　　　　　　　　　　　　单位：M

项目	现金流量明细	一季度		二季度		三季度		四季度		年度	
		预算	实际	预算	实际	预算	实际	预算	实际	预算	实际
	上期余额										
经营活动的现金流入	现金销售收入										
	应收款收现										
	变卖原料/产品										
	奖励收入										
投资活动的现金流入	变卖生产线										
	变卖厂房										
筹资活动的现金流入	短期贷款										
	长期贷款	■	■	■	■	■	■				
	高利贷贷款										
	现金流入合计										
经营活动的现金流出	支付上年应交税			■	■	■	■	■	■		
	广告费			■	■	■	■	■	■		
	市场开拓投资	■	■								
	原料采购支付现金										
	加工费用										
	成品采购支付现金										
	行政管理费										
	设备改造费										
	设备维护费	■	■	■	■						
	租金	■	■	■	■						
	ISO认证投资	■	■	■	■						
投资活动的现金流出	产品研发										
	生产线投资										
	购买新建筑										
筹资活动的现金流出	贴现费用										
	归还短贷及利息										
	长期贷款及利息	■	■	■	■						
	归还高利贷及利息										
	现金流出合计										
	现金余额										

3. 第三年产能预估表

厂房生产线	生产线类型	加工周期	产品名称	年初生产线状态	产出时间及数量			
					一季度	二季度	三季度	四季度
生产线1								
生产线2								
生产线3								
生产线4								
生产线5								
生产线6								
生产线7								
生产线8								

4. 第三年销售订单统计表

项目						合计
市场						
产品名称						
账期						
交货期						
单价						
订单数量						
订单销售额						
成本						
毛利						

5. 第三年库存数据表（沙盘盘面数据）

物料名称	现有数	预计到货量
Sapphire		
Ruby		
Crystal		
Beryl		
M2		
M3		
M4		
M1		

6. 第三年原材料采购计划表（MRP 运行表）

产品项目	提前期	项目	季度			
			一	二	三	四
Crystal（0层）	根据生产 Crystal 的生产线生产周期（手工线 3 期、半自动线 2 期、全自动线或柔性线 1 期）确定提前期	总需要量（Crystal 订单需求量按交货期汇总）				
		预计产量（根据年初生产线状态计算）				
		现有库存量				
		净需要量				
		投产计划				
Ruby（0层）	根据生产 Ruby 的生产线生产周期（手工线 3 期、半自动线 2 期、全自动线或柔性线 1 期）确定提前期	总需要量（Ruby 订单需求量按交货期汇总）				
		预计产量（根据年初生产线状态计算）				
		现有库存量				
		净需要量				
		投产计划				
Sapphire（0层）	根据生产 Sapphire 的生产线生产周期（手工线 3 期、半自动线 2 期、全自动线或柔性线 1 期）确定提前期	总需要量（Sapphire 订单需求量按交货期汇总）				
		预计产量（根据年初生产线状态计算）				
		现有库存量				
		净需要量				
		投产计划				
Beryl（1层）	根据生产 Beryl 的生产线生产周期（手工线 3 期、半自动线 2 期、全自动线或柔性线 1 期）确定提前期	总需要量（Beryl 订单需求量按交货期汇总＋Crystal 计划发出订货量）				
		预计产量（根据年初生产线状态计算）				
		现有库存量				
		净需要量				
		投产计划				

续表

产品项目	提前期	项 目	季 度			
			一	二	三	四
M2 （1层）	1期	总需要量（Crystal 投产计划＋Ruby 投产计划＋Sapphire 投产计划）				
		预计到货量（已下原材料订单数量）				
		现有库存量				
		净需要量				
		计划发出订货量				
M3 （1层）	2期	总需要量（2×Ruby 投产计划＋2×Sapphire 投产计划）				
		预计到货量（已下原材料订单数量）				
		现有库存量				
		净需要量				
		计划发出订货量				
M4 （1层）	2期	总需要量（Sapphire 投产计划）				
		预计到货量（已下原材料订单数量）				
		现有库存量				
		净需要量				
		计划发出订货量				
M1 （2层）	1期	总需要量（Beryl 投产计划）				
		预计到货量（已下原材料订单数量）				
		现有库存量				
		净需要量				
		计划发出订货量				

7. 第三年任务清单

年初：（根据提示，完成部分打钩）

(1) 支付应付税（根据上年度结果）　　☐

(2) 支付广告费　　☐

(3) 参加订货会/登记销售订单　　☐

年中：　　　　　　　　　　　　　　一季度　　二季度　　三季度　　四季度

(1) 更新短期贷款/短期贷款还本付息/申请短期贷款　☐　☐　☐　☐

(2) 更新应付款/归还应付款　☐　☐　☐　☐

(3) 更新原料订单/原材料入库　☐　☐　☐　☐

(4) 下原料订单　☐　☐　☐　☐

(5) 更新生产/完工入库　☐　☐　☐　☐

(6) 投资新生产线/生产线改造/变卖生产线（租厂房）　☐　☐　☐　☐

(7) 开始下一批生产　☐　☐　☐　☐

(8) 产品研发投资　☐　☐　☐　☐

(9) 更新应收款/应收款收现　☐　☐　☐　☐

(10) 按订单交货　☐　☐　☐　☐

(11) 出售/抵押厂房　☐　☐　☐　☐

(12) 支付行政管理费用　☐　☐　☐　☐

(13) 季末现金对账　☐　☐　☐　☐

年末：

(1) 更新长期贷款/支付利息/申请长期贷款　　☐

(2) 支付设备维护费　　☐

(3) 支付租金（或购买建筑）　　☐

(4) 折旧　　☐

(5) 新市场开拓投资/ISO 资格认证投资　　☐

(6) 关账　　☐

8. 第三年组间交易登记表

季度	买入（　　）				卖出（　　）			
	组别	产品	数量	金额	组别	产品	数量	金额

9. 第三年财务报表

期间费用表

费用	明细项目	金　　额
601 管理费用	行政管理费	
	设备维护费	
	设备改造费	
	租金	
	ISO 认证	
602 销售费用	广告费	
	市场开拓	
603 财务费用	利息支出	
	贴息	
其他		
合计		
累计前 5 年利润		

利润表

	项　　目	去年	期末数
一、	61 主营业务收入		
减：	64 主营业务成本		
二、	主营业务利润		
加：	65 其他业务收入		
减：	66 其他业务成本		
减：	期间费用		
减：	67 折旧费		
加：	68 投资收益		
三、	营业利润		
加：	691 营业外收入		
减：	692 营业外支出		
四、	利润总额		
减：	所得税		
五、	净利润		

企业资产负债表

资　　产	年初数	本期借方	本期贷方	期末数	负债及所有者权益	年初数	本期借方	本期贷方	期末数
流动资产					负债				
11 现金					21 短期借款				
12 应收账款					22 应付账款				
13 原材料					23 应交税金				
14 在制品					24 长期借款				
15 产成品									
流动资产合计					负债合计				
非流动资产					所有者权益				
16 土地建筑					41 股东资本				
17 机器设备					留存收益 以前年度利润				
18 在建工程					留存收益 当年净利润				
19 产品研发									
非流动资产合计					所有者权益合计				
资产总计					负债及权益合计				

五、第四年

1. 第四年重要决策

一 季 度	二 季 度	三 季 度	四 季 度	年 底

2. 第四年现金预算表

现金预算/现金流量表　　　　　　　　　　　　　　　　单位:M

项目	现金流量明细	一季度		二季度		三季度		四季度		年度	
		预算	实际	预算	实际	预算	实际	预算	实际	预算	实际
	上期余额										
经营活动的现金流入	现金销售收入										
	应收款收现										
	变卖原料/产品										
	奖励收入										
投资活动的现金流入	变卖生产线										
	变卖厂房										
筹资活动的现金流入	短期贷款										
	长期贷款	✕	✕	✕	✕	✕	✕	✕	✕		
	高利贷贷款										
	现金流入合计										
经营活动的现金流出	支付上年应交税			✕	✕	✕	✕	✕	✕		
	广告费			✕	✕	✕	✕	✕	✕		
	市场开拓投资	✕	✕	✕	✕						
	原料采购支付现金										
	加工费用										
	成品采购支付现金										
	行政管理费										
	设备改造费										
	设备维护费	✕	✕	✕	✕	✕	✕				
	租金	✕	✕	✕	✕	✕	✕				
	ISO认证投资	✕	✕	✕	✕	✕	✕				
投资活动的现金流出	产品研发										
	生产线投资										
	购买新建筑										
筹资活动的现金流出	贴现费用										
	归还短贷及利息										
	长期贷款及利息	✕	✕	✕	✕	✕	✕				
	归还高利贷及利息										
	现金流出合计										
	现金余额										

3. 第四年产能预估表

厂房生产线	生产线类型	加工周期	产品名称	年初生产线状态	产出时间及数量			
					一季度	二季度	三季度	四季度
生产线1								
生产线2								
生产线3								
生产线4								
生产线5								
生产线6								
生产线7								
生产线8								

4. 第四年销售订单统计表

项目						合计
市场						
产品名称						
账期						
交货期						
单价						
订单数量						
订单销售额						
成本						
毛利						

5. 第四年库存数据表(沙盘盘面数据)

物料名称	现有数	预计到货量
Sapphire		
Ruby		
Crystal		
Beryl		
M2		
M3		
M4		
M1		

6. 第四年原材料采购计划表（MRP 运行表）

产品项目	提前期	项目	季度			
			一	二	三	四
Crystal（0层）	根据生产 Crystal 的生产线生产周期（手工线 3 期、半自动线 2 期、全自动线或柔性线 1 期）确定提前期	总需要量（Crystal 订单需求量按交货期汇总）				
		预计产量（根据年初生产线状态计算）				
		现有库存量				
		净需要量				
		投产计划				
Ruby（0层）	根据生产 Ruby 的生产线生产周期（手工线 3 期、半自动线 2 期、全自动线或柔性线 1 期）确定提前期	总需要量（Ruby 订单需求量按交货期汇总）				
		预计产量（根据年初生产线状态计算）				
		现有库存量				
		净需要量				
		投产计划				
Sapphire（0层）	根据生产 Sapphire 的生产线生产周期（手工线 3 期、半自动线 2 期、全自动线或柔性线 1 期）确定提前期	总需要量（Sapphire 订单需求量按交货期汇总）				
		预计产量（根据年初生产线状态计算）				
		现有库存量				
		净需要量				
		投产计划				
Beryl（1层）	根据生产 Beryl 的生产线生产周期（手工线 3 期、半自动线 2 期、全自动线或柔性线 1 期）确定提前期	总需要量（Beryl 订单需求量按交货期汇总＋Crystal 计划发出订货量）				
		预计产量（根据年初生产线状态计算）				
		现有库存量				
		净需要量				
		投产计划				

续表

产品项目	提前期	项 目	季 度			
			一	二	三	四
M2 （1层）	1期	总需要量（Crystal 投产计划＋Ruby 投产计划＋Sapphire 投产计划）				
		预计到货量（已下原材料订单数量）				
		现有库存量				
		净需要量				
		计划发出订货量				
M3 （1层）	2期	总需要量（2×Ruby 投产计划＋2×Sapphire 投产计划）				
		预计到货量（已下原材料订单数量）				
		现有库存量				
		净需要量				
		计划发出订货量				
M4 （1层）	2期	总需要量（Sapphire 投产计划）				
		预计到货量（已下原材料订单数量）				
		现有库存量				
		净需要量				
		计划发出订货量				
M1 （2层）	1期	总需要量（Beryl 投产计划）				
		预计到货量（已下原材料订单数量）				
		现有库存量				
		净需要量				
		计划发出订货量				

7. 第四年任务清单

年初：(根据提示，完成部分打钩)

(1) 支付应付税(根据上年度结果) ☐

(2) 支付广告费 ☐

(3) 参加订货会/登记销售订单 ☐

年中：

	一季度	二季度	三季度	四季度
(1) 更新短期贷款/短期贷款还本付息/申请短期贷款	☐	☐	☐	☐
(2) 更新应付款/归还应付款	☐	☐	☐	☐
(3) 更新原料订单/原材料入库	☐	☐	☐	☐
(4) 下原料订单	☐	☐	☐	☐
(5) 更新生产/完工入库	☐	☐	☐	☐
(6) 投资新生产线/生产线改造/变卖生产线(租厂房)	☐	☐	☐	☐
(7) 开始下一批生产	☐	☐	☐	☐
(8) 产品研发投资	☐	☐	☐	☐
(9) 更新应收款/应收款收现	☐	☐	☐	☐
(10) 按订单交货	☐	☐	☐	☐
(11) 出售/抵押厂房	☐	☐	☐	☐
(12) 支付行政管理费用	☐	☐	☐	☐
(13) 季末现金对账	☐	☐	☐	☐

年末：

(1) 更新长期贷款/支付利息/申请长期贷款 ☐

(2) 支付设备维护费 ☐

(3) 支付租金(或购买建筑) ☐

(4) 折旧 ☐

(5) 新市场开拓投资/ISO资格认证投资 ☐

(6) 关账 ☐

8. 第四年组间交易登记表

季　　度	买入(　　)				卖出(　　)			
	组别	产品	数量	金额	组别	产品	数量	金额

9. 第四年财务报表

期间费用表

费用	明细项目	金额
601 管理费用	行政管理费	
	设备维护费	
	设备改造费	
	租金	
	ISO 认证	
602 销售费用	广告费	
	市场开拓	
603 财务费用	利息支出	
	贴息	
其他		
合计		
累计前 5 年利润		

利润表

	项目	去年	期末数
一、	61 主营业务收入		
减：	64 主营业务成本		
二、	主营业务利润		
加：	65 其他业务收入		
减：	66 其他业务成本		
减：	期间费用		
减：	67 折旧费		
加：	68 投资收益		
三、	营业利润		
加：	691 营业外收入		
减：	692 营业外支出		
四、	利润总额		
减：	所得税		
五、	净利润		

企业资产负债表

资产	年初数	本期借方	本期贷方	期末数	负债及所有者权益		年初数	本期借方	本期贷方	期末数
流动资产					负债					
11 现金					21 短期借款					
12 应收账款					22 应付账款					
13 原材料					23 应交税金					
14 在制品					24 长期借款					
15 产成品										
流动资产合计					负债合计					
非流动资产					所有者权益					
16 土地建筑					41 股东资本					
17 机器设备					留存收益	以前年度利润				
18 在建工程						当年净利润				
19 产品研发										
非流动资产合计					所有者权益合计					
资产总计					负债及权益合计					

六、第五年

1. 第五年重要决策

一 季 度	二 季 度	三 季 度	四 季 度	年 底

2. 第五年现金预算表

现金预算/现金流量表　　　　　　　　　　　　　　　　单位：M

项目	现金流量明细	一季度 预算	一季度 实际	二季度 预算	二季度 实际	三季度 预算	三季度 实际	四季度 预算	四季度 实际	年度 预算	年度 实际
	上期余额										
经营活动的现金流入	现金销售收入										
	应收款收现										
	变卖原料/产品										
	奖励收入										
投资活动的现金流入	变卖生产线										
	变卖厂房										
筹资活动的现金流入	短期贷款										
	长期贷款	✗	✗	✗	✗	✗	✗	✗	✗		
	高利贷贷款										
	现金流入合计										
经营活动的现金流出	支付上年应交税			✗	✗	✗	✗	✗	✗		
	广告费			✗	✗	✗	✗	✗	✗		
	市场开拓投资	✗	✗								
	原料采购支付现金										
	加工费用										
	成品采购支付现金										
	行政管理费										
	设备改造费										
	设备维护费	✗	✗	✗	✗	✗	✗	✗	✗		
	租金	✗	✗	✗	✗	✗	✗	✗	✗		
	ISO认证投资	✗	✗	✗	✗	✗	✗	✗	✗		
投资活动的现金流出	产品研发										
	生产线投资										
	购买新建筑										
筹资活动的现金流出	贴现费用										
	归还短贷及利息										
	长期贷款及利息	✗	✗	✗	✗	✗	✗				
	归还高利贷及利息										
	现金流出合计										
	现金余额										

3. 第五年产能预估表

厂房生产线	生产线类型	加工周期	产品名称	年初生产线状态	产出时间及数量			
					一季度	二季度	三季度	四季度
生产线1								
生产线2								
生产线3								
生产线4								
生产线5								
生产线6								
生产线7								
生产线8								

4. 第五年销售订单统计表

项目									合计
市场									
产品名称									
账期									
交货期									
单价									
订单数量									
订单销售额									
成本									
毛利									

5. 第五年库存数据表（沙盘盘面数据）

物料名称	现有数	预计到货量
Sapphire		
Ruby		
Crystal		
Beryl		
M2		
M3		
M4		
M1		

6. 第五年原材料采购计划表（MRP 运行表）

产品项目	提前期	项目	季度			
			一	二	三	四
Crystal（0层）	根据生产 Crystal 的生产线生产周期（手工线 3 期、半自动线 2 期、全自动线或柔性线 1 期）确定提前期	总需要量（Crystal 订单需求量按交货期汇总）				
		预计产量（根据年初生产线状态计算）				
		现有库存量				
		净需要量				
		投产计划				
Ruby（0层）	根据生产 Ruby 的生产线生产周期（手工线 3 期、半自动线 2 期、全自动线或柔性线 1 期）确定提前期	总需要量（Ruby 订单需求量按交货期汇总）				
		预计产量（根据年初生产线状态计算）				
		现有库存量				
		净需要量				
		投产计划				
Sapphire（0层）	根据生产 Sapphire 的生产线生产周期（手工线 3 期、半自动线 2 期、全自动线或柔性线 1 期）确定提前期	总需要量（Sapphire 订单需求量按交货期汇总）				
		预计产量（根据年初生产线状态计算）				
		现有库存量				
		净需要量				
		投产计划				
Beryl（1层）	根据生产 Beryl 的生产线生产周期（手工线 3 期、半自动线 2 期、全自动线或柔性线 1 期）确定提前期	总需要量（Beryl 订单需求量按交货期汇总＋Crystal 计划发出订货量）				
		预计产量（根据年初生产线状态计算）				
		现有库存量				
		净需要量				
		投产计划				

续表

产品项目	提前期	项　　目	季　度			
			一	二	三	四
M2 （1层）	1期	总需要量（Crystal 投产计划＋Ruby 投产计划＋Sapphire 投产计划）				
		预计到货量（已下原材料订单数量）				
		现有库存量				
		净需要量				
		计划发出订货量				
M3 （1层）	2期	总需要量（2×Ruby 投产计划＋2×Sapphire 投产计划）				
		预计到货量（已下原材料订单数量）				
		现有库存量				
		净需要量				
		计划发出订货量				
M4 （1层）	2期	总需要量（Sapphire 投产计划）				
		预计到货量（已下原材料订单数量）				
		现有库存量				
		净需要量				
		计划发出订货量				
M1 （2层）	1期	总需要量（Beryl 投产计划）				
		预计到货量（已下原材料订单数量）				
		现有库存量				
		净需要量				
		计划发出订货量				

7. 第五年任务清单

年初：(根据提示，完成部分打钩)

(1) 支付应付税（根据上年度结果） ☐

(2) 支付广告费 ☐

(3) 参加订货会/登记销售订单 ☐

年中：

	一季度	二季度	三季度	四季度
(1) 更新短期贷款/短期贷款还本付息/申请短期贷款	☐	☐	☐	☐
(2) 更新应付款/归还应付款	☐	☐	☐	☐
(3) 更新原料订单/原材料入库	☐	☐	☐	☐
(4) 下原料订单	☐	☐	☐	☐
(5) 更新生产/完工入库	☐	☐	☐	☐
(6) 投资新生产线/生产线改造/变卖生产线（租厂房）	☐	☐	☐	☐
(7) 开始下一批生产	☐	☐	☐	☐
(8) 产品研发投资	☐	☐	☐	☐
(9) 更新应收款/应收款收现	☐	☐	☐	☐
(10) 按订单交货	☐	☐	☐	☐
(11) 出售/抵押厂房	☐	☐	☐	☐
(12) 支付行政管理费用	☐	☐	☐	☐
(13) 季末现金对账	☐	☐	☐	☐

年末：

(1) 更新长期贷款/支付利息/申请长期贷款 ☐

(2) 支付设备维护费 ☐

(3) 支付租金（或购买建筑） ☐

(4) 折旧 ☐

(5) 新市场开拓投资/ISO 资格认证投资 ☐

(6) 关账 ☐

8. 第五年组间交易登记表

季　度	买入（　　）				卖出（　　）			
	组别	产品	数量	金额	组别	产品	数量	金额

9. 第五年财务报表

期间费用表

费用	明细项目	金　　额
601 管理费用	行政管理费	
	设备维护费	
	设备改造费	
	租金	
	ISO 认证	
602 销售费用	广告费	
	市场开拓	
603 财务费用	利息支出	
	贴息	
其他		
合计		
累计前 5 年利润		

利润表

项　　目		去年	期末数
一、	61 主营业务收入		
减：	64 主营业务成本		
二、	主营业务利润		
加：	65 其他业务收入		
减：	66 其他业务成本		
减：	期间费用		
减：	67 折旧费		
加：	68 投资收益		
三、	营业利润		
加：	691 营业外收入		
减：	692 营业外支出		
四、	利润总额		
减：	所得税		
五、	净利润		

企业资产负债表

资　　产	年初数	本期借方	本期贷方	期末数	负债及 所有者权益		年初数	本期借方	本期贷方	期末数
流动资产					负债					
11 现金					21 短期借款					
12 应收账款					22 应付账款					
13 原材料					23 应交税金					
14 在制品					24 长期借款					
15 产成品										
流动资产合计					负债合计					
非流动资产					所有者权益					
16 土地建筑					41 股东资本					
17 机器设备					留存 收益	以前年 度利润				
18 在建工程						当年 净利润				
19 产品研发										
非流动资产合计					所有者权益合计					
资产总计					负债及权益合计					

七、第六年

1. 第六年重要决策

一 季 度	二 季 度	三 季 度	四 季 度	年 底

2. 第六年现金预算表

现金预算/现金流量表　　　　　　　　　　单位：M

项　目	现金流量明细	一季度		二季度		三季度		四季度		年度	
		预算	实际	预算	实际	预算	实际	预算	实际	预算	实际
	上期余额										
经营活动的现金流入	现金销售收入										
	应收款收现										
	变卖原料/产品										
	奖励收入										
投资活动的现金流入	变卖生产线										
	变卖厂房										
筹资活动的现金流入	短期贷款										
	长期贷款	✕	✕	✕	✕	✕	✕	✕	✕	✕	✕
	高利贷贷款										
	现金流入合计										
经营活动的现金流出	支付上年应交税			✕	✕	✕	✕	✕	✕		
	广告费			✕	✕	✕	✕	✕	✕		
	市场开拓投资	✕	✕								
	原料采购支付现金										
	加工费用										
	成品采购支付现金										
	行政管理费										
	设备改造费										
	设备维护费	✕	✕	✕	✕	✕	✕	✕	✕		
	租金										
	ISO认证投资										
投资活动的现金流出	产品研发										
	生产线投资										
	购买新建筑										
筹资活动的现金流出	贴现费用										
	归还短贷及利息										
	长期贷款及利息	✕	✕	✕	✕	✕	✕				
	归还高利贷及利息										
	现金流出合计										
	现金余额										

3. 第六年第产能预估表

厂房生产线	生产线类型	加工周期	产品名称	年初生产线状态	产出时间及数量			
					一季度	二季度	三季度	四季度
生产线1								
生产线2								
生产线3								
生产线4								
生产线5								
生产线6								
生产线7								
生产线8								

4. 第六年销售订单统计表

项 目								合 计
市场								
产品名称								
账期								
交货期								
单价								
订单数量								
订单销售额								
成本								
毛利								

5. 第六年库存数据表（沙盘盘面数据）

物 料 名 称	现 有 数	预计到货量
Sapphire		
Ruby		
Crystal		
Beryl		
M2		
M3		
M4		
M1		

6. 第六年原材料采购计划表（MRP 运行表）

产品项目	提前期	项 目	季 度			
			一	二	三	四
Crystal（0层）	根据生产 Crystal 的生产线生产周期（手工线 3 期、半自动线 2 期、全自动线或柔性线 1 期）确定提前期	总需要量（Crystal 订单需求量按交货期汇总）				
		预计产量（根据年初生产线状态计算）				
		现有库存量				
		净需要量				
		投产计划				
Ruby（0层）	根据生产 Ruby 的生产线生产周期（手工线 3 期、半自动线 2 期、全自动线或柔性线 1 期）确定提前期	总需要量（Ruby 订单需求量按交货期汇总）				
		预计产量（根据年初生产线状态计算）				
		现有库存量				
		净需要量				
		投产计划				
Sapphire（0层）	根据生产 Sapphire 的生产线生产周期（手工线 3 期、半自动线 2 期、全自动线或柔性线 1 期）确定提前期	总需要量（Sapphire 订单需求量按交货期汇总）				
		预计产量（根据年初生产线状态计算）				
		现有库存量				
		净需要量				
		投产计划				
Beryl（1层）	根据生产 Beryl 的生产线生产周期（手工线 3 期、半自动线 2 期、全自动线或柔性线 1 期）确定提前期	总需要量（Beryl 订单需求量按交货期汇总＋Crystal 计划发出订货量）				
		预计产量（根据年初生产线状态计算）				
		现有库存量				
		净需要量				
		投产计划				

续表

产品项目	提前期	项　目	季　度			
			一	二	三	四
M2 （1层）	1期	总需要量（Crystal 投产计划＋Ruby 投产计划＋Sapphire 投产计划）				
		预计到货量（已下原材料订单数量）				
		现有库存量				
		净需要量				
		计划发出订货量				
M3 （1层）	2期	总需要量（2×Ruby 投产计划＋2×Sapphire 投产计划）				
		预计到货量（已下原材料订单数量）				
		现有库存量				
		净需要量				
		计划发出订货量				
M4 （1层）	2期	总需要量（Sapphire 投产计划）				
		预计到货量（已下原材料订单数量）				
		现有库存量				
		净需要量				
		计划发出订货量				
M1 （2层）	1期	总需要量（Beryl 投产计划）				
		预计到货量（已下原材料订单数量）				
		现有库存量				
		净需要量				
		计划发出订货量				

7. 第六年任务清单

年初：（根据提示，完成部分打钩）

(1) 支付应付税（根据上年度结果）　☐

(2) 支付广告费　☐

(3) 参加订货会/登记销售订单　☐

年中：

	一季度	二季度	三季度	四季度
(1) 更新短期贷款/短期贷款还本付息/申请短期贷款	☐	☐	☐	☐
(2) 更新应付款/归还应付款	☐	☐	☐	☐
(3) 更新原料订单/原材料入库	☐	☐	☐	☐
(4) 下原料订单	☐	☐	☐	☐
(5) 更新生产/完工入库	☐	☐	☐	☐
(6) 投资新生产线/生产线改造/变卖生产线（租厂房）	☐	☐	☐	☐
(7) 开始下一批生产	☐	☐	☐	☐
(8) 产品研发投资	☐	☐	☐	☐
(9) 更新应收款/应收款收现	☐	☐	☐	☐
(10) 按订单交货	☐	☐	☐	☐
(11) 出售/抵押厂房	☐	☐	☐	☐
(12) 支付行政管理费用	☐	☐	☐	☐
(13) 季末现金对账	☐	☐	☐	☐

年末：

(1) 更新长期贷款/支付利息/申请长期贷款　☐

(2) 支付设备维护费　☐

(3) 支付租金（或购买建筑）　☐

(4) 折旧　☐

(5) 新市场开拓投资/ISO 资格认证投资　☐

(6) 关账　☐

8. 第六年组间交易登记表

季度	买入（ ）				卖出（ ）			
	组别	产品	数量	金额	组别	产品	数量	金额

9. 第六年财务报表

期间费用表

费用	明细项目	金额
601 管理费用	行政管理费	
	设备维护费	
	设备改造费	
	租金	
	ISO 认证	
602 销售费用	广告费	
	市场开拓	
603 财务费用	利息支出	
	贴息	
其他		
合计		
累计前 5 年利润		

利润表

项	目	去年	期末数
一、	61 主营业务收入		
减：	64 主营业务成本		
二、	主营业务利润		
加：	65 其他业务收入		
减：	66 其他业务成本		
减：	期间费用		
减：	67 折旧费		
加：	68 投资收益		
三、	营业利润		
加：	691 营业外收入		
减：	692 营业外支出		
四、	利润总额		
减：	所得税		
五、	净利润		

企业资产负债表

资产	年初数	本期借方	本期贷方	期末数	负债及所有者权益		年初数	本期借方	本期贷方	期末数
流动资产					负债					
11 现金					21 短期借款					
12 应收账款					22 应付账款					
13 原材料					23 应交税金					
14 在制品					24 长期借款					
15 产成品										
流动资产合计					负债合计					
非流动资产					所有者权益					
16 土地建筑					41 股东资本					
17 机器设备					留存收益	以前年度利润				
18 在建工程						当年净利润				
19 产品研发										
非流动资产合计					所有者权益合计					
资产总计					负债及权益合计					

八、第七年

1. 第七年重要决策

一 季 度	二 季 度	三 季 度	四 季 度	年 底

2. 第七年现金预算表

现金预算/现金流量表　　　　　　　　　　　　　　　　　　　单位：M

项目	现金流量明细	一季度 预算	一季度 实际	二季度 预算	二季度 实际	三季度 预算	三季度 实际	四季度 预算	四季度 实际	年度 预算	年度 实际
	上期余额										
经营活动的现金流入	现金销售收入										
	应收款收现										
	变卖原料/产品										
	奖励收入										
投资活动的现金流入	变卖生产线										
	变卖厂房										
筹资活动的现金流入	短期贷款										
	长期贷款	✕	✕	✕	✕	✕	✕	✕	✕		
	高利贷贷款										
	现金流入合计										
经营活动的现金流出	支付上年应交税			✕	✕	✕	✕	✕	✕		
	广告费			✕	✕	✕	✕	✕	✕		
	市场开拓投资	✕	✕	✕	✕	✕	✕				
	原料采购支付现金										
	加工费用										
	成品采购支付现金										
	行政管理费										
	设备改造费										
	设备维护费	✕	✕	✕	✕	✕	✕				
	租金	✕	✕	✕	✕	✕	✕				
	ISO认证投资	✕	✕	✕	✕	✕	✕				
投资活动的现金流出	产品研发										
	生产线投资										
	购买新建筑										
筹资活动的现金流出	贴现费用										
	归还短贷及利息										
	长期贷款及利息	✕	✕	✕	✕	✕	✕				
	归还高利贷及利息										
	现金流出合计										
	现金余额										

3. 第七年产能预估表

厂房生产线	生产线类型	加工周期	产品名称	年初生产线状态	产出时间及数量			
					一季度	二季度	三季度	四季度
生产线1								
生产线2								
生产线3								
生产线4								
生产线5								
生产线6								
生产线7								
生产线8								

4. 第七年销售订单统计表

项目								合计
市场								
产品名称								
账期								
交货期								
单价								
订单数量								
订单销售额								
成本								
毛利								

5. 第七年库存数据表（沙盘盘面数据）

物料名称	现有数	预计到货量
Sapphire		
Ruby		
Crystal		
Beryl		
M2		
M3		
M4		
M1		

6. 第七年原材料采购计划表（MRP 运行表）

产品项目	提 前 期	项 目	季 度			
			一	二	三	四
Crystal（0层）	根据生产 Crystal 的生产线生产周期（手工线 3 期、半自动线 2 期、全自动线或柔性线 1 期）确定提前期	总需要量（Crystal 订单需求量按交货期汇总）				
		预计产量（根据年初生产线状态计算）				
		现有库存量				
		净需要量				
		投产计划				
Ruby（0层）	根据生产 Ruby 的生产线生产周期（手工线 3 期、半自动线 2 期、全自动线或柔性线 1 期）确定提前期	总需要量（Ruby 订单需求量按交货期汇总）				
		预计产量（根据年初生产线状态计算）				
		现有库存量				
		净需要量				
		投产计划				
Sapphire（0层）	根据生产 Sapphire 的生产线生产周期（手工线 3 期、半自动线 2 期、全自动线或柔性线 1 期）确定提前期	总需要量（Sapphire 订单需求量按交货期汇总）				
		预计产量（根据年初生产线状态计算）				
		现有库存量				
		净需要量				
		投产计划				
Beryl（1层）	根据生产 Beryl 的生产线生产周期（手工线 3 期、半自动线 2 期、全自动线或柔性线 1 期）确定提前期	总需要量（Beryl 订单需求量按交货期汇总＋Crystal 计划发出订货量）				
		预计产量（根据年初生产线状态计算）				
		现有库存量				
		净需要量				
		投产计划				

续表

产品项目	提前期	项　目	季　度			
			一	二	三	四
M2 （1层）	1期	总需要量（Crystal 投产计划＋Ruby 投产计划＋Sapphire 投产计划）				
		预计到货量（已下原材料订单数量）				
		现有库存量				
		净需要量				
		计划发出订货量				
M3 （1层）	2期	总需要量（2×Ruby 投产计划＋2×Sapphire 投产计划）				
		预计到货量（已下原材料订单数量）				
		现有库存量				
		净需要量				
		计划发出订货量				
M4 （1层）	2期	总需要量（Sapphire 投产计划）				
		预计到货量（已下原材料订单数量）				
		现有库存量				
		净需要量				
		计划发出订货量				
M1 （2层）	1期	总需要量（Beryl 投产计划）				
		预计到货量（已下原材料订单数量）				
		现有库存量				
		净需要量				
		计划发出订货量				

7. 第七年任务清单

年初：（根据提示，完成部分打钩）

(1) 支付应付税（根据上年度结果）　☐

(2) 支付广告费　☐

(3) 参加订货会/登记销售订单　☐

年中：

	一季度	二季度	三季度	四季度
(1) 更新短期贷款/短期贷款还本付息/申请短期贷款	☐	☐	☐	☐
(2) 更新应付款/归还应付款	☐	☐	☐	☐
(3) 更新原料订单/原材料入库	☐	☐	☐	☐
(4) 下原料订单	☐	☐	☐	☐
(5) 更新生产/完工入库	☐	☐	☐	☐
(6) 投资新生产线/生产线改造/变卖生产线（租厂房）	☐	☐	☐	☐
(7) 开始下一批生产	☐	☐	☐	☐
(8) 产品研发投资	☐	☐	☐	☐
(9) 更新应收款/应收款收现	☐	☐	☐	☐
(10) 按订单交货	☐	☐	☐	☐
(11) 出售/抵押厂房	☐	☐	☐	☐
(12) 支付行政管理费用	☐	☐	☐	☐
(13) 季末现金对账	☐	☐	☐	☐

年末：

(1) 更新长期贷款/支付利息/申请长期贷款　☐

(2) 支付设备维护费　☐

(3) 支付租金（或购买建筑）　☐

(4) 折旧　☐

(5) 新市场开拓投资/ISO 资格认证投资　☐

(6) 关账　☐

8. 第七年组间交易登记表

季　度	买入（　　）				卖出（　　）			
	组别	产品	数量	金额	组别	产品	数量	金额

9. 第七年财务报表

期间费用表

费　用	明细项目	金　额
601 管理费用	行政管理费	
	设备维护费	
	设备改造费	
	租金	
	ISO 认证	
602 销售费用	广告费	
	市场开拓	
603 财务费用	利息支出	
	贴息	
其他		
合计		
累计前 5 年利润		

利润表

	项　目	去年	期末数
一、	61 主营业务收入		
减：	64 主营业务成本		
二、	主营业务利润		
加：	65 其他业务收入		
减：	66 其他业务成本		
减：	期间费用		
减：	67 折旧费		
加：	68 投资收益		
三、	营业利润		
加：	691 营业外收入		
减：	692 营业外支出		
四、	利润总额		
减：	所得税		
五、	净利润		

企业资产负债表

资　产	年初数	本期借方	本期贷方	期末数	负债及所有者权益	年初数	本期借方	本期贷方	期末数
流动资产					负债				
11 现金					21 短期借款				
12 应收账款					22 应付账款				
13 原材料					23 应交税金				
14 在制品					24 长期借款				
15 产成品									
流动资产合计					负债合计				
非流动资产					所有者权益				
16 土地建筑					41 股东资本				
17 机器设备					留存收益 以前年度利润				
18 在建工程					留存收益 当年净利润				
19 产品研发									
非流动资产合计					所有者权益合计				
资产总计					负债及权益合计				

附录

附录 A ERP 实训报告格式

ERP 沙盘模拟实训报告

学生姓名		专业班级		学号	
企业名称		模拟职位		指导老师	

一、在模拟企业中承担的主要角色及其职责

二、所在企业经营的成功与不足

三、对所在企业的贡献

四、实训的收获与感悟

五、实训报告成绩（占总成绩的 40%）	

附录 B 间 谍 表

第一年	产品研发						市场开拓								财务					
	1	2	3	4	5	6	1	2	3	4	5	6		B C R S	高利贷	短贷	长贷	应付账	现金	应收账
1	产能	手工		半自动		全自动		柔性		库存 B C R S		本区内亚际 市场								
2	产能	手工		半自动		全自动		柔性		库存 B C R S		本区内亚际 市场								
3	产能	手工		半自动		全自动		柔性		库存 B C R S		本区内亚际 市场								

续表

第一年	产品研发						市场开拓						库存					财务				
	1	2	3	4	5	6	1	2	3	4	5	6	B	C	R	S	高利贷	短贷	长贷	应付账	现金	应收账
4		手工		半自动			全自动	柔性		B C R S			本区市场									
													区内市场									
													亚市场									
													际									
产能																						
5		手工		半自动			全自动	柔性		B C R S			本区市场									
													区内市场									
													亚市场									
													际									
产能																						
6		手工		半自动			全自动	柔性		B C R S			本区市场									
													区内市场									
													亚市场									
													际									
产能																						

附录 C 生产计划表

①( )	②( )	③( )	④( )	⑤( )	⑥( )	⑦( )	⑧( )	合计				M1	M2	M3	M4
								B	C	R	S				
	B:	C:	R:	S:											
	B:	C:	R:	S:											
	B:	C:	R:	S:											
	B:	C:	R:	S:											
	B:	C:	R:	S:											

附录 D 现金预算汇总表

年度	第一年				第二年				第三年				第四年				第五年				第六年			
项目	1	2	3	4	1	2	3	4	1	2	3	4	1	2	3	4	1	2	3	4	1	2	3	4
期初现金																								
变卖生产线(+)																								
变卖原料/产品(+)																								
变卖厂房(+)																								
应收款到期(+)																								
支付上年应交税																								
广告费投入																								
贴现费用																								
利息(短期贷款)																								
支付到期短期贷款																								
原料采购支付现金																								
设备改造费																								
生产线投资																								
生产费用																								
产品研发投资																								
支付行政管理费用																								
利息(长期贷款)																								
支付到期长期贷款																								
设备维护费用																								
租金																								
购买新建筑物																								
市场开拓投资																								
ISO 认证投资																								
其他																								
现金余额																								
需要新贷款																								
现金																								

主要参考文献

[1] 杰伊·海泽,巴里·伦德尔.运作管理[M].8版.陈荣秋,张祥,译.北京:中国人民大学出版社,2003.

[2] 陈荣秋,马士华.生产与运作管理[M].2版.北京:高等教育出版社,2010.

[3] 菲利普·科特勒.营销管理[M].11版.梅清豪,译.上海:上海人民出版社,2005.

[4] 黄娇丹,毛华扬.金蝶ERP沙盘模拟经营实验教程[M].北京:清华大学出版社,2010.

[5] 孙金凤,王文铭.ERP沙盘模拟演练教程[M].北京:清华大学出版社,2010.

[6] 韩景倜,劳帼铃,曾庆丰,等.ERP综合实验[M].北京:机械工业出版社,2010.

[7] 李湘露,李宗民,王小黎,等.ERP沙盘模拟实战教程[M].北京:中国电力出版社,2009.

[8] 王新玲,柯明,耿锡润.ERP沙盘模拟指导书[M].北京:电子工业出版社,2006.

[9] 杨天中,孙跃,戚昌文.基于创业能力培养的ERP沙盘模拟教学设计[J].高校实验室工作研究,2012(2):31-33.

[10] Jay Heizer, Barry Render. Operations Management[M]. 10th edition. New York: Prentice Hall, 2011.

[11] Sampson S E, Craig M Froehle. Foundation and implications of a Proposed Unified Services Theory[J]. Production and Operations Management, 2006, 15(2):329-343.

[12] Monique Maddy. Dream deferred: the Story of a High Tech Entrepreneur in a Low Tech World[J]. Harvard Business Review, 2000(3):5-12.

[13] Philip Kotler, Kevin Lane Keller. Marketing Management[M]. NJ: Pearson Education, 2006.

[14] Don E Schultz. Marketing Communication Planning in a Converging Marketplace[J]. Journal of Integrated Communications, 2002(2):49.

[15] Tsay Bor-Yi. Designing an Internal Control Assessment Program Using COSO's Guidance on Monitoring[J]. CPA Journal, 2010(5):52-55.

[16] Bedard Jean C, Graham Lynford. Detection and Severity Classifications of Sarbanes-Oxley Section 404 Internal Control Deficiencies[J]. The Accounting Review, 2011, 86(3):825-855.